BIBLIOTHÈQUE NOUVELLE
à 1 franc le volume
(HORS DE FRANCE : 1 FRANC 25 CENTIMES LE VOLUME)

CHAMPFLEURY

LES
AMOUREUX
DE
SAINTE-PÉRINE

PARIS
LIBRAIRIE NOUVELLE
BOULEVARD DES ITALIENS, 15
—
A. BOURDILLIAT ET Cie, ÉDITEURS
—
1859

CHAMPFLEURY

LES AMOUREUX

DE

SAINTE-PÉRINE

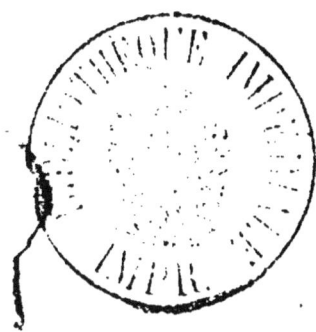

PARIS
LIBRAIRIE NOUVELLE
BOULEVARD DES ITALIENS, 15

A. BOURDILLIAT ET Cie, ÉDITEURS

La traduction et la reproduction sont réservées

1859

Paris. — Imprimerie de la Librairie Nouvelle, A. Bourdilliat, 15, rue Bréda.

LES
AMOUREUX DE SAINTE-PÉRINE

A MON AMI

LE DOCTEUR VEYNE

CHAMPFLEURY

AVIS AU LECTEUR

. . . .

. . . , Toute la grâce que je te demande, Lecteur, c'est qu'après t'avoir bien adverty qu'il n'y a rien que de fabuleux dans ce livre, tu n'ailles point rechercher vainement quelle est la personne dont tu croiras reconnoistre le portrait ou l'histoire, pour l'appliquer à monsieur un tel ou à mademoiselle une telle, sous prétexte que tu y trouveras un nom approchant ou quelque caractère semblable. Je sçais bien que le premier soin que tu auras, en lisant ce roman, ce sera d'en chercher la clef; mais elle ne te servira de rien, car la serrure est mêlée. Si tu crois voir le portrait de l'un, tu trouveras les adventures de l'autre : il n'y a point de peintre qui, en faisant un tableau avec le seul so-

cours de son imagination, n'y fasse des visages qui auront de l'air de quelqu'un que nous connoissons, quoy qu'il n'ait eu dessein que de peindre des heros fabuleux. Ainsi, quand tu appercevrois dans ces personnages dépeints quelques caractères de quelqu'un de ta connaissance, ne fay point un jugement temeraire pour dire que ce soit luy; prends plus tost garde que, comme il y a icy les portraits de plusieurs sortes de sots, tu n'y rencontres le tien : car il n'y a presque personne qui ait le privilege d'en estre exempt, et qui n'y puisse remarquer quelque trait de son visage, moralement parlant. . . . .
. . . .

Antoine **FURETIÈRE**.

LES
AMOUREUX DE SAINTE-PÉRINE

CHAPITRE PREMIER

Je ne sais ce que d'autres auront retiré de l'immense accumulation de peintures, de dessins et de sculptures à l'exposition universelle de 1855; pour moi, je fus particulièrement effrayé, après une course haletante au milieu de toutes ces manifestations artistiques de l'Europe entière. La seule idée qui m'entra en tête fut que je venais d'assister à une sorte d'enterrement d'un demi-siècle, et je me sentis pris d'une certaine mélancolie en pensant que le rôle des grands maîtres, qui avaient passionné la foule pendant trente ans, était à peu près terminé. C'étaient leurs œuvres complètes que venaient d'exposer d'illustres peintres; à partir de ce moment, ils n'appartenaient plus aux époques militantes et nouvelles. L'heure du repos venait de sonner pour eux.

Ce qui me confirma de plus en plus dans cette idée fut que la jeunesse avait été étouffée au milieu d'un si grand concours : aucun artiste nouveau ne se révéla et ne pouvait se révéler. Avant tout, le public cherchait à se rendre compte de l'œuvre entière d'un maître pendant une trentaine d'années, et si la comparaison amena quelques discussions, il s'agissait plutôt d'oppositions artistiques entre les nations dont les œuvres étaient peu connues jusqu'alors. Le tempérament anglais et le tempérament français, les tendances symboliques allemandes et la vulgaire imitation de la nature, telle qu'on la comprend aujourd'hui en Belgique, voilà ce qui préoccupait les esprits. A cette heure, les fameuses querelles françaises entre le romantisme et le classicisme étaient déjà si lointaines, que les plus fougueux jadis, ceux qui parlaient d'égorger M. Eugène Delacroix au nom de M. Ingres, en arrivaient à une sorte d'indifférence en matière d'art qui leur permettait d'admirer les qualités des deux chefs de l'école française. On ne discute pas impunément pendant trente ans.

Cet éclectisme, cette tranquillité, cette constatation d'œuvres consacrées désormais ne suffisaient pas à mon esprit inquiet. Après une course d'ensemble qui m'avait permis de constater l'état de l'art en 1855, j'étais avide de découvrir des œuvres nouvelles, nécessairement étouffées sous les immenses collections qui couvraient peut-être deux lieues de murailles. Je visitai soigneusement les salles consacrées à chaque pays, et je dois dire que, sauf les envois de l'Angleterre, rien ne me parut mériter de nouvelles visites. J'allais sortir de l'exposition, désespéré de n'avoir été remué par aucune œuvre nouvelle, lorsque je fus frappé à la vue d'un petit tableau modeste, placé dans le coin sombre d'une salle latérale, une sorte d'antichambre où avaient été rejetées les œuvres qui ne valaient pas la peine d'être exposées.

Une petite dame âgée était assise devant un piano de forme primitive ; ses doigts maigres plaquaient des accords sur une mélodie sortie des flancs d'un violon tenu par un vieillard aux cheveux gris.

Tel était extérieurement ce tableau qui me remplit d'une des plus vives émotions que j'aie éprouvées de ma vie : tout en jouant du piano la vieille dame détournait un peu la tête et envoyait au violoniste un sourire attendrissant que le peintre avait rendu en homme de génie. La vie tout entière de ces deux petits bourgeois se lisait enfermée dans un cadre modeste. Les boiseries grises du salon, dont la monotonie était rompue par un portrait au pastel accroché au-dessus du piano, la forme du piano lui-même, le costume des deux époux (car ils étaient certainement mariés), le chat accroupi sur un tabouret, semblant se livrer à ses réflexions égoïstes, la forme oblongue du cahier de musique, mais surtout le regard de la vieille dame, tout servait à lire leur histoire.

Si quelquefois je me suis repenti d'avoir perdu beaucoup de temps à étudier les arts au lieu de me plonger dans les sciences, à cette heure, j'étais ravi de pouvoir lire dans ce petit tableau, comme dans un livre, certain que j'avais un *portrait* devant mes yeux et non un *ta-*

bleau. Ces deux musiciens étaient mariés et s'aimaient encore après quarante ans de mariage. S'aimer, je devrais dire s'adorer. Et le peintre n'avait pas fait asseoir sans intention la vieille dame à son piano, pas plus qu'il n'avait fait tenir sans motif un violon au mari.

Matériellement, la peinture de ce portrait me parut médiocre; ce n'était pas un pinceau rompu aux grands secrets de l'art. Pourquoi ce tableau était-il si vivant? Par quelle raison était-il accroché pour la vie dans mon cerveau? sinon par un *sentiment* profond de la part du peintre, sentiment explicable seulement par une longue liaison avec ses modèles. Oui, je ne pouvais en douter, le peintre était vieux, contemporain et ami des deux musiciens. Un jeune homme n'eût pu rendre cette affection profonde des deux vieillards; un maître habile eût sacrifié l'expression à la *touche*, à de savantes combinaisons de palette. Par certaines maladresses, je jugeai que le portrait n'avait pas été peint en présence des modèles. J'en conclus que le peintre fit une *surprise* à ses vieux amis pour le leur offrir en cadeau, soit le jour de la fête de la vieille dame, soit le jour de l'an. Il y a des bornes à l'induction; je n'aurais pu affirmer, à moins d'être un charlatan, s'il s'agissait du premier de l'an ou de la fête de la dame.

Un moment la pensée me vint que la vieille dame, d'accord avec le peintre, avait peut-être offert ce portrait à son mari le jour de sa fête; mais elle n'eût pas commandé le portrait de la sorte. Elle eût voulu seulement l'image de celui qu'elle aimait; elle ne se savait pas intéressante au piano; elle n'eût pas compris le charme de ce portrait historié. C'était évidemment une personne simple, naturelle, n'ayant jamais eu de grandes passions, partageant son temps entre l'amour de son mari et les occupations domestiques. Pour musicienne, elle l'était, mais seulement une fois par semaine : un duo devait être un grand divertissement dans son existence tranquille. J'aurais pu jurer quelle sorte de musique charmait ces époux : Haydn, ses contemporains et les petits compositeurs français, aujourd'hui ignorés, qui ont écrit nombre de *pièces* faciles pour le violon et le *forte-piano*. Les deux époux ne connaissaient pas cette musique hérissée de difficultés, trop souvent fiévreuse et maladive, que l'Allemagne nous a envoyée à la suite de Beethoven; ils n'auraient pu la comprendre; ils aimaient la musique simple, claire et coulante comme ces petit ruisseaux tranquilles au fond desquels dorment des cailloux polis.

J'hésitai longtemps à placer le domicile des époux dans l'île Saint-Louis ou aux environs de la place Royale; mais je me trompai dans l'un et l'autre cas, comme on le verra plus tard.

Pourquoi ce tableau se trouvait-il là? Comment l'honnête artiste avait-il envoyé à l'exposition un petit portrait, si dépaysé au milieu des immenses toiles envoyées par toute l'Europe? C'est ce qui me donna à travailler; cependant j'en conclus que, placé dans l'appartement des époux, le portrait avait fait l'admiration de tous ceux qui le voyaient. Le peintre fut complimenté à l'excès : chacun était frappé de la vive expression des musiciens; pressé de toutes parts, le peintre envoya son portrait à cette exposition universelle dont l'annonce faisait grand bruit.

J'allai souvent revoir le portrait, certain d'être seul dans ce corridor mal éclairé qui semblait servir de débarras au trop plein du musée. Personne que moi, je puis l'affirmer, ne remarqua le petit tableau; dans mon égoïsme j'en étais presque heureux. Qui pouvait le comprendre? Sont-ce ceux qui dissertent de la ligne, de la couleur, de la composition, du clair-obscur, des empâtements et des frottis, toutes qualités matérielles absentes de *mon* tableau? Mais il avait en lui une force plus durable, en ce qu'il réveillait des sensations intimes et délicates telles que j'en ai rarement rencontré. Ce regard qui s'échappait de la tête penchée de la vieille dame, pour être recueilli par le violoniste, montrait quelle affection profonde et non interrompue avait toujours existé entre les deux époux. Une merveille à Paris, qu'un tel regard! Quelle heureuse et calme existence annonçait ce regard!

Jamais le moindre nuage n'était entré dans ce petit salon aux boiseries grises : la vie calme et tranquille avait coulé pour ces deux époux, exempte des passions mondaines; ils offraient la réalisation parfaite d'un heureux ménage. A cette exposition, où se voyaient représentés les fureurs de la passion, les crimes de l'amour, les grands drames historiques provoqués par le délire des sens, il était un petit tableau modeste que personne ne regardait et qui montrait où se trouve la vraie tranquillité, dans une longue affection consacrée par le mariage.

Je résolus d'aller voir le peintre, un peu par curiosité, un peu pour avoir la preuve de mes inductions. Il s'appelait Jacquem et demeurait rue du Chemin-de-Versailles, d'après l'indication du livret. En ce moment, tout mon échafaudage fut renversé par le simple fait de la connaissance de la rue. Le peintre ne demeurait pas à Paris, ses modèles étaient de la province : ce *regard*, qui m'avait tant frappé en plein Paris, perdait une partie de sa signification, sorti d'une ville tranquille et calme où la vie s'écoule paisiblement. Le portrait qui m'avait inspiré de si douces sensations menaçait de disparaître tout à coup de mon cerveau ; mon rêve était passé, mon illusion envolée, quand par je ne sais quelle curiosité semblable à celle qui pousse à revoir encore une fois la femme qu'on a beaucoup aimée, je retournai rendre visite à mon tableau. L'impression fut plus vive que je ne m'y attendais, je trouvai le sourire de la petite dame encore plus séduisant que de coutume ; de son regard elle encourageait le vieux violoniste à tenter un *trait* difficile. Sa bouche disait : « Comme tu joues bien, mon ami ! »

Pour moi, je m'écriai devant le tableau : *Jacquem, Jacquem !* étonné de la construction du nom du peintre et de sa terminaison latine. Sans tomber dans les systèmes paradoxaux, la forme d'un nom, sa sonorité, la juxtaposition des syllabes forment une rhétorique toute particulière, pleine de charmes. Je n'ignore pas que de grands esprits ont traité cette question avant moi, et je suis tout fier d'appartenir par là à leur école. — C'est bien là un nom de Versailles ! m'écriai-je, dans ma disposition à doter la province de noms particuliers, et machinalement j'ouvris le livret à la lettre J; mais je fus frappé par la légèreté que j'avais apportée à ma première lecture. Le tableau était intitulé : *les Deux Musiciens*. Ce n'était donc pas un portrait, mais une simple fantaisie d'artiste. Le peintre demeurait rue du Chemin-de-Versailles, *à Paris*. — Voilà bien du temps perdu en chimères, me dis-je en fermant le livret. Que cette leçon te soit profitable, pour t'empêcher à l'avenir de tomber dans des inductions téméraires! J'étais battu sur toutes les coutures; mes vieux époux, que j'aimais déjà comme si j'avais fait parti de leur intérieur, n'existaient que dans l'imagination du peintre; ce *regard* si particulier qui n'appartenait pas au domaine de l'art, et qu'un sentiment profond, selon moi, avait seul pu rendre, ce regard si tendre et si amical était sorti du pinceau d'un artiste médiocre. M. Jacquem habitait Paris; ce n'était pas un de ces noms de province tels que j'aime à en recueillir sur les enseignes dans mes voyages.

« Suis-je assez battue? soupira tristement la Vanité, dans la petite chambre qu'elle occupe chez moi. Mais l'Orgueil : — Rassurez-vous, ma sœur, nous allons essayer d'avoir raison de cette abominable Raison. » On aurait pu en ce moment m'annoncer un changement de gouvernement, que je m'en serais peu soucié; j'étais tout entier absorbé par les débats des singuliers disputeurs qui, par leurs raisonnements variés, me font souvent assister à des combats oratoires curieux, tels qu'on en entend rarement en Sorbonne.

L'Orgueil parla fort bien, si bien qu'il arracha des sourires d'approbation de la Vanité blessée. Il dit pour sa défense que de primesaut il avait vu des portraits dans ce tableau, et que, jusqu'à preuve du contraire, il soutenait que Jacquem n'avait pu faire des figures chimériques ; et il ajouta que d'abord il conclut à l'existence des deux musiciens dans Paris ; que mis en défaut par une lecture trop subite des lèvres, il s'était laissé entraîner du côté de Versailles ; mais qu'il revenait à sa première opinion, acceptée proverbialement pour la meilleure. Ces épilogueurs employèrent de telles formules avocassières et sophistiquées, que, pour les mettre d'accord et obtenir la paix, je résolus d'aller chez le peintre lui-même.

— Où est située la rue du Chemin-de-Versailles ? me demandai-je, car jamais je n'en ai entendu parler. Comme je sortais de l'exposition, je m'adressai aux nombreux cochers de fiacre qui stationnent aux portes. Un vieux cocher, dont la mine pleine d'expérience me plut, me dit : — Connaissez-vous la barrière des Bassins ? — Non. — Vous allez prendre les Champs-Élysées, vous rencontrerez la rue de Chaillot, et dans les environs la rue du Chemin-de-Versailles. Vous en avez pour dix minutes.

Ceux qui aiment les sentiers désertés par la foule n'ont qu'à quitter les Champs-Élysées brusquement, un jour de grand soleil, à l'heure où les équipages, les cavaliers, les filles entretenues et les coulissiers remplissent la grande avenue de leur luxe effronté ; un petit quart d'heure suffit pour les transporter dans des endroits tout à fait inconnus aux Parisiens. La rue du Chemin-de-Versailles donne dans l'avenue et conduit à la barrière des Bassins par la rue Pauquet-de-Villejust. C'est un contraste étrange avec les Champs-Élysées ; la ville de province la plus morne ne saurait donner une idée du silence d'un quartier désert, inhabité, qui attend encore des constructions. A l'heure actuelle, ce quartier qui, par suite du projet de rejeter les barrières en dehors des fortifications, attend sa réunion avec Passy, reste sans habitants ; là sont situés les grands réservoirs de la pompe à feu, qui ont donné leur nom à la rue et à la barrière des Bassins, la plus pauvre, architecturalement parlant, des barrières de Paris. Dans l'hiver, ce quartier est rempli d'une boue épaisse apportée par les bestiaux qui font leur entrée triomphale dans la ville, sans prévoir qu'ils sont réservés à la nourriture de l'ogre parisien, qui consomme en un jour ce qui suffit à l'entretien d'une province en un mois.

Pour s'aventurer en pareil lieu il faut une extrême envie d'échapper au monde des Champs-Élysées ; on n'y rencontre âme qui vive, sauf les troupeaux de bœufs et de moutons ; mais à l'angle de la rue des Bassins, il est permis de pénétrer dans l'enclos où sont situés ces réservoirs, et par un jour de brouillard on se trouve tout à coup devant le panorama d'un Paris particulier. Au loin s'étendent, sur des collines, dans une atmosphère bleuâtre, une prodigieuse quantité de petites maisons, au milieu desquelles se détachent la façade plate de l'École militaire et le dôme des Invalides. De tout le Paris monumental, telle est la seule vue. Un étranger amené là par hasard en conclurait que la France est une nation militaire par-dessus tout. Ici l'école d'instruction avant la guerre, là l'hôtel du repos après la guerre. Les observations ne dépendent que du milieu dans lequel on se place.

Jacquem demeurait au numéro 7 de la rue du Chemin-de-Versailles. Pour habiter un tel quartier, il faut une certaine philosophie ; je connaissais mon homme en entrant dans sa rue, et je tirai tranquillement le pied de biche de la sonnette, comme si j'allais rendre visite à un vieil ami. La porte s'ouvrit. A la disposition du jardin, à de certaines particularités, je compris que j'entrais dans une de ces maisons meublées, si communes dans le quartier de Chaillot, où les vieillards se retirent pour y jouir de l'air particulier à ces hauteurs. La personne qui me reçut dès l'abord était une grande femme maigre, d'un extérieur peu sympathique, la maîtresse de la pension, à n'en pas douter. — M. Jacquem, s'il vous plaît ? — Au troisième au-dessus de l'entre-sol, chambre numéro 17.

Pauvre Jacquem! me dis-je en montant un escalier aussi froid que la maîtresse de la maison. La propriétaire m'avait toisé d'un coup d'œil dans lequel je lus : « Qu'est-ce que celui-ci? que vient-il demander à Jacquem? » Étant arrivé au haut de l'escalier, je me trouvai en face d'une porte jaune portant le numéro 17. Je frappai légèrement du doigt, et un petit vieillard sec et riant vint m'ouvrir en me faisant un de ces anciens saluts dont la forme est passée. Je me trouvai dans une mansarde assez longue, à croisées en tabatière, qui perdait son caractère de mansarde par la quantité de peintures et de gravures accrochées au mur. C'était presque un atelier. Le peintre m'avança un fauteuil en velours d'Utrecht jaune, dont les bras offraient des animaux moitié sphinx, moitié chimères aux extrémités. — Monsieur Jacquem, je sors du palais de l'exposition, où j'ai beaucoup remarqué votre tableau. Il sauta de dessus sa chaise, se leva : — Mon tableau ! dit-il, ah ! ah ! ah ! mon tableau ! ah ! ah ! ah ! Vous avez vu le tableau, ah ! bah ! vraiment ? Il courait dans l'atelier en se livrant à un rire d'autant plus singulier qu'il me parut renfermer quelque ironie. Puis il revint vers moi, me regarda d'un air sérieux : — Vous avez vu le tableau de Jacquem à la grande exposition ? Et il sauta en l'air comme s'il allait prendre sa volée par la fenêtre en tabatière, et repartit en éclats de gaieté vraiment intempestifs. Moi-même je crus que j'allais l'imiter, tant j'étais surpris de la réception et de la singulière figure du peintre. Il portait un long bonnet de coton et de larges lunettes d'acier derrière lesquelles éclatait un regard des plus vifs. Son grand nez recourbé et comique semblait présenter des salutations à son menton, sorte de personnage grave qui, tout en acceptant les politesses du nez, savait conserver le décorum. L'esprit joyeux qui animait Jacquem avait infligé à sa bouche une forme allongée et sarcastique qui retroussait les coins du côté des oreilles. Deux grandes rides moqueuses partaient l'une du coin de l'œil vers les tempes, l'autre formant une courbe très-accentuée dans la paupière inférieure et se perdant dans des joues jaunes, solides comme du vieux cuir. Tel était au premier aspect Jacquem, qui m'apparut tout entier quand il me dit : — Couvrez-vous, monsieur, je vous en prie. L'ayant refusé du geste, il enleva son bonnet de coton malgré mes supplications, et resta le crâne entièrement chauve, sauf deux petites pointes de cheveux goguenardes, en forme d'aiguilles, qui se montraient par-dessus les oreilles.

Jacquem, habillé tout en noir, serré dans un petit habit étriqué fort râpé, les jambes perdues dans les sinuosités d'un pantalon de drap qui semblait en taffetas, Jacquem maintenant avait honte de son bonnet de coton, quoiqu'il le portât à la hussarde. J'avais devant moi un personnage d'une autre époque, sans doute un des nombreux élèves de David; la couleur des esquisses accrochées au mur, la façon de grouper les personnages, certaines compositions historiques que j'interrogeais me le prouvaient.

— Eh bien, vraiment, monsieur, vous me faites plaisir, dit le peintre quand il eut calmé les derniers tressaillements de sa joie. Nous sommes tous vaniteux; je ne parle pas pour vous, mais les artistes. Il y a si longtemps que je n'avais entendu de compliments, que je ne savais plus comment ils étaient faits. Pourtant, c'est une drôle d'idée qui vous amène pour me parler d'un pauvre petit portrait perdu au milieu de toutes ces belles peintures d'aujourd'hui. Je ne m'y reconnais plus, monsieur, devant tous ces jeunes gens qui chargent leurs palettes de couleurs à étonner Rubens... Qui est-ce qui aurait songé à cela il y a soixante ans? — Ah! m'écriai-je, c'est donc un portrait? — Me croyez-vous assez vaniteux, dit le petit peintre, pour oser envoyer à l'exposition un tableau? Je peux vous le dire, c'était un bon tour que je voulais jouer à mon vieil ami Ravier et à sa femme. — Ravier?

repliquai-je, en analysant les syllables de ce nom sans caractère précis. — Connaîtriez-vous mon ami Ravier? — Non, monsieur Jacquem. Pardonnez-moi mes questions. Où demeure ce M. Ravier? — A Sainte-Périne, j'allais vous le dire. — A Sainte-Périne! fis-je désappointé d'avoir longtemps hésité entre l'île Saint-Louis et les alentours de la place Royale. Mon observation était prise en défaut et coupable de légèreté, car, maintenant que j'avais visité le quartier de Chaillot, où se retirent beaucoup de rentiers, d'autres endroits me revenaient à la mémoire comme pouvant leur prêter asile : le versant de la Montagne-Sainte-Geneviève, qui conduit au Jardin-des-Plantes, ou les Batignolles. — Je voulais faire une surprise à Mme Ravier. A mon tour je me levai en me frottant les mains : — Une surprise! m'écriai-je, je m'en doutais!

Jacquem me regarda avec le même étonnement que me causa en entrant son bonnet de coton. Comme je paraissais attendre une explication :

— Mon ami Ravier et sa femme ne sortent pas souvent de Sainte-Périne, mais ils se faisaient une fête de voir cette grande exposition, dont on parlait tant dans les journaux. Alors j'ai pensé à leur faire une malice, c'était de les mettre tout à coup en présence de leur portrait. Sans m'inquiéter si je serais reçu ou refusé, j'arrangeai le tableau avec mes souvenirs et en me servant de deux petits portraits à la mine de plomb que vous pouvez voir accrochés au mur, en face de vous. Je n'avais pas besoin de les faire poser, je les sais par cœur. Je connais Ravier depuis quarante ans, comme je connais ses airs de violon. Je me mis bravement à la besogne.

— Et vous avez fait là un excellent portrait, monsieur Jacquem, le meilleur de l'exposition.

— Parlons en conscience, monsieur, ne vous moquez pas de moi... Une petite toile de vingt-quatre comparée à ces grands portraits du Salon ! Ah ! c'est de la raillerie, et Jacquem est un trop vieux renard pour songer à manger de ces raisins-là. Je sais ce qu'il y a dans mon portrait: un bon vieil ami et une excellente femme, Mme Ravier, qui, à soixante-sept ans, joue encore du piano comme dans sa jeunesse. Quant à Ravier, les jours où son rhumatisme ne pince pas son bras droit, je vous assure qu'il met du nerf dans son coup d'archet. J'ai rendu tout bonnement ce que je leur voyais faire souvent ; j'ai assis Mme Ravier à son piano, et je les ai entourés tous les deux des objets qu'ils aiment, leur intérieur, le portrait du père de M. Ravier, le vieux chat accroupi sur un tabouret en tapisserie brodé par Mme Ravier, la boîte à violon sous le piano, les boiseries grises de leur chambre. Voilà-t-il pas un fameux portrait ! Ces peintures-là, monsieur, font plaisir à trois personnes au plus : aux amis qui y sont représentés, et au peintre qui a passé quelques bonnes heures en jouissant par avance de sa malice. Mais je dois vous dire le dénoûment : je ne comptais guère sur mon admission, surtout quand j'allais flâner dans les Champs-Élysées, aux approches de l'exposition. C'étaient d'immenses caisses qui arrivaient chargées de peintures de l'Europe tout entière: du Danemark, de l'Angleterre, du Pérou même. Il faut que tu sois bien insensé, Jacquem, pour avoir envoyé ta pauvre petite toile, qui n'aura pas plus d'importance pour ces messieurs du jury qu'une rognure d'ongle. Eh bien, ils refuseront mon portrait, et tout sera dit; la course n'est pas longue d'ici, j'irai chercher mon portrait, et, comme il n'est pas grand, je le mettrai sous ma houppelande sans que personne en sache rien. Jacquem n'a plus d'ambition, et il n'en mourra pas. Monsieur, ils l'ont accepté! s'écria le peintre en se levant et en courant par l'atelier.

Sans doute pour me donner une idée des émotions qui s'étaient emparées de lui lorsqu'il apprit cette nouvelle, Jacquem se mit à gambader en frappant des mains, en s'écriant : « Jacquem est reçu, le vieux Jacquem et son petit tableau. Heureux Jacquem ! Ces messieurs ne se doutent pas de la joie qu'ils donnent à un pauvre peintre. » Il revint à moi, se pencha vers mon oreille. — Monsieur, c'est le plus grand service qu'on pouvait me rendre... quoique ces messieurs du jury m'aient rendu ambitieux; oui, monsieur, à l'heure qu'il est, Jacquem est un ambitieux... Savez-vous ce qu'il demande? Il veut entrer à Sainte-Périne, lui aussi, pour être tout à côté de ses vieux amis, pour manger avec eux, pour avoir des soins et des égards.

Je me rappelai alors la figure froide de la maîtresse de la pension.

— Mais vous y avez droit, monsieur Jacquem. Pourquoi ne seriez-vous pas admis à Sainte-Périne ?

— Monsieur, c'est ce que nous verrons plus tard. Mais je bavarde, et je ne vous ai pas dit comment se passa la visite de mes amis Ravier à l'exposition... Je fus d'abord deux jours sans pouvoir retrouver mon tableau: enfin, je le découvris et j'allai engager Ravier et sa femme à venir faire un tour au Salon. Ils ne comprennent pas grand'hose aux tableaux d'histoire; et puis le bruit, la poussière, le cou tendu en l'air, notez qu'ils ne sont plus des jeunes gens, les fatiguaient. Ils voulaient s'en aller, et je les reconduisis malignement par la salle un peu étroite où ces messieurs les jurés ont encore fait trop d'honneur à mon petit tableau. En arrivant devant le cadre, Mme Ravier a poussé un cri : — Mon ami, on dirait que c'est toi! Et elle s'est jetée au cou de son mari; heureusement il n'y avait personne. Dans ce moment-là, il n'y avait pas un artiste plus heureux que moi. Jacquem avait du talent, du génie, mes bons amis le criaient tout haut; ils ne pouvaient plus se détacher de devant leur portrait. Ils étaient comme cloués, ils auraient voulu emporter ce tableau pour le montrer à tous les pensionnaires de Sainte-Périne; ils semblaient fiers de se voir représentés en musiciens. En sortant, Mme Ravier m'a serré la main, émue sans pouvoir parler; je crois que tous les trois nous avions envie de pleurer. Ah! l'amitié est une bonne chose!

Jacquem se tut, car il était attendri, et pour chasser son émotion il se mit à gambader dans l'atelier en me tournant le dos; mais, à un geste de son bras, je m'aperçus qu'il s'essuyait les yeux. Pour moi, je feignais de regarder attentivement diverses esquisses accrochées au mur. C'était de l'honnête peinture, consciencieuse et médiocre, sans le plus petit grain d'invention. On comprenait pourquoi Jacquem n'était pas arrivé à la réputation; les esquisses sentaient les délassements d'un employé qui, levé à six heures du matin, fait de la peinture avant d'aller au ministère. En effet, le peintre, comprenant que le petit bout de chandelle de sa bobèche intérieure ne s'allumerait jamais à la flamme de l'art, était entré dans les bureaux d'une compagnie d'assurances, et il en sortit poussé par l'âge, possesseur d'une petite rente qu'il s'était créée à force d'économies.

Ces détails, je ne les connus qu'un à un après divers visites faites à Jacquem, qui, enchanté de se trouver d'accord avec un jeune homme sur le compte des peintres de l'Empire, m'avait pris en réelle affection. D'après ce qu'il me dit, ma curiosité se tourna vers Sainte-Périne, son intérieur si curieux, ses mœurs si particulières au milieu de Paris, qui ne s'en doute pas, et je n'eus de cesse que je ne fusse introduit par Jacquem chez ses amis Ravier.

CHAPITRE II

Paris est la ville de l'Europe où l'on s'inquiète le plus des souffrances privées. Dans cet immense tourbillon d'affaires, de plaisirs, où sont roulés des hommes en apparence égoïstes, il est rare que la compassion pour le malheur n'ait pas gardé une petite place chez ceux qui semblent le moins portés à l'étude des classes souffrantes. L'assistance publique joue un rôle immense et mystérieux qu'on ne peut connaître qu'en étudiant de près les rouages de l'administration du parvis Notre-Dame. Vieillards et enfants, femmes-mères, ceux privés de leurs bras et ceux privés de la raison, tous ont droit à l'assistance publique, une des plus belles réalisations des sociétés modernes, qui devrait avoir un palais pour bureau et au-dessus du fronton une imposante figure symbolique, taillée par le ciseau d'un grand statuaire. Si bien des réformes sont encore à désirer, si les environs de Paris attendent de vastes constructions destinées à hâter le retour à la santé des convalescents, il faut s'en prendre au temps, dont les progrès s'agglomèrent lentement[1].

Entre toutes les créations remarquables de l'assistance publique, il faut citer comme une des plus utiles l'institution de Sainte-Périne, qui est à l'hôpital ce qu'un colonel est à un soldat. C'est un hôtel des invalides civils en petit, et tous les efforts de l'administration doivent tendre à développer cette maison de retraite, appelée *Institution* pour ne pas froisser les vieillards sans fortune qui, sur le déclin des années, ont conservé de faibles revenus. L'Institution de Sainte-Périne et les Petits-Ménages servent d'asiles à la vieillesse à Paris; mais la situation topographique des deux établissements indiquerait seule les degrés qui les séparent. Sainte-Périne est située dans les Champs-Élysées, voisin des hôtels les plus aristocratiques de Paris; les Petits-Ménages forment un des angles de la rue de Sèvres, c'est-à-dire le quartier le plus peuplé et le moins riche du faubourg Saint-Germain. Pour être reçu à Sainte-Périne, il faut avoir occupé une certaine position dans la société; les Petits-Ménages sont composés de vieillards de la basse classe qui ont économisé quelques centaines de francs de rente, et qui longtemps ont ambitionné ce lieu de retraite. Il serait difficile de trouver dans la rue de Sèvres des vieil-

---

[1] Ce désir n'indique-t-il pas la date de la composition de ce livre écrit pendant les huit premiers mois de l'année 1857? Depuis cette époque, l'ouverture de l'Asile de Vincennes montre quels progrès on peut attendre de l'avenir.

(*Note de l'auteur.*)

lards d'une grande famille; à l'Institution de la rue de Chaillot, on rencontre des gens titrés : d'anciens noms s'y éteignent lentement. La force des choses y a conduit des hommes et des femmes de condition élevée: là se retrouvent encore les habitudes de la haute société, et le salon de conversation, fréquenté par des personnes de soixante à quatre-vingt-dix ans, rappelle les soirées du monde.

Assise sur des bases solides par l'impératrice Joséphine, l'Institution Sainte-Périne a pris d'importants développements depuis le premier empire; à l'heure actuelle, c'est une maison de retraite dont l'entrée est très-recherchée. Des solliciteurs nombreux sont inscrits sur des listes de surnumérariat, attendant patiemment que la mort souffle sur la petite flamme qui anime encore le corps de quelques vieillards. La première condition pour être admis à l'Institution est de justifier de soixante ans accomplis; la petite bourgeoisie y a droit d'entrée comme la noblesse. D'anciens industriels, chefs de bureaux, militaires, négociants, rentiers, etc., jouissent du même privilége : il n'y a égalité que devant la rente à payer à l'administration des hôpitaux et devant le trousseau à fournir à l'Institution. Moyennant sept cents francs par an, le pensionnaire a droit au logement, à la nourriture, aux soins du médecin, et à divers avantages, tels qu'une bibliothèque, un salon de conversation; le reste est à sa charge, habillement, entretien, service particulier, ce qui suppose une petite fortune de douze cents francs. Mais combien d'avantages pour ces maigres douze cents francs, qui, avec la plus stricte économie, ne donneraient pas dans Paris le quart des jouissances de Sainte-Périne! Un joli logement donnant d'un côté sur la vaste cour de l'Institution, de l'autre sur un grand jardin ; l'air des buttes de Chaillot, cité comme l'endroit le plus sain de Paris, une cuisine abondamment servie, la proximité des Champs-Elysées pour ceux qui aiment le mouvement de la foule, la promenade dans un beau jardin tenant à l'Institution, et, par-dessus tout, l'avantage de la société, si chère aux vieillards [1].

Où ce sont des esprits détachés des passions humaines, qui ont vidé, à force d'y boire, la coupe des jouissances et des infortunes, et s'entretiennent entre eux du néant des vanités humaines, où d'autres ont conservé l'esprit jeune, le cœur chaud, et se plaisent encore aux passions du monde. Alors, dans cette réunion de caractères et de positions si variés, l'Institution offre le tableau contrastant de gens ayant aimé la vie, l'aimant encore et ne se trouvant pas froissés par les rapports et les dédains d'une jeunesse moqueuse, sans respect pour les folles manies de la vieillesse.

C'était après cet heureux séjour que soupirait Jacquem!

Fréquentant presque tous les jours les Ravier, il en revenait avec des provisions d'anecdotes dont une surtout me donna le plus vif désir de pénétrer dans l'établissement où s'agitaient encore tant de passions. C'est

---

[1] Dans quelques mois, l'institution Sainte-Périne sera transférée à Auteuil. La transformation de Paris, depuis quelques années, change le caractère du *roman* qui, par suite des observations positives dont les lecteurs sont curieux, prend le caractère d'un ouvrage *historique*.
(*Note de l'auteur.*)

ainsi que j'appris l'aventure d'un pensionnaire de l'Institution, surpris, à une heure du matin, récitant des poésies sous les fenêtres d'une dame âgée de soixante-cinq ans. Rencontré par le secrétaire du directeur, qui rentrait, le poëte fut reconduit dans sa chambre, un peu malgré lui, soutenant qu'il avait le droit de réciter des poésies à la lune, les pieds dans la neige ; qu'il remerciait la direction de prendre soin de sa santé, mais qu'il se sentait encore assez de chaleur intérieure pour ne pas craindre de refroidissements.

Par ce fait et d'autres nombreux qui vinrent se grouper autour de celui-là, je connus que *l'amour* était une des passions qui survivaient le plus chez l'homme, et ma curiosité ne fit que redoubler.

J'allai souvent me promener dans le grand jardin dont les murs sont mitoyens du Château des Fleurs; les soirs d'été, je voyais arriver, après le dîner, la belle société de Sainte-Périne : de vieilles dames qui avaient conservé le goût de la toilette, des vieillards prenant soin de leur personne. Les conversations se tenaient d'abord en commun sur de grandes banquettes en bois vert, en forme d'éventail. On prenait l'air en écoutant la musique du bal voisin; des groupes se formaient deux par deux, disparaissaient dans les bosquets, montaient au belvédère. A deux pas de là, au Château des Fleurs, les filles entretenues vendaient leurs charmes peints au plus haut enchérisseur; ici l'amour était revenu à la simplicité de l'âge d'or. C'étaient des soins, des égards, d'exquises délicatesses qui cherchaient à faire oublier la poussière de papillon envolée de la jeunesse.

Peu à peu, par mon assiduité et par l'habitude qu'on prit de ma personne, je fus introduit dans le ménage Ravier. Jacquem ne jurait plus que par moi; la fréquente répétition de mon nom, les compliments à outrance dont il entourait mon caractère, firent que Mme Ravier la première m'invita à lui rendre visite. C'était une petite dame pétulante qui avait conservé toute la vivacité de la jeunesse : une aimable curiosité faisait le fond de son caractère; elle ne procédait que par questions sur ce Paris qu'elle avait longtemps habité et dont elle semblait plus retirée qu'à cent lieues. Les soins qu'elle rendait à son mari, l'entretien de son ménage, les accès assez fréquents de rhumatisme qui s'emparaient de l'épaule de M. Ravier la forçaient de ne jamais s'éloigner de l'Institution. Rarement on vit naturel plus heureux; pour désennuyer son mari, qui alors était sous le coup de la maladie, elle appela à elle ce qui lui restait de jeunesse, et cette petite dame aux membres fins et souples semblait un oiseau dans sa chambre. Elle courait, sautait, chantait, trouvait des mots gais pour faire rire son mari; nulle part ailleurs je n'ai vu d'intérieur plus animé.

Deux fois la semaine Mme Ravier recevait quelques pensionnaires: M. Perdrizel, le petit poëte amoureux de Mme de la Gorgette; M. Destailleur, l'homme le plus poli de France, celui que Mlle Arsène Chaumont appelait *Urbanité*; l'abbé Falaise, l'aumônier de l'Institution ; M. de Capendias, qui représentait la noblesse ; Mme de la Borderie, une femme de bien; M. Lobligeois, célèbre par son avarice, et Mlle Miroy, une des victimes de l'établissement. Tou les personnes qui se quittaient rarement, partageant tous les jours une des quatorze tables oblongues de la salle à manger, dont chacune est occupée par six personnes.

Ainsi qu'on le pense, ce petit cercle était fort jalousé par les pensionnaires de l'établissement, car on ne pouvait guère citer dans Sainte-Périne que trois sociétés tranchées: la chambre de Mme Gibassier, où se tenaient les plus mauvais propos de l'établissement, où se réunissaient plus particulièrement des dames et le rival de M. Perdrizet, le poëte Courroux-Desprès, qui avait obtenu jadis des succès dans les concours d'Agen; on citait encore les réunions de M. et de Mme Désir, anciens petits marchands, remarquables par la présence de M. de Flamarens, dont la noblesssse était mise en balance de celle de M. de Capendias et de Mme de la Borderie.

Si on excepte les trois tables qui, à partir du dîner, réunissaient leurs habitués dans trois salons différents, les autres pensionnaires de Sainte-Périne vivaient plus isolés, les uns malades, les autres misanthropes, certains passant leurs soirées à la bibliothèque de l'Institution, d'autres faisant leur partie au salon pour ne pas dépenser de chauffage ni d'éclairage. Jacquem m'initiait peu à peu à ces détails: le petit peintre était un fin observateur, sauf pour ce qui l'intéressait personnellement; mais il ne se doutait pas avoir un ennemi mortel dans la personne de M. Lobligeois, vieil avare, qui se vantait de coûter fort cher à l'administration de l'assistance publique.

Il existe deux modes de payement pour être admis à

l'Institution Sainte-Périne : le premier consistant en une rente annuelle de 700 francs, le second en l'apport d'un capital qui varie suivant l'âge du pensionnaire. Pour prendre immédiatement un exemple frappant de la différence du capital à payer, un pensionnaire âgé de soixante ans, en versant 6,348 francs lors de son entrée, pourrait vivre tranquille jusqu'à cent ans sans avoir rien à payer désormais, tandis qu'un homme âgé de quatre-vingt-seize ans ne payerait que la somme de 990 francs, les calculs de probabilité sur la vie ayant démontré que cet homme pouvait espérer tout au plus vivre deux ans. Or, M. Lobligeois, admis à Sainte-Périne à l'âge de quatre-vingt-un ans, s'était bien gardé de suivre le premier mode de payement, consistant en une rente de 700 francs ; il avait versé une somme de près de 3,000 francs, et s'était frotté ses mains sèches en se disant quelle merveilleuse affaire il faisait ce jour-là.

M. Lobligeois commençait par manquer au règlement principal de l'Institution, qui n'admet dans son sein que des rentiers à quinze cents francs au plus ; l'avare avait cinq mille francs de rente. Il ne se disait pas qu'il empêchait un pauvre homme d'entrer à sa place ; ces sortes de raisons ne germaient pas dans son esprit. Sa prétention était d'arriver à un âge très-avancé, et de passer près de vingt-cinq ans dans l'Institution, bien nourri, en compagnie agréable, pour la somme de trois mille francs. Vingt-cinq ans pour trois mille francs ! Jamais homme ne fit de plus heureux calculs en se rendant compte que chaque année ne représentait guère plus de cent francs. Cent francs la nourriture et le logement ! Jamais M. Lobligeois, malgré son économie, n'avait pu arrriver à ce résultat dans Paris, malgré l'économie la plus stricte. Boire, manger, se loger, se chauffer pour cent francs ! Dans le pays le plus fortuné et le plus fertile, il était impossible d'arriver à ce merveilleux résultat. Aussi le réveil du vieillard lui semblait plus agréable qu'à l'âge heureux où l'enfant ouvre la paupière sans penser aux fatigues de la vie ; il avait fait des décomptes par jour de ce qu'il coûtait à l'administration, et se réjouissait de passer une excellente journée pour la somme de cinq sous et demi. La chambre dans laquelle il couchait et qu'il occupait à peu près pour six liards, le déjeûner qui lui revenait à un sou, le dîner à deux sous, faisaient que son sommeil et sa digestion se passaient d'autant plus agréablement qu'il trompait l'administration par le surplus de rentes qu'il accumulait chez son notaire, avec la seule intention d'accumuler. M. Lobligeois n'avait pas de parents et ne souffrait pas de son isolement ; sa fortune lui servait de famille. A de certains jours de la semaine, bien enfermé dans sa chambre, la clé enlevée, le verrou tiré, M. Lobligeois ouvrait un secrétaire, et se donnait la jouissance de considérer et de manier un plein tiroir de pièces d'or : jamais la poignée de main d'un ami dont on a été séparé depuis longtemps ne lui eût causé un plus doux tressaillement que de plonger sa main dans le tiroir et d'embrasser ainsi toutes les pièces reluisantes. La passion de l'or avait annihilé toutes les autres, et M. Lobligeois eût été parfaitement heureux sans le sinistre battement d'ailes de la chauve-souris qui plane au-dessus de la tête de tous les humains. La chauve-souris de M. Lobligeois était une terreur extrême de la mort : il ne voulait pas en entendre parler ; ainsi que ces animaux qui, ne voyant pas le chasseur, s'imaginent n'en être pas vus, il espérait en oubliant la mort être oublié d'elle.

La mort, cependant, faisait d'assez fréquentes visites à Sainte-Périne ; elle venait tirer doucement par la manche de vieilles dames et de vieux messieurs qui ne consentaient pas à la suivre volontiers. Le seul fait d'être admis à l'Institution devait indiquer aux entrants qu'il ne leur restait plus qu'un maigre tiers de vie à dépenser ; mais il en était peu qui voulussent accepter cette idée. L'égoïsme le plus net régnait dans cette société, où la disparition fortuite d'un convive et d'un compagnon aimable inspirait rarement un regret. L'administration des hôpitaux elle-même se préoccupait peut-être plus d'un pensionnaire défunt que ses camarades de table. Il était à remarquer que, dans ce lieu où l'idée de la mort était inscrite sur tous ces visages fatigués, sur ces bouches édentées, sur ces yeux éraillés, le mot s'y prononçait rarement. M. Lobligeois était du grand nombre de ceux qui craignaient autant la chose que le nom : c'est ce qui expliquera pourquoi il regarda Jacquem d'un mauvais œil.

Mme Ravier n'avait pas caché les prétentions de son vieil ami et les efforts qu'il faisait pour entrer à l'Institution : ce surnumérariat frappa désagréablement l'avare. Un homme qui demandait à entrer ne pouvait être satisfait que par la sortie d'un pensionnaire ; or, comme l'idée de sortie entraînait forcément l'idée de mort, aux yeux de M. Lobligeois, le petit peintre, quoique d'un aspect frétillant, représenta dès lors l'image de la Mort. Qui l'aurait pensé? Personne ne s'en douta, ni les époux Ravier, ni M. Perdrizet, ni Mme de la Gorgette, ni M. Destailleur, ni Mlle Arsène Chaumont. La Mort représentée par ce petit homme vivant, sautillant, plein de verdeur dans le caractère, sympathique à tous les habitués du salon Ravier! Jacquem habillé en squelette, un sourire sarcastique perpétuel dans une vieille mâchoire vide, Jacquem, le premier, se fût ému de cette macabre personnification dont l'avait doté l'avare. Cependant il en était ainsi: à chaque visite du peintre, M. Lobligeois se disait: « Il cherche à remplacer quelqu'un. » Et ce *quelqu'un* inconnu devant disparaître tout à coup pour faire place à Jacquem, choquait particulièrement le vieil avare, quoiqu'il crût que les autres et non pas lui devaient mourir.

Ces sortes de raisonnements ne sont pas rares : il existe des vieillards intelligents qui songent souvent à ne pas quitter la société. Ils sentent la vanité de cette pensée; ils s'en rendent compte, doutent, croient, doutent encore, reprennent confiance et arrivent à ce résultat dernier, de ne pas vouloir songer à la chose;—car, disait un jour M. Lobligeois, poussé à bout, parler toujours de la mort, c'est vouloir l'attirer dans la maison. Aussi, pour ne plus avoir à souffrir de la présence de Jacquem, l'avare se fit recevoir chez Mme Gibassier, dont on désignait les réunions sous le titre de Club des femmes malades.

Les autres habitués du salon de Mme Ravier ne partagèrent pas pour Jacquem les répulsions de M. Lobligeois. La société y était plus jeune et plus intelligente que dans les autres réunions; l'amour et l'amitié y jouaient encore un assez grand rôle pour chasser les terreurs de la vieillesse. Si Jacquem m'avait paru vert à l'âge de soixante-deux ans, l'amoureux Perdrizet étonnait ceux qui ne le connaissaient pas, de pouvoir concourir aux avantages de l'Institution. L'ancien chef de bureau de la douane semblait n'avoir que cinquante ans par sa figure, par sa démarche et par l'ensemble de sa personne. L'œil vif et brillant, la bouche bien conservée, la taille droite, M. Perdrizet avait à peine perdu les avantages de la jeunesse. Vif, emporté, la parole pétulante, de son âge il n'avait de partis que les cheveux. Sa réputation de *séducteur*, répandue dans Sainte-Périne, le faisait rechercher de toutes les dames de l'établissement, et même des dames du dehors qui habitent les pensions bourgeoises de la rue de Chaillot et des environs; mais M. Perdrizet s'était consacré tout entier au culte de Mme de la Gorgette, et je n'en fus pas surpris.

Qu'on s'imagine une grande et forte femme, portant sur sa physionomie colorée tout l'enjouement et la bonté particuliers aux personnes chez lesquelles le sang se joue librement. De grandes coques de cheveux gris argentés, qui n'avaient pas besoin de bonnet pour dissimuler les clair-semés que l'âge apporte trop souvent à la racine de la raie, sur le sommet de la tête; des chairs réjouissantes partout en abondance, une taille de la force de M. Perdrizet lui-même, mais en harmonie avec l'importance de la personne; deux étages de menton avec un léger entre-sol, pour rester dans la vérité ; des mains potelées et petites, qui avaient dû être les plus belles mains de France, vingt ans auparavant, et des yeux d'un bleu massif qu'on ne pouvait se lasser de regarder, tant la douceur en était particulière. Trois fossettes s'étaient emparées de la figure de Mme de la Gorgette, et formaient au moindre geste de la physionomie des *signes* qu'une jeune femme eût payés bien cher. Ces fossettes des deux joues semblaient vivantes tant elles étaient mobiles et vives ; la gaieté de la jeunesse s'y jouait encore et forçait ceux qui causaient avec Mme de la Gorgette de l'entretenir de choses plaisantes, car la plus petite intention comique la faisait sourire, et alors se dessinaient ses deux fossettes qui n'avaient pas leurs pareilles. Si Mme de la Gorgette eût vécu entourée de jeunes gens, nul doute qu'elle n'eût inspiré à l'un d'eux une vive passion, sans que son âge pût servir de barrière. Non pas que les sens eussent occupé une grande place dans sa vie, mais elle semblait si heureuse de rendre heureux, qu'elle n'avait pas voulu chagriner l'inflammable M. Perdrizet.

En la voyant pour la première fois, je ne pus m'empêcher de songer à ces triomphantes créatures que le pinceau de Jordaens s'est plu à représenter fréquemment en qualité de *reines* dans ses nombreuses reproductions de *Roi boit* qu'il affectionnait. Mme de la Gorgette, aussi belle que la Médicis peinte par Rubens dans la série d'allégories du Louvre, n'en avait pas le côté dominateur. Sa poitrine imposante, qu'elle avait le droit de porter fièrement, se rattachait plutôt aux riches poitrines de sang et de lait qui meublent les tableaux de Jordaens, élève du grand maître flamand, mais qui a plutôt peint des riches bourgeoises que des reines. La manière particulière dont Mme de la Gorgette s'habillait prouvait qu'elle n'avait pas besoin d'échafaudages pour soutenir cette riche poitrine dont le rare et heureux privilége consistait en une précieuse solidité. Il était permis d'en juger par l'aspect resplendissant des chairs de la figure, sur laquelle le sang se jouait comme chez une jeune femme. Une grande bonté formait le fond du caractère de Mme de la Gorgette, que M. Perdrizet seul avait le droit d'appeler Aurore.

En regard de Mme Aurore de la Gorgette, peut-être est-il convenable de tenter d'esquisser le profil de Mlle Miroy, qui jouissait à tort dans l'institution d'une réputation de coquetterie. Mlle Miroy, jadis recherchée par M. Perdrizet, semblait un fuseau en présence de sa rivale. Sans être précisément maigre, sa personne s'allongeait et perdait toute valeur en comparaison des charmes de la belle Lilloise, car Mme de la Gorgette était de Lille. La qualité de vieille fille avait donné à toute la personne de Mlle Miroy quelque chose d'incomplet, d'insatisfait, auquel le meilleur naturel ne saurait échapper. Si l'on pouvait se fier complétement aux statistiques, n'a-t-il pas été démontré par les tables de mortalité que les célibataires ne jouissent que d'une moyenne de vie inférieure d'un tiers à celle des gens mariés ? La vie à deux, les inquiétudes partagées, la société perpétuelle même, dans ce qu'elle offre de tiraillements, sont des garanties d'existence ignorées par le célibataire, qui, dans son égoïsme, s'imagine échapper, par l'absence de communauté, aux mille contrariétés engendrées par le mariage.

Mariée quarante ans plus tôt, Mlle Miroy n'eût pas offert ces couperoses dans le teint, signe d'un sang agité qu'il n'avait pas été donné au célibat de calmer; douée par la nature de qualités excellentes, cette demoiselle, qui ne pouvait être qualifiée de *vieille* en comparaison des nonagénaires de l'établissement, avait désobéi aux lois de la nature et en fut punie par un certain aigrissement de caractère, démentant la devise de son cachet, sur lequel était gravée une harpe avec ces mots en exergue: « *Toujours d'accord.* » La pauvre demoiselle Miroy souffrait d'autant plus qu'elle avait senti ses meilleures qualités se paralyser une à une pour faire place à des mélancolies sombres, à des accès de folle joie, à des inquiétudes sourdes, à mille petits cas névralgiques sous lesquels disparaissait son égalité d'humeur. Peut-être la lecture d'ouvrages d'imagination l'avait-elle poussée dans cette voie, car c'était une femme à dévorer des bibliothèques de romans, qu'elle laissait tomber tristement les uns après les autres, se demandant où était cet idéal d'*homme* qu'elle n'avait jamais rencontré. Cependant, six mois après son entrée à Sainte-Périne, elle crut trouver dans le vif Perdrizet un profil affaibli des héros de ses lectures, et elle se mit à échafauder un de ces jolis romans de tête bien supérieurs aux chefs-d'œuvre consacrés.

A cette époque, l'ex-chef de la douane ne brûlait pas encore pour Mme de la Gorgette; le cœur libre, l'estomac sain, l'esprit tourné à la gaieté, il était difficile de rencontrer un plus charmant type d'amant que M. Per-

3

drizet, quoiqu'il portât des besicles d'or. Il est des hommes dont la physionomie est tellement pétillante que tout leur vient en aide, même les défauts : les besicles d'or prêtaient aux regards de M. Perdrizet des rayonnements particuliers. Son œil n'en paraissait que plus vif ; même, au besoin, il était permis de croire qu'il portait des lunettes pour adoucir la flamme de ses prunelles. Mlle Miroy lui dit un jour, en manière de compliment, qu'elle était étonnée que les verres de ses lunettes ne fussent pas troués par la vivacité de ses yeux.

L'ancien chef de bureau avait subi, comme il arrive trop souvent aux employés, une perte irréparable, celle de ses cheveux ; mais il portait audacieusement sa tête nue, ne cherchait pas à dissimuler, par une perruque, les ravages du fauteuil de cuir, car il a été démontré que le fauteuil de cuir vert à clous de cuivre, qu'il soit protégé ou non par des ronds de caoutchouc, est une des principales causes de la calvitie. Notaires, avoués, avocats, huissiers, chefs de bureau, employés, tous personnages qui se gaudissent trop longtemps dans des fauteuils de cuir vert à clous de cuivre, sont condamnés à la perte prématurée de leurs cheveux. M. Perdrizet n'avait pas l'air humilié que donne cette situation à beaucoup de personnes chauves ; au contraire, il semblait chercher, par nombre de soins, à donner plus d'apparence brillante à son crâne nu et reluisant, qui faisait autant de plaisir à voir que la batterie de cuisine d'une ménagère flamande. C'était une belle surface d'ivoire poli, qui eût certainement inspiré à un peintre le désir d'y peindre un paysage ou une fine miniature.

L'oreille de M. Perdrizet, mise à jour par l'enlèvement des broussailles de la jeunesse, donnait l'idée d'un homme qui avait perdu ses cheveux au service de la galanterie : curieusement et délicatement travaillée, quoique sa forme rappelât légèrement l'oreille du faune antique, elle n'affectait pas la position verticale, qui est la plus commune, mais elle était provoquante par la manière narquoisement oblique dont la nature s'était plu à la jeter. Une telle oreille renfermait bien des séductions par sa pose originale et sa parfaite concordance avec l'ensemble de la physionomie du chef de bureau. Cette oreille alluma la flamme la plus vive chez Mlle Miroy, qui, sans avoir de fortes connaissances physiognomoniques, était attirée, sans pouvoir s'en défendre, vers M. Perdrizet. Les trésors d'amour qu'elle sentait enfouis au dedans d'elle-même se réveillèrent tout à coup et produisirent dans l'Institution une révolution plus grande que si M. Lobligeois avait jeté ses louis par la fenêtre. La couleur verte, celle de l'espérance et du printemps, devint l'emblème favori de la pauvre demoiselle, qui eut un renouveau sans avoir jamais entrevu le nouveau de sa vie. Son cœur reverdit et la poussa vers la nature. Désormais, au lieu de s'enfermer chez elle pour lire les romans *noirs* qu'elle louait chez un petit libraire du faubourg du Roule, elle alla plus fréquemment dans le jardin, un peu pour rafraîchir ses idées brûlantes, beaucoup pour rencontrer l'être qui venait de l'initier à une nouvelle vie. Elle eut des bouffées de souvenirs d'enfance qui lui rendirent l'existence souriante ; elle consulta le célèbre médecin Desclozeaux, attaché à l'Institution, pour obtenir de lui quelques secrets afin de chasser la couperose de ses joues. Elle se rappela que jadis, au couvent, les pensionnaires faisaient de petits sachets de lavande parfumée, en entremêlant les brins de fleurs de faveur de soie; et elle passa une huitaine à confectionner quelques-uns de ces sachets, qu'elle offrit aux principaux habitués du salon de Mme Ravier, afin d'avoir le droit d'en proposer un à M. Perdrizet. — Rien n'était meilleur pour la conservation et la bonne odeur du linge, disait-elle. Et son bonheur fut au comble quand le chef de bureau déclara, deux jours après, qu'une odeur exquise s'échappait de l'armoire où il rangeait ses chemises. Ce mot-là tourmenta son imagination et amena la pauvre amoureuse à plier les tiges de lavande en forme de cœur, que M. Perdrizet accepta sans remarquer la délicatesse du symbole.

Mlle Miroy alla jusqu'à louer un petit jardin, dans l'Institution même, à raison de vingt-cinq francs par an : l'administration s'est réservée, au bout du parc public, un certain espace allongé de terrain, divisé en petits jardinets séparés par des treillages. On a voulu, par cette mesure, que les pensionnaires aristocratiques pussent respirer le frais à leur fantaisie, isolés, s'ils le désiraient; cependant ces jardins sont rarement occupés, malgré la modicité du loyer. Le parc public ne suffit-il pas aux promenades des pensionnaires, qui préfèrent la société à l'isolement? Mais Mlle Miroy rêvait un petit boudoir de verdure, un asile mystérieux où elle inviterait M. Perdrizet, quand tous deux se comprendraient. Quels rêves délicieux n'accumula-t-elle pas !

C'était de rester à côté l'un de l'autre les chaudes après-midi de l'été, abrités par un dôme de feuillage sous une tonnelle, occupés à de douces causeries, se taisant pour se regarder, écoutant le chant des oiseaux, loin de tout regard. Pour varier, Mlle Miroy ferait de temps en temps la lecture ; elle choisirait les livres dont elle se rappelait certaines pages brillantes. Elle sentait en ce moment que son accent serait au diapason de ses tendresses ; M. Perdrizet l'écoutait, lui prenait les mains, tombait à ses genoux, lui jurait une flamme éternelle. Et au-dessus de leurs têtes, sur le fond de verdure, brillait la fameuse devise du cachet : *Toujours d'accord*. Beaux rêves ! touchantes illusions !

Le réveil devait être amer. M. Perdrizet ne s'aperçut pas d'abord de ces manéges ; il eut la légèreté de ne pas remarquer la robe blanche à rubans verts que Mlle Miroy introduisit à la chapelle, le dimanche 10 mai, et qui causa tant de propos dans l'Institution. Une robe blanche à Mlle Miroy ! Il y avait de quoi défrayer toutes les conversations de l'hiver. La société Gibassier s'empara de cette robe printanière, et, par ses mauvais propos, en ternit la blancheur.

Cette société Gibassier causait la terreur dans Sainte-Périne par les méchancetés qui en sortaient. Tous les caractères chagrins, les malades de corps, les vieillards aigris s'y donnaient rendez-vous. On l'appelait le Club des femmes malades, car il y avait des boiteuses, une sourde et une aveugle ; la plus influente de la réunion, une sorte de directrice, Mme Gibassier, ne sortait qu'avec des béquilles. La société Gibassier jalousait le salon des

Ravier, où ces sortes de propos ne trouvaient aucun partisan. Vis-à-vis de Mme Gibassier et de ses amis, les habitués de Mme Ravier passaient pour des jeunes gens ; aussi la robe blanche à rubans verts de Mlle Miroy, âgée seulement de soixante ans, parut-elle un défi, une sorte de provocation jetés à toute l'Institution. Toute la société Gibassier était octogénaire : qui oserait lutter avec Mlle Miroy? qui pouvait s'habiller en blanc au printemps? La première émotion passée, on chercha à connaître quels motifs secrets avaient pu déterminer l'*ennemie* à arborer une couleur si printanière. Comme la pensée des pensionnaires de Sainte-Périne est sans cesse tournée vers l'amour, la société Gibassier fit une enquête qui démontra la passion naissante de Mlle Miroy. Des agents invisibles l'épiaient dans toutes ses démarches, la suivaient au jardin, au salon commun, à la bibliothèque, à la salle à manger, au dedans et au dehors de l'établissement ; car on remarqua que maintenant, contre son habitude, Mlle Miroy sortait les jours de soleil, de deux à quatre heures, pour se rendre aux Champs-Elysées, où, assise sur une des chaises de fer qui bordent la grande avenue, elle examinait avec la plus vive attention la toilette des jolies femmes qui vont parader en calèche au bois de Boulogne. Les yeux féminins deviennent des microscopes accusateurs quand ils s'attachent à un seul objet : les plus petites observations tombant sous leurs rayons se transforment en immenses découvertes. Mlle Miroy et les mille détails de son amour naissant furent sujets à de plus patientes investigations que le fraisier dont Bernardin de Saint-Pierre a raconté les drames. Si, en rentrant à l'Institution, vers les quatre heures et demie, M¹¹ᵉ Miroy s'enfermait dans sa chambre et reparaissait au dîner avec une nouvelle coiffure, ne donnait-elle pas raison à Mᵐᵉ Gibassier, qui l'accusait d'avoir *pincé*, l'après-midi, cette coiffure aux Champs-Élysées? Aussi fut-il démontré que l'ennemie allait, le plus souvent possible, se retremper au sein d'un monde corrompu, afin d'étudier les secrets avantages des modes nouvelles.

La pauvre demoiselle mangeait tranquillement en compagnie de M. et Mᵐᵉ Ravier, de M. Perdrizet, de Mᵐᵉ de la Borderie, de M. de Capendias, de M¹¹ᵉˢ Chaumont et de M. Destailleur, sans se douter qu'en face d'elle, à la table numéro huit, celle occupée par la société Gibassier, dix personnes ne la quittaient pas de vue, non pas dix juges, mais dix accusateurs qui sans cesse ranimaient leurs observations par des coups de coude et de légers pressements de pied sous la table. Si l'amour laissait le champ libre à l'observation, Mᵐᵉ Miroy eût remarqué combien était calme et tranquille une table qui, à l'ordinaire, était la plus bruyante de la salle à manger : rires aigres, paroles sarcastiques, voix vinaigrées se faisaient entendre généralement au milieu du bruit des couteaux et des fourchettes de tout le réfectoire.

Il ne fallut pas deux séances au redoutable tribunal secret pour découvrir le but où allaient se jeter les mélancoliques regards de M¹¹ᵉ Miroy : en face d'elle, le vivant M. Perdrizet mangeait d'un héroïque appétit de tous les plats, sans craindre de fatiguer son estomac. Très-occupé de la nourriture, M. Perdrizet n'eut connaissance de ces regards enflammés que par un tiers qui l'en avertit ; aussi, les manéges de la pauvre amoureuse continuèrent-ils assez de temps pour que l'économe de l'Institution remarquât avec surprise que la consommation avait été, pendant la quinzaine, moins forte d'un douzième. La table Gibassier, perdue dans les observations, en avait presque oublié le boire et le manger. — « Nous allons avoir certainement une épidémie prochaine, dit le médecin de Sainte-Périne, à qui l'économe témoignait ses inquiétudes sur cette diminution de nourriture. » Car la majorité des vieillards ne vit que pour manger, l'amour ne vient qu'après. Le médecin, en réfléchissant sur le fait qui lui était rapporté, ne pouvait supposer que, par un renversement singulier des lois naturelles, cette fois l'amour et la curiosité de constater cet amour avaient été plus forts que l'estomac. Les médecins sont quelquefois victimes de faits semblables qui déroutent les observations scientifiques. Mlle Miroy aimait M. Perdrizet, et des témoins nombreux, assez alléchés par la malignité pour en oublier le boire et le manger, faisaient croire à une épidémie prochaine. Quelques jours après, le médecin en chef de Sainte-Périne envoyait à l'Académie de médecine une communication importante : il avait senti des courants invisibles et morbides qui présageaient le retour d'une violente épidémie ; le bruit s'en répandit dans Paris, les journaux l'enregistrèrent, la nouvelle courut la France. La France était victime des regards perçants de Perdrizet, de son crâne luisant et de ses besicles d'or. Voilà ce qui me fera toujours réfléchir sur l'enchaînement des faits.

A mille prévenances, mille soins délicats, M. Perdrizet fut averti des ravages que produisait sa personne. Chacun l'en plaisanta, et il se tint sur ses gardes, afin de ne pas se laisser lier par des chaînes aussi lourdes que celles portées par M. Destailleur, dont Mlle Chaumont avait fait son esclave. L'histoire ancienne cite des traits d'amour héroïque, qui se sont rarement renouvelés dans les temps modernes. M. Destailleur n'était pas capable d'héroïsme. Son extérieur tranquille, sa personnalité affadie fuyaient l'éclat; mais il possédait des qualités plus monotones et plus durables. On ignorait à quelle époque il s'était attelé au char de Mlle Arsène Chaumont, tant il semblait naturel que ces deux personnes eussent toujours vécu ensemble dans les mêmes relations calmes et polies. Qui ne se rappelle avoir vu ces gravures italiennes où un jeune *Paolo*, aux genoux d'une tendre *Francesca*, tend ses mains vers elle en la suppliant de lui accorder quelques chastes baisers? M. Destailleur rappelait cet aimable Paolo par son ingénuité, sa timidité et la candeur avec laquelle il s'approchait de Mlle Chaumont. Si Mlle Chaumont lui demandait le matin : — Comment vous portez-vous? Il ne manquait pas de répondre : — Avec plus de crainte que jamais de vous déplaire, ou par une phrase d'un tissu analogue. La politesse la plus exquise, le respect dû à toute femme, étaient poussés si loin, que M. Destailleur fut cité comme l'homme le plus parfait qui eût jamais habité l'Institution. Les mots galanterie, amour, passion, ne pouvaient s'appliquer à M. Destailleur, mais plutôt les titres de cavalier servant, de *patito*, qui se trouvent en quantité dans le dictionnaire de la bonne compagnie

3.

italienne, et que notre langue moins tendre ne saurait reproduire. Mlle Chaumont l'avait appelé : *mon attentif*. C'est un de ces mots de génie que les femmes peuvent seules créer. Je me trouvai un jour dans le salon de Mme Ravier à l'heure où chacun prenait congé de la maîtresse de la maison. Mlle Chaumont engageait M. Destailleur à passer le premier ; l'attentif s'en défendait. Enfin, après divers refus, M. Destailleur s'exécuta en disant : — Que cela soit ainsi, mademoiselle, car si je ne savais pas vous obéir, je ne serais plus votre serviteur. Jamais je ne reverrai deux êtres plus polis et plus délicats ; ils parlaient un langage particulier et semblaient avoir inventé une langue.

L'aimable Perdrizet n'aurait pu tenir à ces confidences éternelles, à ces promenades sentimentales, à ces conversations *opalisées* qui faisaient le fond de la vie de M. Destailleur et de Mme Chaumont. Vif comme la poudre, léger comme un oiseau, preste et subtil, M. Perdrizet était d'une nature contraire à ces épanchements. Il avait beaucoup aimé, ses grosses lèvres rouges, nettement dessinées, solides encore, le prouvaient ; mais de l'amour il n'avait cherché que la jouissance gaie, le plaisir, les galanteries de table soufflées à l'oreille d'une voisine, les liaisons nouées et dénouées avec la même rapidité. M. Perdrizet possédait toutes les facultés du soupirant ; il devenait sentimental au besoin, pourvu qu'il ne fût pas forcé d'employer cette note longtemps. Aussi, le cœur libre, ne repoussa-t-il pas d'abord les tendres avances de Mlle Miroy, sans songer au trouble qu'il allait jeter dans le cœur de la pauvre fille. Il accepta des promenades dans le parc, se laissa conduire dans le petit jardin particulier, et fit tout pour donner corps à la trame malveillante qui s'ourdissait chez Mme Gibassier.

Ainsi qu'une plante étrangère fanée sous un climat brumeux, dont les premiers rayons de soleil du printemps raniment les feuilles mélancoliques, Mlle Miroy sembla revivre d'une nouvelle vie ; elle rajeunit, ses yeux se ranimèrent, le sang circula plus librement dans ses veines, et le mot *bonheur* fut écrit sur son front. Elle avait pris de la vivacité de M. Perdrizet, et il semblait qu'elle cherchât à se mettre à l'unisson de celui qu'elle aimait. — Comme vous êtes gaie, ma chère demoiselle, lui disait avec douceur Mme de la Borderie, une des femmes les plus respectables de l'Institution. Mlle Miroy souriait, et en même temps rougissait de sourire. Ce bonheur, inscrit visiblement sur la physionomie de Mme Miroy, rembrunissait encore les figures de la table d'en face. Le Club des femmes malades souffrait du bonheur de Mlle Miroy ; chaque jour qui s'écoulait accusait les rides de ces vieilles femmes : la bouche rentrait, le nez s'allongeait, les chairs s'affaissaient. La nature a voulu que l'homme ne s'aperçût pas de ses ruines personnelles ; mais Mme Gibassier les observait chez ses amies, et elle ne pouvait s'empêcher d'en faire de tristes allusions à sa propre situation. Cette société était à l'unisson de la discordance ; toujours des propos cruels, d'amères railleries, des contradictions contre toute belle action. Le Dante a oublié dans son *Enfer* de peindre un coin sombre où seraient condamnées à vivre ensemble les vieilles femmes chagrines dont la vie s'est passée à interpréter en mal les actions des jeunes. Il n'existait dans le salon des Gibassier ni douceurs, ni consolations ; même les rapports entre les habitués étaient entachés de perfidies cruelles. La table autour de laquelle on se réunissait semblait un marbre de dissection où était étendu tour à tour chaque pensionnaire de l'établissement. Ceux qui ont vu des appareils orthopédiques peuvent se rendre compte des opérations qu'on faisait subir aux sujets, avec cette exception que tout être qui tombait entre les mains des opérateurs de la société Gibassier en sortait plus difforme qu'il n'y était entré. Le prévenu, dans ce salon, subissait une sorte de *question* plus cruelle que les tortures du moyen âge.

C'est ainsi que le cœur de Mlle Miroy fut disséqué à diverses reprises dans cette société, et qu'on le tira à *hue* et à *dia* jusqu'à ce qu'il fût écartelé et mis en lambeaux. Pauvre fille aveuglée par l'amour, qui, à soixante ans, avait eu la force de se rajeunir et de donner une nouvelle circulation à son sang ! Le printemps qui vint lui apporta de vertes bouffées d'espérances: elle imagina de faire participer le salon de Mme Ravier à un jeu de la province : *Je vous prends sans vert*, qui rappelle le printemps de la vie. Pendant trois mois, les hôtes de Mme Ravier allèrent tous les matins se décorer au jardin d'une feuille verte attachée au corsage ou à la boutonnière, et ceux qui oubliaient cette mesure étaient condamnés à une légère amende dont l'accumulation devait servir à de fins goûters dans le jardin particulier de Mlle Miroy. Il fut facile de remarquer, à l'intérêt qu'on apportait à ce jeu, la quantité d'esprit vivace dont chacun était doué. M. et Mme Ravier, M. Destailleur et Mlle Chaumont, M. Perdrizet et Mlle Miroy, ne manquèrent guère à la règle du jeu ; mais combien furent pris *sans vert?* Mme de la Borderie, M. de Capendias et M. Lobligeois, qui avaient renoncé aux plaisirs de la galanterie. Pour Mlle Miroy, elle abusait de la verdure ; elle portait sans cesse à la main une petite branche, manquant à la règle du jeu qui veut que la feuille soit cachée, afin de ne pas attirer l'attention des autres joueurs.

Jacquem était inconsolable de ne pouvoir se mêler au vert, car il avait été décidé que seuls les pensionnaires de l'Institution en feraient partie. Jusque-là, Sainte-Périne lui était apparue sous le jour le plus gai. Nous en causions souvent ensemble, et l'entrée du paradis ne tente pas davantage une âme pieuse que cet asile où la vieillesse semblait encore appartenir au monde. Jacquem, doué d'un heureux naturel, laissait passer à côté de lui les drames de la vie sans en être attristé : il ne les voyait pas. La fréquentation exclusive des Ravier faisait qu'il ignorait les mauvais propos de la société Gibassier. Si je lui eusse fait part des observations que j'accumulais et des récits que j'entendais par mes rapports avec différentes personnes de l'établissement, Jacquem eût été effrayé et aurait peut-être demandé que sa pétition d'entrée fût annulée. Sans être pessimiste, il est important d'étudier l'envers et l'endroit, la lumière et l'ombre : l'ombre ne manquait pas dans ce tableau d'intérieur où les mécontents formaient la majorité. Le cabinet du directeur était sans cesse assiégé de plaignants des deux sexes qui déposaient des accusations contre l'économe et le cuisinier. Sur cinquante plaintes, il y en avait quarante-huit dirigées contre la cuisine, et je pus examiner un énorme dossier contenant jour par jour la gazette culinaire de la société Gibassier, qui ne demandait pas moins que le renvoi du cuisinier. Sur ce gros livre étaient inscrites les diverses quantités de viande, leur degré de cuisson, les sauces et leur nature, leur chaleur et leur tiédeur. Ce grand-livre de cuisine se divisait en potages, en viandes rôties, en ragoûts, en légumes, en poissons et en desserts, avec de larges colonnes d'observations où étaient détaillés tous les reproches du pensionnaire difficile. Jamais de compliments, toujours des reproches. Quand les détails manquaient, l'auteur du rapport se rattrapait sur les ensembles; il critiquait l'abus des viandes rôties, se plaignait de la mesquinerie des desserts, réclamait plus de poisson et se montrait ennemi acharné des légumes.

Ce livre avait pour titre: *Observations de M. Tringle relatives à la nourriture des pensionnaires de Sainte-Périne.* M. Tringle fut un des plus singuliers pensionnaires de l'établissement; ainsi que beaucoup d'autres vieillards, il désirait se rattacher le plus possible à la vie : dans cet espoir, il étudiait tous les livres qui traitent de la vieillesse, et se perdait dans des contradictions étranges. Ainsi, il lui arrivait parfois de lire dans les journaux qu'une femme d'un grand âge venait de mourir après une vie très-calme. L'histoire du célèbre Cornaro, qui vécut jusqu'à l'âge de cent trente ans en ne mangeant que douze onces d'aliments solides et quatorze onces de vin par jour, le fit réfléchir; mais, quelques temps après, le *Moniteur* ayant rapporté la nouvelle d'un vieillard de cent dix ans qui avait mené une joyeuse vie, M. Tringle ne sut à quoi s'en tenir sur le régime à adopter. Il était rare qu'on ne le rencontrât pas sur les quais, fouillant les boîtes des bouquinistes, pour y acheter à bon marché de vieux volumes d'anas qu'il rapportait triomphant, heureux quand il y trouvait des faits incroyables tels que l'homme mort à cent dix ans, et qui un an auparavant avait senti deux grosses dents lui repousser tout à coup; mais cet homme ne buvait que de l'eau de scorsonère. Là-dessus, M. Tringle buvait pendant trois jours de l'eau de scorsonère, pour passer à une nouvelle boisson. Un jour, il lut qu'un laboureur avait vécu jusqu'à cent onze ans, ne s'étant nourri que de pain d'orge sans levain et n'ayant bu que du petit-lait et de l'eau; dès lors, M. Tringle fit une pétition pour obtenir de l'administration du pain d'orge sans levain.

Je fus curieux de faire sa connaissance, et l'occasion s'en présenta facilement, car M. Tringle, par ses histoires d'alchimiste, trouvait peu d'auditeurs complaisants dans l'Institution. Dès la première fois, il m'avoua qu'il voulait arriver à l'âge de cent vingt ans, parce qu'il était certain qu'à cet âge les dents repoussaient ainsi que les cheveux, fait signé et imprimé par le célèbre Chrétien Montrelinos, médecin de l'électeur de Brandebourg. Il était alors occupé de cette question importante, mais fort délicate, d'arriver à cent vingt ans, afin de vérifier les observations des médecins. — Du reste, me disait-il, ces faits se sont présentés dans un âge beaucoup moins avancé. Mlle Jeanne Thévenot, du village de Pennetier, près Trimolat, en Périgord, fut prise, à quatre-vingt-six ans, d'une fièvre qui fit tomber ses cheveux blancs; mais ils repoussèrent noirs, redevinrent blancs, tombèrent encore une fois et redevinrent noirs. Il est vrai qu'elle ne sortait jamais de chez elle pendant le mois de mars, ajouta-t-il. Je n'ai connaissance de ce fait que depuis avant-hier; mais dès l'année prochaine, je me renfermerai pendant le mois de mars.

La bonne foi de M. Tringle, le sérieux qu'il apportait à raconter ces anecdotes m'illusionnaient parfois, et me faisaient oublier sa taille courbée et sa parole chevrotante; je ne m'étonne plus que les médecins d'aliénés sentent quelquefois des chimères pénétrer dans leurs cerveaux. Depuis que j'étudiais les pensionnaires de Sainte-Périne, je me sentais devenir vieux à mon tour. Si au premier abord j'avais été surpris du singulier ton de cette société, maintenant je me sentais atteint des mêmes croyances, des plus folles illusions, et je ne fus même plus étonné quand M. Tringle m'annonça que tout récemment, à Issoudun, une dame de quatre-vingt-quatorze ans s'était remariée en troisièmes noces avec un homme de cent cinq ans, et que de ce mariage étaient nés deux fils et une fille.

CHAPITRE III

Les pensionnaires de Sainte-Périne, à part leurs légères manies et leurs vices, semblaient des philosophes prenant en pitié les habitudes des grandes villes telles que Paris. Ils avaient trouvé la réalisation du célèbre utopiste Fourier, et s'inquiétaient à peine de leurs relations extérieures. Famille, femme, mari, enfants, ne tenaient pas une grande place dans le souvenir des vieillards, dont l'occupation consistait à veiller à leur entretien personnel. L'égoïsme, auquel tous les hommes sacrifient à des degrés différents, prenait un plus grand empire à mesure que les vieillards de l'institution avançaient en âge. Quelques pensionnaires étaient connus pour être séparés de leurs femmes, quelques femmes de leurs maris, certains autres de leurs enfants, et rarement la conversation roulait sur ces êtres noyés dans les flots de la civilisation : les jouissances matérielles, telles que la nourriture et la digestion, avaient une importance plus réelle que les liens de la famille. Il est vrai qu'on eût pu compter dans l'Institution beaucoup de membres dont les familles s'étaient *débarrassées* en payant la somme demandée pour leur admission : peut-être, dans le principe, quelques natures délicates souffraient-elles d'être éloignées tout à coup de la société ; mais les liaisons rapidement formées, le contentement qui se lisait sur la majorité des physionomies, la vie en commun, les petites passions mises en jeu, la malignité, la curiosité et la gourmandise faisaient oublier au nouvel entrant le rang qu'il avait tenu dans un monde plus brillant. Aussi, Mme de la Borderie fut-elle remarquée par l'empreinte de tristesse qu'un séjour de deux ans dans l'établissement ne put effacer. Sur sa physionomie étaient inscrites tant de souffrances morales qu'elles inspirèrent à tous les pensionnaires une sorte de respect. Le sourire de cette femme distinguée faisait mal et portait à la tristesse, car on le sentait affecté : sous ses yeux flottaient deux grandes paupières vides qui semblaient de grands sacs où s'étaient accumulées jadis bien des larmes.

Mme de la Borderie ne confia ses chagrins à personne, mais chacun les devinait et plaignait la pauvre femme, dont le fils occupait une haute position dans les ambassades. A part ce profond chagrin que Mme de la Borderie essayait de chasser, il était visible que cette femme respectable cherchait à se rallier à la société, non pour prendre sa part des propos intérieurs, mais pour en affaiblir au contraire la malignité. En sa présence, la conversation prenait une direction plus élevée, dont l'influence se communiquait aux pensionnaires les moins intelligents. Une immense bienveillance s'attachait à chacune de ses paroles et pénétrait tous les cœurs : si Mme de la Borderie eût fréquenté les réunions de Mme Gibassier, Sainte-Périne eût été un paradis terrestre; mais cette femme de haute distinction, qui connaissait d'autant mieux le monde qu'elle parlait peu, devina la sorte de contrainte qu'elle exerçait sur ces esprits malveillants. Quand elle paraissait, on se taisait, et les quelques soirées que passa Mme de la Borderie dans cette société lui parurent glaciales comme la peau d'un serpent. Le venin du Club des femmes malades ne trouvait plus de proie; alors la conversation s'arrêtait court, manquant de thème. Ces femmes se sentaient en présence d'un esprit supérieur dont la bienveillance était la base; leurs pensées ne pouvaient communiquer. Rien que l'arrivée de Mme de la Borderie rompait le fil électrique empoisonné qui servait de conducteur à l'esprit de la société Gibassier.

Le plus souvent, Mme de la Borderie vivait retirée dans son appartement, dont elle ouvrait rarement la porte aux désœuvrés; mais si une personne avait besoin de ses conseils, aussitôt elle se mettait à son service, et ne craignait pas de voir troubler sa solitude; c'est ainsi que Mlle Miroy alla un matin frapper à la porte de Mme de la Borderie, après en avoir obtenu l'autorisation la veille.

— Que se passe-t-il, ma chère demoiselle ? lui dit affectueusement la veuve, surprise du trouble qu'elle remarquait.

— Ah! madame, ne m'interrogez pas, je ne saurais vous répondre; j'ai honte de mes propres pensées, et je n'ose même pas les analyser. J'aime et je crains de n'être pas aimée; je suis aimée et je n'aime pas.

Mᵐᵉ de la Borderie resta froide en entendant cette singulière confidence; elle s'attendait à partager d'autres chagrins que ceux causés par l'amour. Jusque-là, elle avait évité de se mêler aux intrigues amoureuses, naissant et renaissant sans cesse dans l'établissement, car elle prenait en pitié ces passions d'un autre âge.

— Hélas! ma chère demoiselle, répondit-elle, vous vous êtes trompée en venant à moi pour me demander conseil sur cette question: si j'avais su dès hier que l'amour faisait le fond de votre embarras, malgré tout mon désir de vous être utile, je vous eusse prévenue combien j'étais ignorante en pareil cas.

— Vous êtes trop bonne, madame, pour refuser de m'entendre... Oui, je suis folle d'aimer M. Perdrizet, je me le répète sans cesse; mais il n'a pas paru me repousser dans le principe, alors je me suis laissée entraîner peu à peu, je me suis habituée à un bonheur chimérique, j'ai construit un nid où nos deux cœurs devaient reposer; j'en ai amassé un à un les brins d'herbe séchée, la mousse, la plume; je me suis compromise pour celui que j'aimais.

— Je le sais, dit Mᵐᵉ de la Borderie; il y a peu de pensionnaires qui l'ignorent.

— N'est-ce pas, madame? M. Perdrizet ne devrait-il pas essayer d'arrêter les bruits fâcheux qui courent sur moi dans Sainte-Périne?

— Que vous a-t-il promis, ma chère demoiselle?

— Rien, hélas! c'est un inconstant.

— Pauvre femme! s'écria Mme de la Borderie. Ne connaissiez vous pas la réputation de M. Perdrizet?

— Au contraire, je savais combien il était volage; peut-être sa réputation m'a-t-elle attirée! Je me disais qu'il avait été mal aimé jusqu'alors, qu'on ne l'avait pas compris, qu'on l'avait fatigué, et je me sentais assez de tendresse pour attacher l'inconstant et le fixer auprès de moi. Rien n'a pu décider la constance de M. Perdrizet; il n'est pas coupable, il n'a pas fait de serment; mais je ne peux m'empêcher de l'appeler ingrat... Si vous saviez, madame, l'affreux remède qu'il m'a proposé! J'en frémis encore... Vous savez que ma fenêtre donne sur un petit pavillon dont il occupe le second étage, et au-dessous de lui demeurent M. et Mme Désir. C'est de ma fenêtre que j'ai reçu le trait mortel qui fera le désespoir de ma vie. Accusez-moi, madame, je n'essayerai pas de me défendre; je mets ma faute sur le compte de la fatalité. Un matin, je tirai un coin de mon rideau pour regarder si l'humidité de la nuit ne m'empêcherait pas de descendre au parc; j'aperçus à la fenêtre M. Perdrizet qui interrogeait le ciel d'un regard mélancolique tel, que je crus à une sorte d'inquiétude ou de regret de sa part. Peut-être, pensais-je, cette vie de garçon lui pèse-t-elle. On dit qu'à un certain moment de la vie, les séducteurs sentent le vide s'agrandir au dedans d'eux, et dans ce vide se promener les ennuis. M. Perdrizet, repentant, m'inspira de l'intérêt. Je me dis que je comblerais ce vide accablant, que je remplirais sa vie, que j'essayerais de chasser l'ennui de son intérieur, ainsi que l'a fait pour son mari Mme Ravier, dont j'ai étudié depuis longtemps les soins, les prévenances et les mille détails affectueux. J'ouvris ma fenêtre, et M. Perdrizet m'adressa un si vif sourire que je l'ai conservé là, dit Mlle Miroy, en mettant la main sur son cœur.

En ce moment, sa figure refléta un éclair de joie qui se changea presque aussitôt en un brouillard de tristesse.

— Oui, continua-t-elle, ce sourire seul pourrait adoucir mes chagrins en ce moment, s'il avait continué à luire ; mais il s'éteint de jour en jour, et demain peut-être, il ne laissera plus qu'une trace noire et désolée.

— M. Perdrizet s'est-il expliqué franchement ? demanda Mme de la Borderie.

— Non, madame, et je préférerais un arrêt brutal à cette légèreté polie dont il ne se sépare jamais, mais qui est le signal trop certain d'un amour éteint. Et dire que je ne puis maintenant le regarder à mon aise de cette fatale fenêtre qui a causé tout mon malheur !

— Vous a-t-il défendu, mademoiselle, de le regarder ?

— Voilà ce qui arrive, madame : au premier étage du pavillon, juste au-dessous de M. Perdrizet, demeure Mme Désir, dont le mari s'est imaginé que je lui faisais des avances ; me voyant chaque matin à ma fenêtre, il en a conclu que je cherchais à l'entrevoir, et il m'a répondu par des regards dont je n'ai pu méconnaître la tendresse. J'aime M. Perdrizet et il ne m'aime pas. M. Désir m'aime et je ne l'aime pas. Jugez, madame, dans quelle triste situation je suis plongée. Toute la journée, je suis attachée aux traces de M. Perdrizet, et M. Désir me suit de loin. Quand je marche, il marche ; quand je m'arrête, il s'arrête. Il n'ose venir à moi, et j'en remercie le ciel. Que lui dirais-je? Que je ne l'aime pas et que j'en adore un autre. Faire le malheur d'un galant homme, troubler un ménage uni, voilà ce à quoi je n'ose m'arrêter. Et cependant, madame, l'amour rend cruelle! Pour se guérir soi-même, on ne craint pas de faire subir mille tortures aux autres. J'ai voulu jouer à la coquette un moment pour réveiller l'amour de M. Perdrizet ; j'ai répondu publiquement aux œillades de M. Désir, afin que M. Perdrizet s'en aperçût ou tout au moins qu'on s'en aperçût pour lui et que le bruit en vînt à ses oreilles. M. Perdrizet n'a pas paru en souffrir ; il conserve son insouciance ; il est toujours gai, toujours galant auprès des femmes ; il semble ne pas se douter du fer rougi à blanc qui me brûle le cœur ; il n'en fait pas plus mauvaise mine à M. Désir ; il n'est pas jaloux, il ne m'aime pas, il ne m'a jamais aimée. Que faire, madame? donnez-moi un conseil, je vous en supplie.

Mme de la Borderie levait les bras en signe d'impuissance.

— Si vous vouliez parler à M. Perdrizet, continua Mlle Miroy, savoir ce qu'il pense, quelles sont ses intentions pour l'avenir. Ah! s'il se mariait, j'en mourrais.

— M. Perdrizet ne songe pas à se marier, dit la veuve.

— En êtes-vous certaine, madame?

— Tel que je le connais, dit Mme de la Borderie, avec

son caractère insouciant, sa nature indépendante, M. Perdrizet restera vieux garçon. Il n'est pas fait pour les joies du ménage, il ne les comprendrait pas.

— Oh! tant mieux! s'écria Mlle Miroy, qui, ne pouvant épouser M. Perdrizet, était bien aise qu'il n'en épousât pas d'autre.

— Quant à l'interroger sur ses intentions, je ne le saurais, ma chère demoiselle : je peux recevoir ici les confidences de votre amitié pour lui, mais je ne voudrais pas servir d'auxiliaire dans une liaison que la société n'admet pas.

— Que je suis malheureuse! s'écria Mlle Miroy en fondant en larmes. Abandonnée par le monde, repoussée par celui que j'aime, en butte aux mauvais propos de Mme Gibassier, sans parents, sans amis, je ne comptais que sur une personne, et cette personne me repousse, et je reste seule avec mon chagrin !

— Ma chère demoiselle, ne vous laissez pas aller ainsi à la douleur.

— Ne suis-je pas la plus malheureuse des femmes?

— La plus malheureuse, reprit Mme de la Borderie, ne le croyez pas; jetez les yeux autour de vous, et vous verrez des souffrances bien autrement amères.

Ces mots avaient été dits d'un tel ton que Mlle Miroy en fut frappée et regarda la veuve. Les pleurs appellent les pleurs; la confidence de peines cachées réveille des peines endormies : les femmes se laissent entraîner entre elles à des torrents de larmes. Pendant le récit de la pauvre abandonnée, les paupières de Mme de la Borderic avaient changé de forme et de couleur, gonflées par des agitations intérieures. Un cercle d'un rouge éteint, des veines bleuâtres nombreuses comme des brindilles d'arbres, s'étaient dessinées autour des yeux et n'apparaissaient que plus vivement sur le fond de pâleur générale de la physionomie. Mme de la Borderie avait pris les mains de Mlle Miroy, et ce simple contact révélait de profondes émotions. Mlle Miroy fut frappée de l'alternative de chaleur et de froideur qui passa dans ces mains pour être remplacées par une moiteur fiévreuse et ensuite par une sueur glacée dont la variation subite annonçait un état maladif.

— Vous vous sentez mal, madame ?

Mme de la Borderie fit un geste qui signifiait : — Laissez-moi. » Elle essaya de parler, mais les sons de son gosier semblaient étouffés sous des sanglots qui ne pouvaient sortir. Cependant les yeux de la veuve étaient secs, mais tristes comme le lit d'une rivière desséchée. Mlle Miroy, que ses pleurs avaient soulagée, comprit combien Mme de la Borderie devait souffrir de ne pouvoir répandre de larmes. La veuve, pour cacher sa douloureuse émotion, avait mis sa main devant ses yeux ; étendue dans son fauteuil, au lieu de la position droite qu'elle affectait habituellement, il était facile de voir qu'elle se livrait tout entière à son émotion, sans espoir de pouvoir la combattre.

Mlle Miroy, qui n'osait troubler le silence de la veuve, inquiète de la douleur qu'elle avait réveillée, promenait ses regards autour de l'appartement et cherchait, sans y parvenir, à se rendre compte de cette souffrance subite. Rien dans ce modeste appartement n'indiquait une personne se laissant aller habituellement à l'abattement. Le mobilier et la décoration étaient d'une propreté exquise : des boiseries grises relevées par des socles noirs indiquaient seulement une certaine tendance à la simplicité dans la décoration. Le meuble en acajou était d'une stricte propreté. Pas de tableaux aux murs et rien sur la cheminée qui témoignât le moindre caprice pour les babioles de la mode; aucun portrait, sinon, accroché à droite de la pendule, un cadre recouvert d'un crêpe, sous lequel l'œil le plus exercé pouvait à peine deviner un profil masculin. Dans cet appartement, où rien n'attirait le regard, Mlle Miroy fut frappée par ce portrait voilé qui éveillait un souvenir triste. Elle eut à peine le temps de se dire qu'à ce cadre étaient accrochés les chagrins de Mme de la Borderie, lorsque celle-ci sortit de son état d'abattement et suivit du regard les yeux de Mlle Miroy.

— Oui, dit-elle, vous m'avez comprise.

Alors, pour décharger son cœur trop plein, elle alla soulever le crêpe qui recouvrait une figure de jeune homme pleine de distinction, dont le nez, purement dessiné, la barbe blonde et les lèvres fines, semblaient témoigner une race tenant à la fois du sang français et du sang anglais. Cette physionomie, par sa froideur diplomatique, ne pouvait inspirer de sympathie : dans chaque trait étaient inscrites les conventions du monde, l'exquise politesse, la suprême distinction calculée et longtemps apprise; mais le peintre n'avait pu faire passer aucun des rayonnements du cœur sur cette figure glaciale, d'un ton mat, qui cependant paraissait ressemblante malgré sa sécheresse.

— L'avez-vous perdu ? s'écria Mlle Miroy, qui crut d'abord que ce profil avait dû être peint pendant la jeunesse de M. de la Borderie.

— Oui, je l'ai perdu, il y a longtemps.

Là-dessus le silence régna dans l'appartement, Mlle Miroy craignant d'être indiscrète par ses questions et de ranimer la douleur de la veuve.

— Je ne veux plus le voir, dit Mme de la Borderie en tirant le crêpe sur le portrait.

Et elle ajouta en se parlant à elle-même :

— Puisqu'il ne veut plus me voir...

Mlle Miroy, indécise, se leva comme pour respecter les souvenirs de la veuve.

— Restez, ma chère demoiselle. Vous m'avez fait bien du mal sans le savoir, dit-elle en lui prenant la main, mais je ne vous en veux pas. Qui sait si la Providence ne vous a pas appelée ce matin auprès de moi pour me soulager en vous faisant part de mes chagrins. Hélas ! vous avez à en porter de lourds, mais les miens sont cruels.

A son tour, Mlle Miroy, frappée par l'accent, les gestes et la physionomie de la veuve, comprit pour la première fois qu'un secret rongeait Mme de la Borderie, et la minait peu à peu.

— Vous parlez d'affection trompée, ma chère demoiselle, vous semblez en souffrir; mais si le récit de mes chagrins pouvait adoucir les vôtres, je n'hésiterais pas à vous confier ce qui fait le désespoir de ma vie.

— Vous pouvez parler, madame, je suis dans une disposition à vous comprendre.

— Ce portrait que vous voyez couvert d'un crêpe, dit Mme de la Borderie, est celui de mon fils vivant encore.

— Loin de vous ?

— Il reste à Paris, près d'ici, dans les Champs-Élysées, et j'en suis plus séparée que s'il avait traversé la mer. Il vit, et il est moins vivant pour moi que s'il était mort... Ah ! s'il avait pu mourir jeune, à l'âge où les instincts ne se sont pas développés dans leur froide cruauté, je l'aimerais encore, je le regretterais, je pourrais penser que là-haut il s'intéresse à moi, qu'il m'attend ; mais il est trop vrai qu'à dix pas d'ici, il habite un hôtel considérable, sans s'inquiéter jamais de sa mère.

— Pauvre femme ! s'écria à son tour Mlle Miroy.

— Quelquefois je me demande s'il est bien mon fils, s'il est sorti de mon sein, continua la veuve. Ne suis-je pas la seule infortunée qui appelle en vain son fils ? Y a-t-il d'autres fils ingrats sur la terre ? S'il s'était uni à une femme qui n'ait pas voulu de moi dans son intérieur, je me serais résignée. C'est le sort des mères que de se sentir sevrées tout à coup des tendresses filiales, auxquelles la nature a voulu que succédassent les caresses des enfants de son fils ; mais il ne s'est pas marié, il vit seul dans son égoïsme sans comprendre quel coup il porte à mes sentiments maternels. Dans la passion la plus vive se glissent de secrets avertissements qui mettent l'homme et la femme en garde contre les transports de leur amour. Le cœur semble se refuser à tourner longtemps dans un même cercle ; l'amant oublie un jour la maîtresse la plus aimée, la maîtresse abandonne l'amant le plus amoureux. Telle paraît la loi de la nature. Mais au-dessus de l'affection entre époux se dresse l'affection des enfants pour leurs parents. J'ai été abandonnée par mon fils !

En même temps, Mme de la Borderie jeta un immense regard sur le cadre voilé dont le crêpe annonçait qu'elle n'avait plus de fils. Ainsi entretenait-elle sa douleur par un emblème funèbre qui, placé en face de son lit, ne pouvait échapper ni à son dernier regard du soir ni à son premier regard du matin. Puis elle raconta à Mlle Miroy les illusions passagères qui se faisaient encore jour en elle, malgré une triste réalité. Tous les matins, elle s'attendait à voir entrer chez elle son fils ; tous les soirs, elle priait la Providence de fondre cette glace indifférente qui l'avait séparée à jamais de celui qu'elle ne pouvait s'empêcher d'aimer ; car, renvoyée pour ainsi dire de son hôtel, elle ne voulait plus reparaître en présence de ce fils dénaturé en qui tout bon sentiment semblait éteint. Par instants, elle n'accusait plus son fils, mais l'ambition dont il était atteint. Elle cherchait tous les motifs pour justifier l'ingrat ; elle s'efforçait d'appeler en elle les secrets motifs qui font agir un ambitieux, pour se rendre compte de l'absence du sentiment filial ; mais si elle parvenait momentanément à absoudre son fils, les cordes maternelles, éteintes un instant, vibraient plus douloureusement que jamais quand elles se réveillaient.

— Que faut-il faire pour lui plaire ? s'écriait Mme de la Borderie, qui, ayant fait le sacrifice de sa fortune à son fils, n'avait plus à lui offrir que son amour maternel. Dans ce but, cette femme courageuse s'était enferméo pendant deux ans pour étudier l'histoire du passé : ce qu'elle dévora de livres fut immense, car elle eut le pressentiment que, pour, deviner l'avenir des peuples, il faut avoir sondé profondément leur passé. Elle entrevoyait pour son fils une immense position dans la diplomatie, et elle songeait à devenir son Egérie, un conseil ignoré que personne ne saurait deviner, un de ces agents mystérieux, dévoués, tels qu'on n'en rencontre guère dans la société, où tout être qui sert quelqu'un demande à être servi à son tour. L'illustre veuve du célèbre la Borderie, qui laissa son souvenir attaché à un consulat important, passa les nuits et les jours à étudier les secrets motifs qui agitent les peuples et les nations. On la vit reparaître momentanément chez quelques grands personnages liés jadis avec son mari ; tous furent étonnés des pensées profondes que cette femme avait puisées dans l'étude.

— Depuis quelque temps, dit-elle à Mlle Miroy sous le coup de l'admiration la plus vive pour l'intimité d'un sentiment naturel qu'elle n'avait jamais soupçonné, je songeais à recevoir mon fils. Mon amour-propre ne souffrait plus de la froideur à laquelle je m'attendais ; je voulais l'étonner, lui montrer en quelques mots la route à suivre, lui tracer un plan de conduite pour l'avenir, lorsque je le rencontrai chez un ancien ministre de Louis XVIII. Il parut étonné de me voir, et me salua en m'appelant *madame*. Ce mot *madame* me fit froid, je crus que j'allais tomber. C'est ce soir-là que j'ai enveloppé d'un crêpe ce portrait, car, désormais, pour moi, mon fils était mort.

CHAPITRE IV

Les sectateurs de l'ordre et de la régularité jetteront peut-être quelques pierres dans mon jardin à l'occasion de ces pages, dont la liaison ne paraît pas à la première lecture. J'obéis aux lois mystérieuses de l'enchaînement des faits sans chercher si mes drames répondent à la poétique habituelle des romans. Je ne me suis jamais prosterné aux pieds de l'*intérêt*, une fausse idole à laquelle il est temps d'échapper. Que des esprits vulgaires cherchent dans des combinaisons surprenantes le moyen de réveiller la curiosité de leurs lecteurs, je l'admets; il faut se rattraper par des moyens inférieurs quand l'étude des caractères manque. Je n'ai pas prétentendu donner un roman complet, supporté par une charpente régulière; mon seul but a été de peindre un intérieur peu connu, des portraits singuliers, des mœurs qui n'avaient point encore été décrites, et je n'ai pas voulu sacrifier à l'économie facile de ces romanciers *habiles*, qui ne manquent pas de faire danser tous leurs personnages à la ronde, pour les marier à un moment, les faire mourir à un autre, et ainsi de suite. Le panorama de la vie ne se déroule pas de la sorte, et j'estime qu'il est curieux, au moins une fois, d'essayer de le suivre le plus près possible, sauf à jouir du résultat ou à en être victime.

M. Lobligeois fit tout à coup oublier Mlle Miroy, par un singulier changement dans sa toilette. Ainsi que beaucoup de gens sales, il portait au cou une cravate blanche, c'est-à-dire une sorte de mauvaise ficelle jaunâtre par endroits qui ne jurait pas considérablement avec un menton hérissé de poils bleuâtres que son propriétaire ne coupait pas plus d'une fois par semaine. Un mauvais chapeau crasseux sur les bords, dont le soleil avait décomposé la couleur sur le fond, une longue redingote noire blanchie aux coudes, luisante au plastron, aux boutonnières éraillées, jointe à un pantalon de la même famille, formait le costume habituel de l'avare. Ses mains noueuses et pointues semblaient avoir eu peu de rencontres avec le savon, et la chevelure avait la même horreur du peigne. Dans Paris, M. Lobligeois eût passé pour un cynique, ou un philosophe, ou un savant, ou un maniaque. L'idée fixe qui le possédait le rapprochait de ces chercheurs de systèmes, des collectionneurs et des demi-fous que tout le monde connaît pour les avoir vu rôder aux alentours des bibliothèques, des cours publiques, des musées et des ventes de tableaux.

Si la robe printanière de Mlle Miroy excita une immense curiosité dans Sainte-Périne, la redingote neuve et la cravate réellement blanche de M. Lobligeois surprirent davantage encore. Il y a de ces gens chez lesquels la crasse sur les habits s'harmonise avec la physionomie : ils sont déplaisants à regarder, mais on sent qu'ils ne peuvent être autrement ; ils obéissent à la fatalité qui les a classés dans les êtres malpropres, de même qu'il y a des animaux infects. Avec ses vieux habits graisseux, M. Lobligeois obéissait à sa nature ; il ne choquait pas, il était ainsi, il devait l'être. Au contraire la redingote neuve, la cravate blanche bien pliée jurèrent d'autant plus qu'un être foncièrement crasseux l'est toujours par quelque côté : le pantalon, que M. Logeois n'avait pas renouvelé, n'en semblait que plus minable, le fond du chapeau paraissait plus jaune qu'avant cette restauration, et les souliers appartenaient trop à la classe de ceux que le peuple de Paris a appelés spirituellement des *philosophes*.

Le soir, chez Mme Désir, chez Mme Gibassier et chez Mme Ravier, l'opinion publique se montra d'un seul avis à propos du cas particulier de M. Lobligeois. — *Il aime.* Cette singulière société rapportait tout à l'amour, comme ce juge italien qui, au début d'une affaire criminelle, cherchait d'abord où était la *femme*. Un jour, on vint l'avertir qu'un couvreur était tombé d'un toit. — Où est la femme? dit-il. Les agents répondirent qu'il n'était pas question de femme, puisque c'était en accomplissant son état de couvreur que l'ouvrier se laissa tomber du haut du toit. Le juge, ne voulant pas en avoir le démenti, fit une enquête qui prouva que le couvreur cherchait à s'introduire dans la mansarde d'une jeune fille qui lui envoyait des baisers, et que, près d'arriver au but, le pied lui avait manqué. A Sainte-Périne, presque tout le monde pensait comme le juge ; aussi M. Lobligeois fut-il bien et dûment convaincu d'aimer. L'opinion publique, qui avait raison quant au fond, s'égara dans les détails, et ce ne fut que beaucoup plus tard qu'on connut les drames qui s'étaient emparés de l'avare ; mais le narrateur n'est pas tenu à une logique précise.

L'Institution de Sainte-Périne est pourvue nécessairement d'une concierge. La concierge, qui habite un petit pavillon bien éclairé, donnant d'un côté sur la cour de l'établissement, de l'autre sur la rue de Chaillot, avait une fille, Mlle Rose, charmante enfant dont la vivacité, les gais propos, les cheveux blonds cendrés et les yeux bleus firent longtemps la joie de la maison. De huit à quatorze ans, la petite Rose remplit l'Institution de sa gaieté, de ses jeux et de sa jeunesse, qui formait le plus singulier contraste avec toutes les vieillesses de promeneurs dans le jardin. Ce n'était pas une jeune fille rieuse, mais un lutin. De même qu'on rencontre au fond d'ateliers de chiffonniers du faubourg Saint-Marceau des enfants rieuses dont les couleurs fraîches surprennent au milieu de cet entassement de poussière, de même Rose, par ses folâtreries, ses courses et ses jeux dans le jardin, surprenait les visiteurs, qui ne voyaient autour d'elle que vieillards malingres, ridés, se traînant avec peine. Une grappe de raisin qu'on détache du cep ne ferait pas plus singulière figure à côté de vieilles grappes conservées dans des lieux secs depuis deux ans. Rose se faisait pardonner ses ébats par sa gentillesse et son heureux naturel : elle égayait rien que par sa vue les vieillards de l'établissement, qui, malgré leur ambition de vivre éternellement, se trouvaient reportés, en présence de la jeune fille, à un âge bien éloigné de là, où ils couraient après des papillons, où ils faisaient de gros paquets de fleurs, où ils vivaient de la véritable vie, celle des ris et des jeux, sans que le funèbre cortége des inquiétudes, des chagrins, des maladies, de la soif de l'argent, des honneurs, du jeu, des procès, de l'ambition eût développé sa longue et sinistre queue.

Rose avait les cheveux les plus beaux du monde ; on eût dit des flocons de neige accumulés : le vent se jouait en toute liberté dans ces boucles cendrées et en dérangeait les anneaux comme un amant passionné. Ces jolis cheveux causèrent la perte de la jeune fille. A deux pas de l'arc de Triomphe de l'Étoile est le fameux bal Dourlans, aussi célèbre dans le monde hors barrière que l'est le jardin Mabille pour les lorettes. A l'âge de quatorze ans, Rose, qui sentait en elle des tentations d'indépendance, alla danser au bal. Il ne manqua pas de danseurs qui lui firent compliment sur sa gentillesse ; mais il se trouva entre autres un comédien de la banlieue qui s'y prit si habilement que la jeune fille se laissa entraîner par ce tentateur à l'œil noir, dont les moyens de séduction consistaient en billets de théâtre de Passy et de Courbevoie. Rose avait été élevée par ses parents dans la religion du mélodrame. Le véritable Conservatoire n'est pas rue Bergère : il existe à Paris dans toutes les loges de portiers, dont l'ambition consiste à applaudir leurs *demoiselles* sur les planches. Si la concierge de Sainte-

Périne avait pu garder rancune à Rose de sa fuite, cette rancune serait tombée devant le choix du célèbre Lafourcade, qui faisait les délices des militaires de Courbevoie, ainsi que des rentiers de Passy.

Le titre de premier rôle que portait Lafourcade, en gros caractères sur les affiches, fit passer par-dessus l'enlèvement de Rose, d'autant mieux que la jeune fille se sentit prise d'une double passion, celle du comédien et celle de la comédie. Rose, qui, à l'heure qu'il est, fait les délices d'un petit théâtre, commença son apprentissage dramatique sous la protection de Lafourcade, et fut initiée dès l'abord aux mystères des coulisses. Deux mois après sa fuite, quand elle rentra à Sainte-Périne; ce n'était plus un enfant, mais une jeune fille fatiguée par les misères de la vie, les privations de toute espèce que subissait son amant, et les travaux dramatiques, plus pénibles que le public se l'imagine. En deux mois, Rose avait dû exercer sa mémoire la nuit et le jour, afin de se faire un répertoire pour le moment où elle débuterait. Le directeur de la troupe ambulante de Courbevoie ne brillait pas par une caisse bien fournie: la proportion des recettes était de une sur cinq; les appointements des acteurs s'en ressentaient, ainsi que la richesse de leurs costumes de ville et de théâtre. Ils étaient tenus, contrairement aux engagements dramatiques, à se fournir eux-mêmes des habits historiques: aussi le répertoire d'habits coûta-t-il à Rose encore plus de peine à fabriquer que le répertoire à apprendre par cœur; mais qu'importe, elle était *artiste*: c'est un titre avec lequel les directeurs feraient jouer des cabotins à moitié morts de faim.

La concierge de Sainte-Périne présenta l'*artiste* à toutes les dames et à tous les messieurs de l'établissement. Rosette (c'était son nom de théâtre) fut complimentée; les plus galants promirent de s'intéresser à ses débuts, pour lesquels elle venait placer des billets dans l'établissement. Rosette débutait à Passy dans les premiers jours de septembre ; elle jouait *en second* dans un vaudeville de M. Scribe, et elle comptait sur les applaudissements de ces messieurs, qui pouvaient revenir de Passy par l'omnibus de dix heures. Quelques-uns alléguèrent leurs maladies, leurs habitudes de se coucher de bonne heure, et entre autres M. Lobligeois qui ne se souciait nullement de souscrire à un billet de premières loges du prix de trente sous. M. Lobligeois n'avait jamais été au théâtre, et, malgré les grâces de Rose, il trouva moyen de refuser la souscription; mais il arriva que M. de Capendias, le jour de la représentation, fut empêché par une sorte de goutte qui lui rendait impossible le service de ses jambes, et il offrit son billet à M. Lobligeois. L'avare calcula que, la pièce finissant à neuf heures et demie, il lui serait loisible de revenir à pied de Passy, et il accepta par pure curiosité.

Cette représentation sembla donnée exclusivement pour les pensionnaires de Sainte-Périne, car la population de Passy ne pouvait s'intéresser aux débuts de Rosette, et elle était revenue de son enthousiasme pour le beau Lafourcade. Les premières loges étaient composées des différentes sociétés de Mme Ravier, de Mme Désir et du terrible Club des femmes malades qui représentaient plus spécialement la critique. Jamais je ne vis une si complète collection de vieillards, tous en habits de fête, se passant de riches tabatières de mode ancienne. La curiosité était à son comble : on eût dit des enfants assistant pour la première fois au spectacle et s'intéressant rien qu'à voir le rideau avec ses grands plis et ses torsades d'or. Peut-être une secrète pensée courait-elle en même temps dans l'assemblée : « C'est le dernier spectacle que nous voyons. » Il ne manqua même pas à cette solennité ces types de femme singulière qu'on remarque aux premières représentations. Dans une petite avant-scène au-dessus de la rampe s'étalait une ancienne danseuse de l'Opéra, Mlle Bourdette, qui finissait tranquillement ses jours à Sainte-Périne, après avoir oublié sa folle vie de théâtre. Au déclin de ses jours, elle s'était prise de passion pour le jardinage, ainsi que beaucoup de vieillards qui cherchent à oublier les faussetés de la civilisation en se retrempant au sein de la nature ; mais l'annonce du spectacle avait rappelé à Mlle Bourdette ses anciennes pompes, et elle portait une robe de couleur éclatante, garnie de lophophores resplendissants. A côté d'elle était M. Cèdre, un des plus modestes pensionnaires de l'établissement, qui travaillait depuis dix ans à un grand ouvrage intitulé : *la Flore de Sainte-Périne*, où étaient décrits les mousses, lichens, byssus et les mille petites herbes logées entre les pavés.

Une autre personne occupait les regards de la foule : Mlle Clarita, femme-poëte, qui rédigeait un journal de tailleurs et protégeait Lafourcade. C'était une forte femme, avec un gros front, des cheveux coupés à l'enfant, une physionomie masculine, et le bruit se répandit dans la salle qu'elle portait des bretelles, pour se rapprocher, sans doute, le plus possible de l'homme. Avant la comédie, Lafourcade, pour la récompenser de sa protection, eut la galanterie de chanter la fameuse romance :

Mon égoïsme à moi, c'est toi.

qui avait fait la fortune littéraire de Mlle Clarita, et les spectateurs n'eurent pas assez d'enthousiasme pour cette romance, rehaussée par une tendre mélodie. M. Destailleur accompagnait nécessairement Mlle Chaumont et la comblait de prévenances. Seul, au milieu de l'orchestre, M. Lobligeois sentait son isolement, ce qui ne lui était jamais arrivé. Pour lui, les politesses, les compliments faisaient défaut : on ne lui empruntait pas de lorgnette ; il ne pouvait rendre ces petits services qui font le charme de la société, et, pour la première fois, il s'aperçut que chacun avait des habits de fête. Les dames portaient de vieilles dentelles, qui n'étaient pas sorties des tiroirs depuis bien des années ; les messieurs, des cravates brodées : quelques-uns avaient détaché le jabot de l'ancien temps, sur lesquels ils laissaient tomber avec préméditation quelques grains de tabac pour jouer de la main sur le jabot avec la coquetterie qui agite un éventail dans les doigts ambrés d'une senora.

Mme de la Gorgette illuminait le théâtre par sa beauté triomphante : ce fut à cette soirée que M. Perdrizet compara sa poitrine à une corbeille : pour lui, il sautillait de loge en loge et semblait un pinson à lunettes d'or. De l'orchestre, on devinait son caquetage spirituel aux aimables sourires féminins qui l'assaillaient. Le lustre semblait envoyer tout exprès ses rayonnements lumineux sur le crâne luisant du chef de bureau, et Mlle Miroy, dans sa loge, soupirait de la trop coquette galanterie de son adoré. Mme de la Borderie, tout entière à ses chagrins, avait souscrit pour deux billets en priant Rosette de la dispenser de venir; mais Mme Ravier était accompagnée de Jacquem, qui soupirait toujours après son admission à Sainte-Périne. Dans le petit couloir étroit qui contient une maigre place pour les musiciens, on remarquait M. Ravier, qui avait voulu rehausser la solennité de la représentation en prêtant le concours de son talent aux deux ménétriers de Passy qui accompagnent habituellement le vaudeville. La pièce commença, et, dès la seconde scène, Rosette parut habillée en étudiant allemand. A la vue de cette élégante petite personne, le corps serré dans une redingote de velours de coton, un pantalon gris collant, des bottes à la Souvaroff, une petite casquette de velours jetée coquettement sur le coin de l'oreille, un murmure d'enthousiasme éclata par toute la salle. On disait : Qu'elle est jolie! et bien habillée! et bien coiffée!

— *Tcharmante! tcharmante!* s'écriait M. de Flamarens assez haut pour qu'on l'entendît de la scène. Rosette fut troublée de cet accueil: son *rouge* la brûlait; ses habits d'homme la gênaient : les planches ne pouvaient plus la porter; elle pouvait à peine respirer, et elle eut juste assez de force pour s'appuyer contre un arbre et s'incliner devant ce public enthousiaste qui dansait devant ses yeux.

Mais les applaudissements la firent revenir à elle, et surtout les encouragements de M. de Flamarens, qui de sa voix aiguë : *Tcharmante ! tcharmante !* aurait donné du cœur à de plus timides qu'elle. De toutes ces bruyantes approbations, une seule déplut particulièrement à M. Lobligeois, celle de M. de Flamarens. Il se sentait pour ainsi dire passé dans le corps de la débutante, et il distinguait par-dessus tout ce mot *tcharmante*, qui prenait une singulière expression, d'être prononcé par une voix vibrante, rendue encore plus significative par l'absence d'une dent de la mâchoire supérieure. Cette dent tombée était le seul défaut de M. de Flamarens, un des courtisans les plus élégants de la cour de Louis XVIII, et qui avait conservé, de son ancienne situation à la cour, un caractère de distinction devant lequel chacun s'inclinait encore à Sainte-Périne. M. de Flamarens se tenait droit malgré sa haute taille ; il eût résolu le problème du parfait vieillard, si une demi-obésité n'eût contrarié la verdeur de sa vieillesse. Toujours vêtu d'un habit bleu à boutons d'or, d'un gilet irréprochablement blanc, ganté avec soin, M. de Flamarens avait conservé un parfum de bonne compagnie que notre époque ne connaîtra plus. Sa bouche était sans cesse souriante, son œil bleu caressait les femmes ; seulement les joues un peu luisantes attestaient trop de soins et de précautions hygiéniques. Mᵐᵉ Gibassier prétendait que M. de Flamarens conservait la fraîcheur de son teint en s'appliquant la nuit sur la figure des rouelles de veau ; mais c'était une calomnie, et les dépenses que faisait l'ancien courtisan, chez un parfumeur du faubourg Saint-Honoré, suffisaient à entretenir le visage dans un état hygiénique peut-être trop brillant.

En ce moment, M. Lobligeois était jaloux de M. de Flamarens. Il ne se l'avouait pas encore, mais, après s'être retourné vers le galant interrupteur, qui, non loin de la première galerie, se penchait vers Rosette en frappant légèrement l'une contre l'autre ses mains gantées, M. Lobligeois rentra ses mains dans ses poches. L'artistique nœud de la cravate blanche de l'ancien courtisan lui rappela qu'il portait au moins depuis un mois une sorte de ficelle au cou, et les boutons ciselés de l'habit de M. de Flamarens, dans lesquels se jouait la lumière du gaz, lui firent penser qu'il manquait deux boutons à sa redingote jaune. Combien M. Lobligeois eût voulu crier bravo, faire sonner ses mains comme un tambour et manifester un violent enthousiasme pour être remarqué de Rosette, car elle devait avoir recueilli comme des diamants les encouragements de M. de Flamarens ; mais l'avare n'osait donner cours à son admiration. Il était ignorant des formules d'approbation employées par les spectateurs du grand monde ; il eût rougi d'applaudir, et ne pouvoir rendre son désir le rendait malheureux.

Le hasard fit que Rosette jeta un regard dans l'orchestre et qu'elle rencontra les yeux de M. Lobligeois. L'avare ressentit un tressaillement tel qu'il n'avait jamais éprouvé pareille sensation : la décharge d'une machine électrique, le frissonnement qui parcourt la moelle épinière à de certains passages d'une symphonie héroïque, les palpitations communiquées à toutes les fibres par le bruissement de l'or, le rappel à la vie par l'éther ne produisent pas de secousses plus douces que celle causée à l'avare par un simple regard de Rosette. M. Lobligeois en fut enivré; il y a dans le manége des yeux d'une actrice un sentiment qui caresse l'amour-propre avec d'autant plus de force qu'elle regarde un homme quand elle a tant d'yeux avides autour d'elle qui implorent cette faveur. En un instant, l'amour de l'or fut remplacé par l'amour de la femme. M. Lobligeois sentit poindre en lui un sentiment nouveau si vivant et si doux qu'il n'essaya pas de le combattre : une petite flamme s'allumait qui menaçait peut-être plus tard de l'embraser tout entier ; mais l'avare ne comprit pas le danger. Au contraire, il cessa de respirer dans la crainte d'éteindre cette flamme légère qui le remplissait de chaleurs inconnues. La femme lui fut révélée, et il méprisa l'argent.

De nouveaux horizons s'ouvrirent dans le lointain, avec des couleurs de lever de soleil. La vie s'élargissait pour l'avare. Il se dit que jusque-là il n'avait pas vécu, il eut pitié de son existence mesquine, du rôle égoïste qu'il avait joué jusqu'alors; il eut honte de ses vêtements et du peu de soin de sa personne. Rosette continuait son rôle; mais M. Lobligeois ne comprenait rien à la pièce. Il ne voyait qu'une femme devant lui, la physionomie souriante, le timbre frais et jeune, des formes fines et enfantines qui le plongeaient dans un ravissement extatique. Quand Rosette chanta un couplet de facture, M. Lobligeois pensa aux rossignols, quoique de sa vie il ne se fût inquiété du chant des oiseaux. La nature reprenait tout à coup ses droits qu'elle n'abandonne jamais. Il est peu d'hommes, à n'importe quelle classe ils appartiennent, qui puissent se vanter, à leur heure dernière, de n'avoir pas payé leur tribut à l'amour. A son tour, M. Lobligeois, qui avait entendu, sans y prendre garde, tant d'histoires de galanteries, était entraîné par l'amour dans des prairies embaumées, bordées au loin par des marécages dangereux. Le vaudeville terminé, M. de Flamarens cria le premier : Rosette! Rosette! et M. Lobligeois, perdant toute timidité, se laissa aller à rappeler Rosette avec toute la salle. Sa voix avait pris de telles inflexions qu'il en fut surpris lui-même : il criait Rosette et il craignait de crier amour! Il lui semblait que chacun devait deviner ses sentiments à la façon dont il rappelait l'actrice. Rosette reparut, s'inclina devant les spectateurs avec un sourire plein d'une charmante émotion; mais un gros bouquet, parti des premières loges, fit tressaillir douloureusement l'avare, qui crut que ce bouquet avait été lancé par M. de Flamarens. Aussi attendit-il avec émotion que le gros de la foule fût passé pour tâcher de revoir Rosette. Son intention était de la retrouver à la sortie du spectacle et de lui offrir de la ramener chez sa mère, à Sainte-Périne. En sortant de l'orchestre, il aperçut un enfoncement assez noir dans le corridor qui conduit aux coulisses. Quel sacrifice n'eût-il pas fait alors pour complimenter Rosette et la voir de près dans le coquet habit d'étudiant allemand, qu'elle portait dans la perfection! L'intérieur d'un théâtre, avec son mirage, auquel peu d'hommes échappent, se présenta à l'avare tel que se le peint un jeune élève de rhétorique. Rosette était plus qu'une femme à ses yeux, mais une actrice dont les regards animent le cœur d'une chaude flamme. Ce sont de telles pensées qui font amener à Bicêtre une douzaine de fous amoureux des reines et des impératrices. A cette heure, M. Lobligeois était réellement atteint de folie, car il oubliait sa vie passée, sa passion de l'or, pour vouloir se retremper dans une autre existence non moins fiévreuse.

Il attendit ainsi une heure, à la porte du théâtre, la sortie de Rosette, et jamais le temps ne lui parut plus long. Il eût souffert davantage s'il n'avait pas eu la certitude du départ du galant M. de Flamarens; mais les pensionnaires de Sainte-Périne, de peur de manquer le dernier départ de l'omnibus de Passy, avaient quitté précipitamment le théâtre. M. Lobligeois ne craignait plus maintenant que l'explication à donner de son attente dans la rue; quel motif alléguer pour se présenter en face de Rosette? L'émotion ne gagnerait-elle pas l'avare? Trouverait-il l'occasion de toucher un mot de ses secrets sentiments? Mais un moment suffit pour assoupir les craintes de M. Lobligeois et faire naître en lui de vives souffrances. A un certain timbre de voix rieuse, l'avare comprit que Rosette sortait du théâtre; quelqu'un lui donnait le bras, et son accent prononcé ne permettait pas de douter que le comédien Lafourcade reconduisait la jolie débutante, qu'il osait tutoyer.

Vers minuit, le quai qui conduit de Passy à Chaillot est désert; les lumières de Paris brillent au loin, la Seine coule lentement. De gros bateaux noirs de charbon sont amarrés, privés de mouvement. M. Lobligeois revint seul, le long du quai, plongé dans une sombre mélancolie, jetant un regard inquiet sur les ponts déserts, du haut desquels il pensait à se jeter. Le tutoiement de Lafourcade l'avait glacé ; le feu follet récent, qui s'était joué en lui pendant le spectacle, était remplacé par un mauvais tison éteint de décembre L'avare eut un sentiment de sa vieillesse, plus triste et plus désolé que le quai à cette heure. Que n'eût-il pas sacrifié en ce moment pour retourner trente ans en arrière, à cet âge où l'homme souple peut encore changer ses habitudes, vaincre ses passions, se plier aux exigences de la vie? Que faisais-je à trente-huit ans? se demanda M. Lobligeois ? Et la figure de l'argent, qu'il avait adoré sous toutes ses formes, se représenta à chaque époque invoquée par l'avare. L'épargne, l'économie, l'avarice s'étaient emparées tour à tour du jeune homme, de l'homme et du vieillard, et avaient changé toutes les fantaisies, les idées qui flottaient autour de lui. La solitude vint à la suite de la soif de l'or, car la société des hommes amène toujours quelque dépense imprévue : pour accumuler avec plus de sûreté, M. Lobligeois avait fui toute relation, toute relation de famille. Il s'était réfugié aux environs de la barrière d'Enfer, dans une maison de laitier, afin d'échapper à certains neveux et cousins dont quelques-uns étaient dans la gêne. L'avarice amena la solitude, la solitude une sorte de déguenillement. Vivant uniquement pour lui, logé dans un faubourg, au fond d'une cour pleine de fumier et d'animaux, M. Lobligeois n'avait pas de toilette à faire : il contracta ainsi des habitudes de vivre misérables, dont il fut forcé de se défaire à son entrée à Sainte-Périne. Il eût sans doute été repoussé lors de l'enquête qui fut faite sur sa demande d'admission, si un pair de France, son compatriote, n'avait poussé chaudement l'affaire ; mais avant de recevoir l'avare, le directeur lui fit comprendre qu'à défaut de luxe, une mise convenable était exigée par les règlements, et M. Lobligeois, tout en soupirant, alla se fournir chez un fripier de vêtements dont la couleur seule indiquait le caractère du nouveau pensionnaire.

Ce fut seulement après cette représentation, en revenant seul sur les quais, que M. Lobligeois rougit de son costume. Rosette, dans son habit de velours d'étudiant, était si charmante, qu'il semblait impossible de se présenter à côté d'elle en mauvais équipage. L'avare comprit alors seulement le rehaussement que peut donner la toilette et l'apparence de jeunesse qu'on peut puiser dans des soins particuliers du corps. Par la coupe de ses habits, leur couleur et mille ingrédients hygiéniques, M. de Flamarens pouvait se donner seulement cinquante ans. M. Lobligeois se promit d'étudier le gentilhomme et d'essayer de surprendre quelques-uns de ses secrets de toilette ; mais ces réflexions ne vinrent qu'une à une, lentement, jour par jour, et à force de creusements d'imagination. Sans doute, dès le lendemain, M. Lobligeois remplaça son paletot jaune par un habit ; mais l'habit neuf ne fit ressortir que plus vivement les taches de graisse du pantalon, l'éraillement des genoux, les reprises grossières du bas des jambes. L'avare, tout en se combattant, décida de l'acquisition d'un pantalon dans un magasin de confection ; mais les souliers énormes de porteur d'eau jurèrent plus avec le pantalon neuf que le colic, jetant un regard inquiet sur les ponts déserts, du haut desquels il pensait à se jeter. Le tutoiement de Lafourcade l'avait glacé; le feu follet récent, qui s'était joué en lui pendant le spectacle, était remplacé par un mauvais tison éteint de décembre. L'avare eut un sentiment de sa vieillesse, plus triste et plus désolé que le quai à cette heure. Que n'eût-il pas sacrifié en ce moment pour retourner trente ans en arrière, à cet âge où l'homme souple peut encore changer ses habitudes, vaincre ses passions, se plier aux exigences de la vie? Que faisais-je à trente-huit ans? se demanda M. Lobligeois? Et la figure de l'argent, qu'il avait adoré sous toutes ses formes, se représenta à chaque époque invoquée par l'avare. L'épargne, l'économie, l'avarice s'étaient emparées tour à tour du jeune homme, de l'homme et du vieillard, et avaient changé toutes les fantaisies, les idées qui flottaient autour de lui. La solitude vint à la suite de la soif de l'or, car la société des hommes amène toujours quelque dépense imprévue : pour accumuler avec plus de sûreté, M. Lobligeois avait fui toute relation, toute relation de famille. Il s'était réfugié aux environs de la barrière d'Enfer, dans une maison de laitier, afin d'échapper à certains neveux et cousins dont quelques-uns étaient dans la gêne. L'avarice amena la solitude, la solitude une sorte de déguenillement. Vivant uniquement pour lui, logé dans un faubourg, au fond d'une cour pleine de fumier et d'animaux, M. Lobligeois n'avait pas de toilette à faire : il contracta ainsi des habitudes de vivre misérables, dont il fut forcé de se défaire à son entrée à Sainte-Périne. Il eût sans doute été repoussé lors de l'enquête qui fut faite sur sa demande d'admission, si un pair de France, son compatriote, n'avait poussé chaudement l'affaire; mais avant de recevoir l'avare, le directeur lui fit comprendre qu'à défaut de luxe, une mise convenable était exigée par les règlements, et M. Lobligeois, tout en soupirant, alla se fournir chez un fripier de vêtements dont la couleur seule indiquait le caractère du nouveau pensionnaire.

Ce fut seulement après cette représentation, en revenant seul sur les quais, que M. Lobligeois rougit de son costume. Rosette, dans son habit de velours d'étudiant, était si charmante, qu'il semblait impossible de se présenter à côté d'elle en mauvais équipage. L'avare comprit alors seulement le rehaussement que peut donner la toilette et l'apparence de jeunesse qu'on peut puiser dans des soins particuliers du corps. Par la coupe de ses habits, leur couleur et mille ingrédients hygiéniques, M. de Flamarens pouvait se donner seulement cinquante ans. M. Lobligeois se promit d'étudier le gentilhomme et d'essayer de surprendre quelques-uns de ses secrets de toilette; mais ces réflexions ne vinrent qu'une à une, lentement, jour par jour, et à force de creusements d'imagination. Sans doute, dès le lendemain, M. Lobligeois remplaça son paletot jaune par un habit; mais l'habit neuf ne fit ressortir que plus vivement les taches de graisse du pantalon, l'éraillement des genoux, les reprises grossières du bas des jambes. L'avare, tout en se combattant, décida de l'acquisition d'un pantalon dans un magasin de confection; mais les souliers énormes de porteur d'eau jurèrent plus avec le pantalon neuf que le vieux pantalon avec l'habit neuf. Quand les pieds furent chaussés convenablement, la tête ne voulut plus être abritée sous un vieux feutre râpé, graisseux, portant sur le fond la livrée du soleil. M. Lobligeois acheta un chapeau neuf, au grand étonnement des pensionnaires.

A la suite de chaque acquisition nouvelle, il alla se faire admirer chez la concierge, sous le prétexte de la consulter; mais l'avare y mettait encore plus de ruse. Il espérait rencontrer Rosette chez sa mère ou apprendre de ses nouvelles. La mère, heureuse et fière de son enfant comme toutes les mères d'actrices, ne manquait pas de donner un feuilleton exact des succès de sa fille à qui, disait-elle, on offrait le plus brillant engagement à *Montpernasse*. Elle n'eût pas prononcé avec plus d'ostentation le mot de Comédie-Française. Grâce à son oreille complaisante, M. Lobligeois profita des conseils de la concierge, qui le persuada de ne pas s'en tenir à une simple réforme dans les vêtements extérieurs, mais encore de se fournir de linge, de mouchoirs, de bas, de cravates et de faux-cols chez une marchande à bon compte du faubourg du Temple. En moins de huit jours, M. Lobligeois, devenu savant en amour, chargea la concierge de s'occuper de ces acquisitions en sa qualité de femme, et il pensa avec raison qu'elle tirerait quelque commission sur ses achats.

La concierge ne prit guère plus d'un tiers en sus du prix du linge, et fut d'autant plus émerveillée des prodigalités de l'avare, que rien jusqu'alors n'avait pu les faire soupçonner. Moyennant une légère rétribution, elle se chargea d'ourler, de coudre, de marquer les chemises et les mouchoirs, ce qui donna à M. Lobligeois l'occasion de fréquenter assidûment la loge ; mais il fut récompensé de ses dépenses par la rencontre de Rosette, qui, un matin de printemps, apparut avec le plus frais chapeau de paille qui se pût voir. La vie d'actrice lui avait communiqué une sorte d'élégance dans la tournure et la toilette qui acheva de tourner la tête de l'avare. A l'aspect de Rosette, il fut pris d'un frémissement particulier qui lui coupa les jambes et la voix. Il ne pouvait parler et il fut forcé de s'asseoir. Mais la concierge avait un tel enthousiasme pour sa fille, qu'elle ne prit pas garde à l'émotion de M. Lobligeois.

— Comme tu es belle ! disait-elle ; et elle forçait le vieux pensionnaire de se répandre en admirations semblables.

— C'est M. Lobligeois, dit-elle, tu ne le reconnais donc pas ?

En même temps elle servait, sans s'en douter, les désirs du vieillard amoureux, car elle répétait à sa fille l'admiration que M. Lobligeois avait pour son talent, le plaisir qu'il éprouva à la représentation de Passy et son intention d'aller la revoir jouer encore. Rosette sourit, s'inclina et dit qu'elle n'oublierait jamais les marques d'approbation que lui avaient donnés les pensionnaires de Sainte-Périne.

— Si monsieur tient à me voir dans un rôle nouveau, la semaine prochaine, nous donnons, à Courbevoie, la première représentation d'un drame dans lequel j'ai un rôle ravissant, le meilleur de la pièce : un petit paysan italien qui tient presque toute la scène.... C'est moi qui sers à découvrir le criminel... Le rôle est long, difficile à apprendre ; mais j'aurai bien du succès, ma bonne mère !

— Y a-t-il des brigands ? demanda la concierge.

— Oui, puisque je fais découvrir leur caverne.

— Alors c'est un ouvrage bien écrit ?

— Oui, maman.

— Y a-t-il des seigneurs ? ajouta la concierge, car je n'aime que les gens au-dessus de ma position.

Rosette ayant assuré que le drame était traversé par des tyrans farouches, une princesse persécutée, divers satellites et une horde de brigands, sa mère en conclut que le théâtre de Courbevoie serait trop petit pour contenir les amateurs de drame; et M. Lobligeois promit d'y assister afin de rendre compte du résultat de la représentation à la concierge, au cas où elle ne pourrait pas s'absenter de sa loge.

CHAPITRE V

On s'imagine combien la représentation donnée à Passy par Rosette enfanta de propos dans la société Gibassier. Il en est ainsi dans tous les petits centres, où les mêmes individus sont forcément mis en jeu. A l'exception d'un certain nombre d'hommes et de femmes qui, ayant occupé jadis une grande position, continuaient à aller le soir dans le monde et se tenaient dans une aristocratique réserve vis-à-vis de la classe moyenne de Sainte-Périne, les pensionnaires vivaient entre eux, et leurs propres observations ne pouvaient les porter qu'à des malignités sans cesse renaissantes. Mme Gibassier, dont la tendance d'esprit hargneuse trouvait sa satisfaction dans un petit cercle à étudier, avait longtemps choisi avant de réunir des auxiliaires dans son appartement. Tout d'abord, elle eut mille soins et mille égards pour un ancien officier supérieur d'artillerie, que la guerre avait condamné à une complète surdité. Le lieutenant-colonel Roustamy servit d'enseigne au salon de Mme Gibassier ; il commandait le respect par son nom. Ce fut une conquête précieuse. Un ancien consul infirme, attaqué d'une paralysie générale, qu'on amenait chaque soir dans un fauteuil à roulettes, trouva dans cette société dénigrante une sorte de compensation à ses maux.

N'espérant plus guérir, après avoir essayé de tous les remèdes et couru toutes les eaux d'Europe, l'ex-consul n'était pas médiocrement satisfait d'entendre médire de tous les gens vivants qui conservaient l'usage de leurs membres. Les plus grosses calomnies ne l'effrayaient pas, et le lieutenant-colonel, grâce à sa surdité, pouvait les prendre pour des affabilités. L'Institution contenait une vingtaine de vieilles filles entre lesquelles Mme Gibassier fit un triage. Certaine de s'entendre avec toutes les vieilles filles, dont le célibat avait changé en aigrissement l'égalité de caractère, la veuve, sans se connaître en observations physionomiques, fit des avances aux nez les plus pointus et aux lèvres les plus minces. Et son choix donna raison à la science de Lavater. Si on joint à ce personnel une vieille marquise condamnée à un branlement perpétuel de la tête par un tic nerveux, une aveugle chagrine et une dame qui laissait échapper de temps en temps une sorte d'aboiement, on aura une idée du Club des femmes malades, présidé par Mme Gibassier, dont le fauteuil, plus élevé que celui de ses visiteuses, était situé entre la chaise longue de l'ancien consul paralytique et la bergère du lieutenant-colonel affecté de surdité.

Saint Sébastien n'a jamais été plus criblé de flèches

par les peintres que la personne mise sur le tapis, lors de ces fameuses soirées qui se tenaient seulement deux fois par semaine, car Mᵐᵉ Gibassier avait compris que le dénigrement trop souvent répété amènerait une monotonie fatigante ; mais les autres jours, aidée par deux vieilles filles, ses intimes, qui lui servaient de fidèles lieutenants, elle taillait de la besogne pour les jours de réception.

Justement, le lendemain de la représentation de Rosette fut un des lundis de Mᵐᵉ Gibassier.

— Quel dommage, mon cher monsieur, dit-elle au consul, que vous n'ayez pu assister hier au théâtre de Passy ! Ah ! nous en avons vu de belles !

— Madame Gibassier, que vous seriez aimable de me donner quelques nouvelles.

— Je ne sais vraiment par quel bout commencer, tant il s'est passé de choses...

Tout le club donna alors son avis : l'une proposait de mettre en avant M. de Flamarens, l'autre citait Mˡˡᵉ Bourdette, celle-ci s'emparait de Mˡˡᵉ Chaumont, celle-là de Mˡˡᵉ Miroy, car il est bon de constater que les vieilles filles s'occupaient encore plus des vieilles filles que des dames. Les lois mystérieuses des corporations qui font qu'un cocher, causant à la station avec un autre cocher désœuvré, ne parlera que de courses et de voyageurs, les comédiens ne s'occupant que de leurs camarades, les couvreurs admirant en l'air la couverture d'une toiture, expliqueront-elles cet acharnement des vieilles filles à se dénigrer entre elles ? Si le lieutenant-colonel n'eût été sourd, à coup sûr il eût frémi du caquetage de toutes ces femmes s'entre-déchirant ; mais rien ne pouvait plus froisser son tympan, pas même les aboiements de la vieille dame qu'on avait placée à ses côtés, afin que le cercle en fût débarrassé.

— Mesdemoiselles ! mesdemoiselles ! s'écria Mme Gibassier en réclamant le silence, si vous parlez toutes ensemble, vous risquez de ne pas vous faire comprendre. Il me semble, d'ailleurs, que vous vous exercez sur trop de personnes à la fois... Il est bon de ne pas éparpiller son esprit sous peine de le perdre... Je vous demande la permission de m'occuper un moment de la singulière robe que portait insolemment Mlle Bourdette à cette représentation. A-t-on jamais vu pareille audace de s'habiller avec une étoffe de théâtre ? Une garniture de lophophores resplendissants à l'âge de cette ancienne danseuse ! Vraiment, il n'y a dans l'Institution que M. Cèdre pour se montrer en compagnie d'une telle mascarade !

— Est-ce que M. Cèdre est épris de Mlle Bourdette ? demanda l'ex-consul.

— Le pauvre homme n'y pense guère ; il a été entraîné de force par la danseuse pour lui servir de cavalier, car aucune de ces dames n'eût consenti à accompagner Mlle Bourdette vêtue comme une reine de théâtre.

— Certainement, dirent en chœur les vieilles filles.

Un aboiement de la dame nerveuse sembla confirmer l'opinion publique.

Là-dessus on discuta sur la question de l'admission des femmes de théâtre à Sainte-Périne. L'administration de l'assistance publique recueillit un blâme général dans cette circonstance. Toutes ces dames et demoiselles se disaient confites en dévotion, allaient religieusement aux offices de la chapelle de l'établissement, et il fut décidé que plusieurs d'entre elles tâteraient l'aumônier, l'abbé Falaise, afin de faire réprimander vertement Mlle Bourdette de la robe éblouissante qu'elle avait tirée de son ancien coffre, laquelle robe fut certainement profanée jadis sur les planches de l'Opéra.

Puis vint le tour de Mlle Miroy d'être exposée au pilori. Son crime consistait en une inattention marquée de la comédie et en une attention profonde pour chacun des mouvements de M. Perdrizet.

— En omnibus, dit Mme Gibassier, je lui ai demandé de m'éclairer sur un passage du drame, que je feignis n'avoir pas compris, et Mlle Miroy est restée béate sans pouvoir me répondre. Certainement elle n'a pas entendu un mot de la pièce, cette grande folle qui s'imagine que M. Perdrizet va passer son temps à soupirer pour elle.

— On dit, reprit amèrement une vieille fille, qu'elle pense à se marier avec lui.

— Si cela était, dit Mme Gibassier, nous y mettrions bon ordre. Je ne comprends même pas que nous laissions des intrigues se nouer autour de nous.

— Mme Gibassier a raison.

— N'ai-je pas vu dans le principe M. Perdrizet s'exposer à de graves accidents en passant des quarts de nuits sous les fenêtres de sa belle ?

— Mais aussi le directeur s'est interposé.

— Qui l'a prévenu, s'écria Mme Gibassier, sinon moi,

par un petit mot adroit dont il ne pouvait soupçonner l'origine? Ne pourrait-on pas employer le même moyen avec plus de précautions encore pour avertir Mlle Miroy du danger qui la menace?

En ce moment, les vieilles filles défendant la corporation semblaient prendre parti pour Mlle Miroy contre M. Perdrizet, qu'on avait remarqué tournant autour de Mme de la Gorgette. Le petit chef de bureau fut déclaré un effronté *coureur*, par la raison qu'il n'avait jamais adressé le moindre hommage à aucun des membres du club féminin.

Ces propos étaient coupés de temps en temps par l'étrange aboiement de Mme de Lacourtie, que cette infirmité fit placer à Sainte-Périne. La pauvre femme souffrait de cette maladie, qu'elle ne pouvait vaincre et qui l'isola forcément de la société. Les médecins avaient espéré qu'une vive émotion pourrait la guérir, et s'efforcèrent de pousser ses parents à la marier. Quoiqu'elle fût riche, beaucoup de prétendus reculèrent à l'idée d'épouser une femme qui aboyait tout à coup sans être arrêtée par le lieu où elle se trouvait. Vers trente-cinq ans, il se présenta un jeune homme dont les affaires étaient tellement embarrassées, qu'il ne recula pas devant cette union : grâce à une bizarrerie de la nature, les créanciers du mari furent payés; mais la fortune passa rapidement dans les mains du prodigue, qui abandonna la femme qu'il avait épousée par intérêt. Dans les premières années du mariage, le mari affecta de se conduire honnêtement vis-à-vis de la pauvre disgraciée : il la menait au théâtre, quoiqu'un aboiement subit, troublant la pièce, révoltât la salle entière ; mais c'était pour arriver à disposer de la fortune entière d'une femme qui, trop faible pour résister, se laissa dépouiller. Elle passa ainsi trente ans séparée de son mari, ruinée, n'ayant conservé que de faibles ressources, et l'Institution Sainte-Périne lui parut un refuge contre le monde où elle ne pouvait pénétrer. Mme Gibassier s'en était emparée dès son arrivée, car la vieille femme songeait à s'abriter sous l'influence des noms et des titres nobiliaires. Sans société, craignant d'être repoussée des pensionnaires par son infirmité, Mme de Lacourtie se laissa entraîner dans le Club, et elle ne s'aperçut que plus tard de la terrible organisation dans laquelle elle était entrée ; mais d'une faiblesse extrême, connaissant les méchancetés dont Mme Gibassier et ses amis pouvaient user, elle n'osa se séparer du club des femmes malades, et si elle ne se joignait pas aux mauvais propos, aux lettres anonymes, elle semblait les approuver par son silence.

Mme Gibassier n'en demandait pas plus ; son seul but était d'être protégée par de nombreux complices, dont les uns pouvaient être courageux, les autres timides, suivant leur tempérament ; mais il était nécessaire d'imposer aux pensionnaires de l'Institution par un certain groupe, et la vieille femme y avait réussi. Le nom de Mme Gibassier n'était prononcé dans Sainte-Périne qu'avec terreur ; combien de pensionnaires détournaient la tête quand elle attachait sur eux son regard observateur, qui jaillissait comme une flèche d'une prunelle d'un vert clair, presque toujours cachée derrière des paupières clignottantes et ridées !

Cet œil faisait penser à un tigre nonchalamment étendu sur le sable, d'une parfaite tranquillité en apparence, que le moindre bruit réveille aussitôt. Mme Gibassier semblait toujours aux aguets : elle avait une physionomie de la famille de celle des gens de police, dont le regard va sans cesse de droite à gauche et ne s'arrête jamais à l'horizon. On eût dit que Mme Gibassier voyait par le dos à de brusques réponses qu'elle faisait tout à coup à des personnes qui s'étonnaient d'avoir été observées sans s'en douter. Les traits secs et tranchants de Mme Gibassier ne prêtaient pas en faveur de la couleur de ses observations, car on sentait que les meilleures actions racontées devant elle devaient se dissoudre comme des perles dans du vinaigre. Parlant peu, mais nettement, Mme Gibassier s'était emparée facilement d'une sorte d'autorité sous laquelle les habitués de son salon pliaient sans mot dire. D'un geste, d'un regard, elle savait arrêter les conversations les plus animées, et les béquilles doubles qui se dressaient à chacun des côtés de son fauteuil prenaient la forme d'instruments despotiques tels que l'imagination se plaît à en décorer les souverains de peuples sauvages. Quand la discussion était lancée trop vivement pour que les adversaires pussent se soustraire aux gestes et aux regards de la présidente du club, un coup sec, produit par le choc des deux béquilles l'une contre l'autre, était plus impérieux que toutes les sonnettes des assemblées délibérantes.

M. Tringle lui-même cessait ses doléances sur la cuisine et craignait autant ces avertissements que si la mort fût venue, de son doigt sec, frapper deux coups à sa porte le matin. Quoique les femmes soient peut-être moins sujettes que les hommes aux terreurs insensées que cause la mort à la vieillesse, les statistiques rassurantes sur la durée de la vie, les faits nombreux dont M. Tringle avait toujours une forte provision étaient écoutés avec une certaine attention par l'assemblée. On se moquait de M. Tringle après son départ, mais on le supportait, et il était un des rares habitués du salon qui eût le droit de tenir quelque temps le dé de la conversation. Il était d'ailleurs protégé par l'ex-consul paralytique, qui se cramponnait à la vie avec cette rage que déploient les gens maladifs. Depuis que M. Tringle eut raconté le cas singulier d'un homme qui, après s'être mutilé en tombant d'un sixième étage, avait vécu soixante-quatre ans dans un lit sans pouvoir faire usage de ses membres, il eut un ami dévoué dans la personne du consul. La maladie chronique est une sorte de prison à perpétuité qui laisse encore de l'espoir au malade ainsi qu'au prisonnier : des rêves de santé travaillent les uns comme l'espoir de la liberté s'empare de sautres.

Grâce à son répertoire d'anecdotes, M. Tringle était supporté dans le salon Gibassier, et il assistait aux conférences silencieusement, sans prendre garde aux complots méchants qui s'y tramaient; l'esprit de M. Tringle était ailleurs, dans une sorte d'Élysée fantastique où des vieillards d'un âge incalculable se promenaient dans des jardins embaumés, et renaissaient tous les matins à une nouvelle vie. Chez Mme Ravier,

M. Perdrizet s'était moqué de M. Tringle, avait persifflé ses croyances, et depuis on ne l'avait pas revu. M. Tringle n'avait pas sur la mort les mêmes idées que M. Lobligeois, car, entre toutes, la passion de l'or est celle qui, en même temps qu'elle rend les doigts crochus, inspire à l'âme un amour immodéré pour le corps; mais M. Tringle, d'un caractère difficile, ne pouvait supporter la contradiction et ne la pardonnait pas. Aussi s'imagine t on quelle rancune il gardait à ceux qui osaient plaisanter sur des faits aussi importants que ceux de la prolongation de l'existence.

Quand Mme Gibassier entama le chapitre relatif à M. Lobligeois, M. Tringle était perdu dans les combinaisons culinaires d'une soupe réconfortante qui ne devait pas contenir moins de quatorze espèces de légumes: suivant lui, les sucs nourriciers de produits si variés produiraient des effets salutaires à la santé; mais il semblait difficile d'amener l'économe de Sainte-Périne à ordonner la confection d'un tel potage. Si les quatorze légumes bouillonnaient dans le cerveau du maniaque, les nouvelles habitudes de M. Lobligeois prêtaient encore à une plus grande variété de commentaires. Il avait été déclaré amoureux, tout le prouvait; mais quelle était la personne assez pourvue de charmes pour changer ainsi complétement un homme jusqu'alors dévoré par la passion de l'or? Chacune des dames disait son mot sans parvenir à trouver l'objet de la flamme de l'avare. Cette curiosité mal satisfaite, cette inquiétude d'errer à travers une forêt de commentaires, donnait aux habitués du club l'aspect épileptique de poëtes qui, ayant perdu tout à coup la mémoire, chercheraient des rimes. Les bouches se tiraient, les tempes se creusaient, mille rides nouvelles s'ajoutaient aux anciennes, les bouches rentraient, les mentons s'allongeaient, toutes ces vieilles langues portaient le nom de Lobligeois avec la secrète intention d'y accoler un nom féminin pour les triturer, les lancer l'un contre l'autre et en obtenir des effets d'un scandale intéressant.

En ce moment, M. Lobligeois lui-même entra ; non plus le Lobligeois des anciens jours, l'avare aux ongles en deuil, l'homme à la redingote safran, au chapeau crasseux, celui qui portait une mauvaise ficelle de coton enroulée autour d'un col de chemise qui semblait une corne de roman pliée par le doigt graisseux d'une cuisinière, mais un Lobligeois nouveau qui donnait raison aux théories de rajeunissement de M. Tringle, un Lobligeois en paletot neuf, en linge blanc, un être surnaturel pour tout dire. Un léger murmure d'ébahissement se fit entendre dans le salon.

— Nous parlions de vous, monsieur Lobligeois, se hâta de dire Mme Gibassier. Ces dames se plaignaient de ne plus vous voir.

L'avare s'inclina, sans se douter des regards qui entraient dans ses habits comme des vrilles. A cette heure, M. Lobligeois était dans la position d'une victime entourée d'assassins qui n'osent porter les premiers coups. Mme Gibassier lui offrit une chaise et la plaça de telle sorte que le malheureux pouvait être étudié de face, de dos, sans qu'aucun mouvement ni tressaillement fussent perdus. En femme habile, Mme Gibassier dressa spontanément son plan d'attaque : il fallait qu'avant la fin de la séance M. Lobligeois lui livrât son secret. Son or, qu'il aimait plus que la vie, s'était échappé en partie dans ces recherches de toilette ; pourquoi ne lui serait-il pas plus facile de lui arracher son secret ?

Assis sur la sellette, M. Lobligeois était d'autant moins sur ses gardes, qu'il ne soupçonna pas le complot. Toute idée fixe chasse l'observation la plus développée, car l'observation, pour ne pas s'éparpiller, se met au service de l'idée fixe. Un rayonnement intérieur s'était emparé de M. Lobligeois et faisait luire un soleil éclatant et bienfaiteur au centre duquel apparaissait l'image de Rosette. Si la passion de l'or mal éteinte cherchait à reprendre ses droits, ces rayons lumineux qui encadraient le profil de l'actrice n'associaient-ils pas cet amour naissant à la puissance de la fortune ? L'avarice souriait encore à l'avare, et la première passion faisait bon ménage avec la nouvelle. Grâce à ce que M. Lobligeois appelait son *économie*, il lui était permis aujourd'hui de répondre aux moindres désirs de Rosette, si elle acceptait les hommages de l'amoureux. Aussi M. Lobligeois ne pouvait-il prendre garde aux interrogatoires du terrible tribunal inquisiteur devant lequel il se trouvait. Mme Gibassier amena naturellement la conversation sur le compte du personnel féminin de Sainte-Périne, et ce fut un massacre, une boucherie tels, que l'esprit de M. Lobligeois en fut révolté. Les flèches de l'amour laissent d'abord dans les plaies une sorte de baume qui rend meilleures les natures les plus perverties. L'humanité apparaît sous un jour meilleur, un caractère satirique devient bienveillant, les actions des hommes se colorent de teintes moins tristement égoïstes, les sentiments paraissent plus sincères, les paroles plus amicales ; le *bien*, le *beau*, le *vrai*, cette trilogie fantastique cherchée par les philosophes, semble exister quelque part, dans le pays régi par la *liberté*, l'*égalité* et la *fraternité*. Le mensonge, les intentions coupables, les perfidies, les trahisons, les scandales, les inimitiés sont bannis de la terre. L'esprit adopte les utopies généreuses rêvées par de grands chercheurs. Et tout ce changement est produit par des yeux de femme, par une bouche souriante, par la fraîcheur de la jeunesse ! Amour, amour, tu perdis M. Lobligeois !

En entendant ces âcres satires, ces paroles aigres, ces traîtres inductions contre toutes les dames de l'établissement, M. Lobligeois fut froissé ; il n'était plus au diapason du salon Gibassier, avec lequel à cette heure il ne sympathisait guère plus qu'un parchemin avec des charbons ardents. Cependant madame Gibassier continuait sa tuerie, sans paraître remarquer le malaise de l'avare : elle évoquait tous les noms des dames de l'Institution, et accolait à chacun d'eux une petite biographie empoisonnée, froide et courte comme une vipère. Quelquefois un mot lui suffisait pour accabler celle qu'elle mettait en jeu, mais le mot n'en portait pas moins. Et toutes les vieilles demoiselles applaudissaient à ce massacre. Le but de Mme Gibassier était de personnifier si cruellement chaque dame de Sainte-Périne, que M. Lobligeois donnerait des marques certaines de répulsion quand comparaîtrait la personne qui lui était sympa-

thique ; mais, quoique habile, Mme Gibassier fut trompée
dans ses calculs : l'état d'esprit dans lequel se trouvait
l'avare fit qu'il tressaillit à chaque nouvelle accusation
sans manifester de symptômes plus prononcés en entendant ces calomnies. Mme Gibassier se dit : « Ce n'est pas
pas dans la maison que M. Lobligeois est amoureux. »
Car elle avait fait passer sous les fourches de sa langue
empoisonnée toutes les dames de Sainte-Périne, sans
omettre même les plus âgées; mais la situation dans
laquelle se trouvait l'avare ne pouvait lui échapper ; elle
le voyait mal à l'aise, elle sentait qu'il brûlait de s'échapper, elle comprenait qu'il ne reviendrait plus désormais,
et qu'une antipathie prononcée avait remplacé non pas
la sympathie, mais l'habitude prise depuis un an par
M. Lobligeois de fréquenter son cercle. On voit souvent
des personnes liées par les mêmes instincts et les mêmes
goûts vivre en bonne intelligence jusqu'à ce que l'une
d'elles se lance dans d'autres sentiers, voie s'ouvrir de
nouveaux horizons : le trait d'union est remplacé par
une haute barrière. Autant ces personnes se lançaient
jadis dans d'intimes causeries, autant elles deviennent
froides quand l'une est en progrès et l'autre station-
naire. Toutes deux s'abordent avec réserve, leurs mains
ne se serrent plus avec expansion, la froideur semble se
communiquer à la peau des doigts, les affinités sont
rompues, l'embarras succède à une douce familiarité.
On s'est rencontré, on hâte de se quitter et l'*au revoir*
est prononcé d'un ton qui marque combien on serait
aise de n'avoir plus de rapports désormais. Quoique ces
délicatesses ne pussent se produire dans les réunions de

M°°º Gibassier, basées sur le dénigrement, les caractères principaux d'une rupture ne s'en firent pas moins sentir sur la physionomie de M. Lobligeois. A sa mine embarrassée, au maintien de sa personne, à la façon dont il était assis sur l'extrême bord de la chaise, il était facile de pressentir combien il désirait, sans l'oser, prendre congé de la société. Mais M°º Gibassier se complut à faire souffrir l'avare en dépensant à son intention des milliers de compliments exagérés dont il n'avait que faire, compliments qui roulaient sur sa bonne mine, sur la recherche de ses habits, sortes de propos caustiques dans la confection desquels excellent les femmes. A différentes reprises, lardé de mille traits auxquels il ne pouvait répondre, tant ses ennemis étaient nombreux, M. Lobligeois avait essayé de se lever, mais un mot plus piquant le forçait à se rasseoir de nouveau. Il comprenait maintenant qu'il était deviné, et il maudissait ses vêtements de le trahir; il craignait plus que le conseil des Dix ce terrible club de femmes dont il avait été à même d'apprécier la redoutable curiosité. Il se souvenait des exécutions auxquelles il avait assisté ; ce n'étaient plus des oreilles, des yeux, des ongles qu'il redoutait, mais des scalpels qui s'ouvriraient aussitôt son départ pour l'écorcher. Aussi essaya-t-il de dompter sa physionomie pour arriver à prendre un air souriant; il poussa la témérité jusqu'à essayer de se mettre à l'unisson des dames du club en lançant un trait perfide contre M°°° Miroy. C'était peine perdue. Un mouton tombant dans un groupe de loups ne réussit pas à sauver sa vie en demandant à se faire loup. Qu'il trahisse le berger,

6.

qu'il indique où est parqué le troupeau, on en profitera, mais le mouton n'en sera pas moins mangé.

Par moment, M. Lobligeois se sentait pris de l'envie de crier: Pitié! mais ce mot était inconnu dans le dictionnaire de Mme Gibassier ; et les alternatives de crainte et de terreur par lesquelles passait l'avare donnaient à l'assemblée un spectacle qui prouvait sa puissance. Ce ne fut qu'après un suprême effort que M. Lobligeois put se lever et quitter un salon qui lui semblait un abattoir. Ainsi que l'avare l'avait pensé, la discussion roula exclusivement sur son compte, ses actions passées, ses faits et gestes, et Mme Gibassier n'eut pas besoin de recommander aux vieilles filles qui l'entouraient de surveiller désormais, par tous les moyens possibles, la conduite de celui qui passait pour un renégat.

CHAPITRE VI

Le rhumatisme ayant abandonné le bras de M. Ravier, sa femme en profita pour donner une petite soirée musicale à laquelle je fus invité, grâce à mon ami Jacquem; je pus ainsi étudier sur le vif ce monde singulier dont j'entendais souvent raconter par le peintre les non moins singulières aventures. Le cercle fut un peu élargi pour cette solennité, à laquelle je m'intéressai d'autant plus vivement, que, pour la première fois, j'allais jouir de ce tableau vivant, découvert à l'Exposition universelle, qui fut pour moi une initiation à des mœurs particulières qu'il n'est pas toujours facile de rencontrer ainsi encadrées. Sauf les personnages de la haute aristocratie, qui ne recevaient et n'acceptaient aucune invitation, de précieux échantillons de la vieillesse étaient étalés à mes yeux. Qu'on se figure les transports d'un botaniste à qui on découvre tout à coup un petit coin isolé où poussent des fleurs non encore décrites! L'Institution de Sainte-Périne était pour moi une découverte de la nature de la goutte d'eau, quand on s'avisa de l'étudier pour la première fois au microscope. Rien que l'invitation à cette soirée m'empêcha de dormir pendant deux nuits, et il arriva que la réalité ne fut pas au-dessous de mes espérances.

Pendant que M. et Mme Ravier jouaient un duo de Fiorillo, je n'avais pas assez de mes deux yeux pour regarder ces auditeurs, qui se croyaient des spectateurs, et qui pour moi n'étaient que des acteurs. Combien de beaux romans cachés sous ces cheveux blancs, sous ces crânes polis, et quels romans supérieurs à ceux que décrivent les observateurs les plus exacts! S'il eût été possible, je me sentais de force à vivre plusieurs années au milieu de ces vieillards, à les écouter et à me contenter de la modeste position de scribe. Maintes fois, il m'arriva de me sentir devenu vieux tout à coup; les efforts que je faisais pour m'introduire dans la peau de mes personnages m'attiédissaient le sang, sans que mon cœur en fût moins chaleureux. Le cœur! voilà ce qui survivait chez tous ces vieillards. Le temps avait mis les têtes en branle, ébréché les dents, ridé les joues, éteint les yeux, enlevé les cheveux, mais le cœur avait échappé à ses atteintes. Le cœur ne serait-il pas cette âme immatérielle, qui a échappé à l'autopsie physique des chirurgiens pour retomber sous le scalpel moral des philosophes? Les derniers battements du cœur ne valent-ils pas ce vol à tire-d'aile de l'âme qu'on dit nous quitter après la mort? La petite et douce musique de Fiorillo favorisait mes réflexions, et j'aurais pu m'oublier dans d'inutiles rêveries, lorsque je fus rappelé à la réalité par le cœur de Mme de la Georgette, qui était comme enfouie dans une montagne rose, et dont le doux soubresaut marquait encore de la vitalité. Qu'on s'imagine une Sévigné, un peu forte, avec d'épais cheveux argentés, et on aura un portrait exact de la rivale de Mlle Miroy.

Mme de la Gorgette avait peut-être la coquetterie de la chevelure, car, pour mieux en faire ressortir la splendide blancheur, un nœud de velours noir était posé du côté de la tempe gauche. On a vu quelquefois des femmes de trente-cinq ans, dont la chevelure a grisonné tout à coup, et apporte un charme singulier à la physionomie. Mme de la Gorgette avait ce charme; d'un regard elle attirait les plus timides, et je ne saurais dire quelle impression j'emportai d'une légère conversation avec elle : le timbre de sa voix mettait tout d'un coup à l'aise, et donnait envie de lui conter quelque mot plaisant, rien que pour admirer ces chairs tressautantes qui entraient immédiatement en allégresse. Cette soirée porta le dernier coup à Mlle Miroy, qui entraînait M. Perdrizet dans les sentiers de la mélancolie, sans se douter combien cette tendance était antipathique au chef de bureau. Au milieu des dames de la soirée, Mme de la Gorgette paraissait une reine, et je ne fus pas étonné, quelques jours après, d'entendre parler du galant cadeau que lui avait fait M. Perdrizet, un cadeau qu'il me fut donné de voir et d'étudier.

Où M. Perdrizet avait-il découvert cette feuille légère, semblable à un billet de banque, qui portait pour titre : *Nouveau papier-monnaie de Cythère,* au centre duquel on lisait : *Assignat de cinquante baisers payables au porteur;* sous ce titre était gravé délicatement un autel de l'amour portant un cœur enflammé. Les encadrements du billet portaient mille propos délicats, tels que : *Loi de la Nature. — Série des cœurs. — L'an du bonheur* (avec la date en blanc). *— Domaines de l'amitié.* Sur le côté droit était imprimé : *L'amour récompense la fidélité,* et, en regard : *L'amour punit l'indifférence.* Enfin, au bas de l'assignat : *Fidélité : sa garantie est dans nos serments.*

Ce billet de banque fit le désespoir de tous les amoureux de Sainte-Périne. Les messieurs étaient jaloux de la découverte de M. Perdrizet, et les dames reprochaient à leurs soupirants de ne pas avoir donné cours depuis longtemps à de tels assignats, dont la dépréciation ne pouvait jamais arriver. Les fameuses cartes du *Tendre* étaient dépassées par le papier-monnaie de Cythère, et je ne m'étonnai plus qu'avec de tels moyens M. Perdrizet triomphât des cœurs les plus rebelles. Combien sont précieux les premiers cadeaux de l'amour! Une épingle donnée à propos vaut mieux que tous les bijoux. L'assignat de cinquante baisers, quoiqu'il parût à Mme de la Gorgette empreint d'une certaine nuance audacieuse, ne lui déplut pas et la fit sourire. Par les galanteries habituelles de M. Perdrizet, le cadeau pouvait être accepté sans entraîner quelque idée défavorable. L'opinion publique peignait le chef de bureau comme un homme dont la vie et les pensées étaient sans cesse tournées vers le beau sexe, et ses galanteries ne tiraient pas à conséquence; mais Mlle Miroy ne pensa pas de la sorte, quand elle apprit l'existence de ce singulier billet à ordre à l'aide duquel M. Perdrizet réclamait des baisers. Cinquante baisers, donnés et réclamés avec une telle prodigalité, semblent de la famille de ceux qui se distribuent avec libéralité entre jeunes gens dans les petits jeux.

Ils sont donnés comme ils sont reçus, un peu sans façon, par complaisance, innocemment; mais ne pouvait-il pas arriver que sur les cinquante M. Perdrizet n'en prît quelques-uns empreints d'une certaine scélératesse! A ce jeu dangereux Mme de la Gorgette serait peut-être tentée, et la pauvre demoiselle Miroy payerait les violons. Déjà depuis longtemps on pressentait que M. Perdrizet était fatigué de son amour; il n'écoutait plus avec l'attention des premiers jours les tendres paroles que lui murmurait son amie en se promenant avec lui autour du pavillon des bosquets; le traître avait même souri en exécutant la prière de Mlle Miroy, qui lui donna une feuille de rosier en le priant d'appliquer ses lèvres sur la nervure de la feuille, ce que fit M. Perdrizet sans se rendre compte du désir de celle qui l'adorait. A l'endroit où le chef de bureau avait appliqué ses lèvres, Mlle Miroy y appuya les siennes et renferma la feuille du rosier dans un petit portefeuille. Toujours son amour la reportait vers la nature; aussi trouvait-elle grossier cet assignat de cinquante baisers, qu'elle disait rappeler les mauvais temps de la Révolution, incapables de concorder avec de purs sentiments.

— Vous vous tourmentez trop, ma chère demoiselle, lui dit Mme de la Borderie, et en même temps vous tourmentez M. Perdrizet. Prenez-le tel qu'il est, il n'est pas en votre pouvoir de changer son caractère. A cela,

Mlle Miroy répondait par l'exemple de M. Destailleur et de Mlle Chaumont. M. Destailleur ne connaissait qu'une femme au monde, il ne vivait que pour elle, il passait le jour et la nuit à rêver à quelque objet qui pût lui plaire. On citait son dernier mot comme une preuve du tact et de la délicatesse qu'il savait apporter dans les phrases les plus banales de la conversation. Tous les matins, quand il répondait au : *Comment vous portez-vous ?* de Mlle Chaumont, c'était avec une variante pleine de charmes. On conte que jadis un vaudevilliste avait pour tâche spéciale de bâtir le fameux couplet au public, d'autant plus difficile à tourner que depuis soixante ans des millions d'auteurs ont demandé dans des milliers de couplet final au public de vouloir bien applaudir l'auteur et les acteurs. Il fallait certainement une imagination très-fertile pour inventer une nouvelle formule piquante, propre à faire sourire des spectateurs blasés. M. Destailleur avait autant d'imagination que le collaborateur chargé du couplet; chaque matin, il trouvait une réponse galante à une phrase invariablement la même. Peut-être passait-il une partie de ses nuits à la travailler. Mais cette réponse paraissait si naturelle, si vivement tournée, et il la disait avec une telle physionomie, qu'on ne pouvait guère supposer qu'elle ne coulât pas de source. Celle qui faisait actuellement le désespoir de de Mlle Miroy était ainsi conçue: Mlle Chaumont ayant demandé à M. Destailleur comment il se portait, il répondit : — Comme ne voulant vivre que pour vous aimer. — Douce et cruelle phrase qui s'était enfoncée dans le cerveau de la pauvre demoiselle Miroy, car elle lui montrait en même temps la tendresse d'un amour persévérant et le ridicule d'une passion qu'elle portait à elle seule. Plus M. Destailleur était fidèle, plus il faisait apparaître la légèreté de l'aimable Perdrizet.

Le chagrin pousse à la solitude, la solitude amène de certaines pratiques qui touchent à la manie. Mlle Miroy se jeta dans les réussites. On a appelé *réussites* des combinaisons plus ou moins compliquées de cartes à jouer, dont les grandes divisions consistent d'abord dans les couleurs, et ensuite, dans les grades des rois, dames ou valets. Quelques réussites sont compliquées, d'autres simples ; le hasard, joint à un peu d'attention, amène quelquefois une réussite au premier coup, tandis que des séries de cartes contraires peuvent empêcher la réalisation d'un arrangement méthodique des cartes pendant des heures entières. Les femmes inoccupées font des réussites, pour la réussite en elle-même, afin de passer le temps ; mais d'autres pensent à une chose, à quelqu'un, en appliquant l'image de ce quelqu'un à leur réussite. M. Perdrizet était toujours au fond des cartes ; en battant le jeu, Mlle Miroy se disait : Réussirai-je ? car elle espérait que cette réussite annonçait une consolidation de l'affection de M. Perdrizet. Bien des fois les réussites avaient menti, mais Mlle Miroy n'en continuait pas moins à battre, à tailler, à assembler méthodiquement les cartes, espérant qu'elles lui donneraient une fois raison.

Tant que M. Perdrizet se montra purement volage, Mlle Miroy se nourrit d'espoir : le petit chef de bureau étant ainsi, qui pouvait se vanter de fixer le séduisant papillon? Mais, quand il s'attela publiquement au char de la belle Mme de la Gorgette, Mlle Miroy en ressentit une sorte de déchirement intérieur tel qu'il lui semblait que sa salive sentait le sang. Elle frissonna comme un poitrinaire qui connaît sa maladie et voit se présenter tout à coup les premiers symptômes irrécusables dont il ne peut retarder le triste dénoûment. Sous le coup de cette passion dévorante, Mlle Miroy commit la faute à laquelle bien peu de femmes échappent, de la détailler à l'infidèle, sous la forme de lettres fiévreuses dont la correspondance de Mlle de Lespinasse pourrait donner l'idée. Ce fut une série de lettres quotidiennes, pressantes, amoureuses, désespérées : la pauvre femme laissait courir sa plume sans s'inquiéter si la raison entrait dans ces phrases longues et lâches, d'une *anglaise* maigre et hâtive, dont les caractères n'étaient guère plus dessinés que la pensée. Du milieu de ce fatras se détachent quelques cris de souffrances réelles, quelques apostrophes éloquentes, mais noyées dans les pages nombreuses dont M. Perdrizet n'avait que faire. J'ai pu parcourir à la hâte cette correspondance, qui n'est pas sans analogie avec les romans par lettres de Mme Riccoboni. Il faut beaucoup de courage pour y découvrir quelques traces de sentiments réels.

Au début, M. Perdrizet répondit à Mlle Miroy, qui le suppliait de venir lui rendre visite, car elle ne sortait plus, craignant de montrer sur sa physionomie l'incendie intérieur qui la dévorait. Le chef de bureau tenta de parler raison à la pauvre éplorée : il posa l'*amitié* comme principe de sa conduite, en développa les beaux côtés et traça un sombre tableau des *fureurs de l'amour*. Selon M. Perdrizet, Mlle Miroy s'était méprise sur la nature de l'attachement de celui qui n'avait agi que comme ami vis-à-vis d'elle. M. Perdrizet rappelait la malheureuse femme dans les voies de la raison ; il espérait la voir plus calme au milieu des pensionnaires qui l'aimaient, et il se justifiait de n'être pas venu au rendez-vous de Mlle Miroy, en ajoutant combien une telle entrevue pouvait être douloureuse pour tous deux. A ces raisons d'ingrat, la délaissée répondit par une lettre de treize pages, dont le chef de bureau parcourut vaguement le commencement et la fin. Et il y répondit d'autant plus laconiquement qu'il prévoyait la longueur future des lettres suivantes. C'est ce qui arriva. La femme de ménage n'était plus occupée qu'à se rendre du bâtiment Joséphine au pavillon où demeurait M. Perdrizet. Tous les matins elle avait ordre, si par hasard Mlle Miroy était endormie, de prendre sur la table un gros paquet cacheté à l'adresse du chef de bureau : c'était la besogne de la nuit, après laquelle la malheureuse femme essayait de s'assoupir ; mais, la plupart du temps, la femme de ménage la retrouvait l'œil sec et désolé, attendant avec anxiété le retour de la messagère pour connaître la réponse de M. Perdrizet. Peines perdues ! espoir éteint ! illusions sans cesse renaissantes et toujours déçues ! M. Perdrizet ne répondait plus.

Bientôt il en arriva à refuser les paquets apportés par la femme de ménage. Sa passion avait fait des progrès pour Mme de la Gorgette, qui, par sa nature calme et sans artifice, savait piquer au jeu le séducteur. Heureux jusque-là, il ne comprenait pas qu'on pût lui résister, et il semblait, en matière de femmes, un de ces enfants gâtés que la moindre contradiction irrite. Mme de la Gorgette ne soupçonnait pas les tourments de l'amour; elle ne connaissait que la tendresse sans tempêtes. Son idéal était un bonheur tranquille qui est représenté par un des plus beaux mots de la langue française : la *félicité*. Tout homme qui lui eût fait entrevoir quelques chagrins, quelques tyrannies, des inquiétudes, elle ne l'eût pas compris, elle ne l'eût pas aimé; aussi n'avait-elle jamais été malheureuse. Seules, les femmes aux membres minces, de moyenne taille, à la physionomie pâle et bistrée, sont dominées par des inquiétudes nerveuses qui les font tressaillir ainsi que les petits chevaux arabes, souples et brillants. Mme de la Gorgette appartenait à la race du Nord, solide d'allure, d'un caractère doux et tranquille, d'une carnation puissante, aimables et aimantes personnes dont les battements du cœur ne contiennent pas d'orages et rafraîchissent la tête de l'heureux homme qui a le droit de s'y reposer.

Combien de fois le sensuel Perdrizet rêva de s'endormir sur ces montagnes satinées que Mme de la Gorgette portait avec orgueil : il en badina avec elle et le lui fit entendre sur un ton enjoué; à quoi elle répondit plaisamment que peut-être ces montagnes n'avaient que l'apparence, et qu'il était à présumer que, vues de près, il serait plus juste de les comparer à des vagues flottantes. M. Perdrizet accepta gaiement ces vagues; mais il eut un mot cruel pour Mlle Miroy, qu'il compara à un pays plat, sarcasme qui heureusement ne devait pas être relevé, car la pauvre abandonnée eût conçu pour son ancien chevalier un mépris égal à la profondeur de son amour.

Il est vrai que Mlle Miroy n'avait jamais offert l'aspect florissant de Mme de la Gorgette ; et l'ingratitude de M. Perdrizet ne fut guère propre à enrichir sa carnation et à envelopper ses membres fins d'une chair joyeuse. Plus elle allait et plus elle dépérissait ; quoique Mme de la Borderie la vît tous les jours, elle s'apercevait du mal secret qui la minait ; et la mère infortunée, dont tous les chagrins étaient consignés dans les paupières vides, cherchait à trouver des paroles de consolation pour la malheureuse qui se mourait d'amour. Mais ses soins charitables furent détruits tout à coup par un événement imprévu. Après avoir déjeuné, Mme de la Borderie était allée rendre visite à Mlle Miroy, qu'elle avait trouvée un peu plus calme la veille ; espérant la guérir à l'aide du temps, la veuve se promettait de ne plus laisser Mlle Miroy à ses tristes réflexions. Toutes deux s'entretenaient de leurs douleurs ; celle de la veuve était si profonde, si vive et si durable que, pendant son récit, Mlle Miroy oubliait momentanément l'ingrate conduite du chef de bureau. Ces deux femmes s'étaient comprises, et ce qu'elles ne pouvaient pas faire elles-mêmes, elle se promettaient intérieurement d'arriver à un bon résultat l'une pour l'autre. Mlle Miroy rêvait de ramener le fils à sa mère, la veuve épiait le moment favorable de faire entendre la vérité à M. Perdrizet, et à une certaine heure de le disposer à tomber dans les bras de celle qui souffrait. Ce commerce de confidences, en les attendrissant mutuellement, les disposait à ne pas s'inquiéter de leurs propres souffrances, mais à chercher des moyens de guérison l'une pour l'autre. Aussi retiraient-elles de leurs longs entretiens des illusions qui leur permettaient quelquefois de s'endormir, une ombre de sourire sur les lèvres. Le sourire entier, le sourire franc était parti depuis longtemps, et rien ne pouvait le rappeler. Ceux qui ont vu certaines tables de marbre de débitants de liqueurs, dévorées et déchiquetées par les alcools puissants qui entrent dans la combinaison des boissons enivrantes, comprendront que la passion avait dévoré chez les deux amies une partie du sourire, comme les parties acides de l'alcool dévorent la matière la plus tendre du marbre. Mais il arrivait souvent que l'état de repos produit par une longue conversation cessait tout à coup quand les dames se quittaient: Mme de la Borderie s'en était aperçue par elle-même, et elle se demanda si son amie ne subissait pas les mêmes symptômes cruels aussitôt son départ. Ce fut dans ce but qu'elle fréquenta plus assidûment Mlle Miroy, sachant combien l'isolement est complice en de telles afflictions.

Quand elle eut frappé à la porte de Mlle Miroy, elle fut reçue par la femme de ménage qui, effarée, s'écria :

— Ah! madame, j'allais vous chercher; quel malheur! mademoiselle ne revient plus à elle.

Mme de la Gorgette entra précipitamment dans l'appartement, et trouva Mlle Miroy étendue sur son lit, les cheveux en désordre, la robe délacée, la figure d'une extrême pâleur et les paupières fermées.

— Que s'est-il passé, Jeannette?... Depuis quand cette pauvre demoiselle est-elle dans cet état?

— Depuis une heure, madame, après avoir ouvert une lettre que j'ai trouvée pour mademoiselle chez le concierge... elle l'a lue, a poussé un cri; une espèce d'attaques de nerfs l'a prise, et depuis une demi-heure elle est dans cet état.

— Vous auriez dû aller chercher l'interne.

— Madame, je n'ai pas pu quitter mademoiselle. Si vous saviez combien j'ai eu de mal à la retenir pendant ses attaques; j'ai essayé d'ouvrir la fenêtre, d'appeler au secours, mais je n'osais la quitter d'une minute... Elle avait une force de lion; heureusement elle s'est assoupie tout à coup.

— Descendez vite appeler l'interne de service.

— Oui, madame, j'y cours.

Mme de la Borderie avait ramassé une lettre tombée sur le tapis de pied.

— Attendez, dit-elle à la femme de ménage, elle va revenir à elle, peut-être ne sera-ce rien. Mettez toujours un peu d'ordre dans la chambre.

Pendant que la femme de ménage rangeait dans l'appartement, Mme de la Borderie lut la lettre suivante, dont elle vérifia la signature dès les premières lignes, mais la lettre n'était pas signée.

« Ma chère demoiselle, un de vos amis, qui veut votre bonheur, a voulu vous signaler l'affreuse conduite de M. Perdrizel, qui est indigne de vos bontés : après avoir essayé de faire naître sur sa personne l'attention de quelques femmes distinguées de Sainte-Périne, M. Perdrizet s'est affolé de Mme de la Gorgette, qu'il ne quitte pas plus que son ombre, qu'il compromet par ses assiduités, et qu'il rendra malheureuse comme tant d'autres. Sous le prétexte d'une pure amitié, M. Perdrizet s'est introduit chez cette dame; il l'a entourée de soins et d'égards, il va la prendre souvent sept ou huit fois par jour, le matin pour déjeuner; après le déjeuner, il la conduit à la promenade, la ramène chez elle, va la reprendre pour dîner, lui laisse à peine un moment de liberté entre ses repas, retourne encore vers les huit heures du soir, et la reconduit à la suite de la soirée. Ces manéges, vous les connaissez trop, ma chère demoiselle : le vil séducteur les a employés vis-à-vis de vous jadis, et vous a lâchement abandonnée. N'y a-t-il pas une vengeance à tirer de cet homme sans cœur qui se joue ainsi des femmes?

» C'est ce que je pense, ma chère demoiselle, et je voudrais connaître vos intentions à cet égard. Je sais combien vous souffrez en secret, quoique vous fassiez l'impossible pour ne pas donner votre chagrin en spectacle. Je sais qu'enfermée nuit et jour, vous appelez l'ingrat d'une voix pleine de sanglots ; je devine vos yeux rougis, la fatigue de votre corps, l'anéantissement de toutes vos facultés, l'absence de sommeil, les nuits sans fin, la couche brûlante où vos membres s'étalent sans pouvoir trouver le repos. Comme vous l'avez aimé, l'indigne! Je me rappelle votre figure souriante, vos fraîches toilettes, le rajeunissement inscrit sur toute votre physionomie. Ces dames se demandaient quel était l'admirable secret qui vous avait rendu momentanément la jeunesse : elles vous jalousaient ; aujourd'hui elles vous plaignent. Que les femmes sont à plaindre ! Elles ne peuvent qu'attendre, soupirer en secret, pleurer dans le silence. L'ingrat Perdrizet ne se doute même pas de votre martyre : il est aux pieds d'une autre. Il lui répète ces paroles brûlantes qu'il vous a dites autrefois ; il jure de n'aimer qu'elle, comme il jurait de n'aimer que vous. Il ose s'écrier qu'il n'a jamais connu l'amour avant de rencontrer Mme de la Gorgette. On l'a surpris, le blasphème, un soir dans le pavillon des Bosquets, où cet homme cruel se croyait seul en présence de sa nouvelle passion. Indigné, un des pensionnaires de l'établissement s'est avancé pour lui dire qu'il mentait ; mais le couple s'était enfui tout à coup. Une autre fois, on a épié ces nouveaux amants. Mme de la Gorgette, en coquette rusée, s'inquiétait de la bague que portait M. Perdrizet, cette même bague que vous avez portée longtemps vous-même et dont vous lui avez fait cadeau. Hélas ! ma chère demoiselle, ce sont des faits trop positifs. Mme de la Gorgette porte votre bague maintenant : cela a été remarqué à table où elle semble affecter de la mettre en évidence, afin sans doute que personne n'ignore la liaison qui l'unit au séducteur. Vous avez la main fine, ma chère demoiselle ; chacun en connaît la forme élégante et allongée ; Mme de la Gorgette a une main grasse et potelée. Si quelqu'un ose dire que votre main est maigre, celle de Mme de la Gorgette est lourde et grasse. Aussi a-t-elle été obligée de passer votre anneau au petit doigt de la main gauche, tandis que vous le portiez au doigt du milieu ; et encore l'anneau s'enfonce-t-il dans les chairs et produit des boursouflures sans grâce, quoique M. Perdrizet chante à tout venant les charmes de cette main qu'il ne se lasse pas de baiser, ayant obtenu la permission de déposer un baiser dans chaque fossette. Ce petit homme sec et matériel aimait les femmes puissantes : il ne pouvait vous comprendre, ma chère demoiselle, vous dont l'âme inquiète tendait à chasser tout ce qu'il y a de matériel dans le corps. Consolez-vous, ma chère demoiselle, ou plutôt cherchez une consolation dans la vengeance, car tout serait inutile pour ramener le traître : il est au pouvoir d'une sirène adroite qui semble connaître le secret d'attirer à elle les hommes les plus trompeurs. A première vue, elle offre des séductions corporelles que malheureusement les femmes délicates telles que vous ne peuvent faire naître ; mais que trouver au fond de cette matérialité ? Si vous vouliez, ma chère demoiselle, vous entendre avec moi, me confier vos chagrins, rassembler quelques lettres de M. Perdrizet, me les prêter, nous arriverions à une vengeance que vous devez souhaiter. Toutes ces dames applaudiraient. Ne craignez pas de vous confier à un anonyme, qui se fera connaître aussitôt qu'il en sera temps. Ma chère demoiselle, répondez-moi, je vous en prie, aux initiales D... O..., poste restante ; je m'engage, avant quinze jours, à me présenter chez vous, à vous relever de votre abattement, et à vous montrer une personne qui prend à cœur les intérêts d'une femme estimable. »

Après avoir lu cette lettre singulière, Mme de la Borderie resta plongée dans de nombreuses réflexions. Si

Mlle Miroy n'avait pas été trouvée dans un complet évanouissement par la veuve, celle-ci ne se fût pas inquiétée de cette lettre anonyme, rédigée avec tant d'art qu'à la première lecture elle pouvait être prise réellement pour l'offre de service d'une personne sensible; mais en relisant certains passages, Mme de la Borderie crut découvrir, cachée sous une barbarie apparente, une scélératesse qui avait pris racine sur-le-champ. Il n'y avait pas à en douter, Mlle Miroy reçut un coup terrible à la lecture de cette lettre; aussi la veuve commença par la faire disparaître, espérant que, sortie de son évanouissement, son amie l'aurait peut-être oubliée. Mlle Miroy fit un mouvement, agita les bras, les laissa retomber lourdement, ouvrit les yeux, et ses paupières se baissèrent aussitôt. On eût dit que, revenant à la vie, elle comprenait le fardeau que son cœur allait reprendre, et qu'elle préférait se laisser aller à l'anéantissement, comme ces soldats à moitié gelés dans la déroute de Moscou, qui suppliaient leurs camarades de les laisser assoupis dans les neiges.

Les ressorts moraux semblaient brisés, la volonté n'avait plus de souffle, la pauvre amoureuse craignait d'ouvrir ses yeux à la lumière, de peur de rencontrer flottante dans l'appartement l'image de l'être qui l'avait indignement trahie. Mme de la Borderie prit la main de son amie; en même temps les pulsations du cœur lui annonçaient que la vie reprenait son empire.

— Ma chère amie, comment vous trouvez-vous? lui dit-elle en se penchant vers elle et en lui parlant à demi-voix.

Mlle Miroy ouvrit lentement les paupières et appuya fortement la main de la veuve sur sa poitrine. Ce geste, qui montrait le siége de ses souffrances, engagea Mme de la Borderie à parler et à employer des câlineries maternelles qu'elle amassait péniblement en elle, comptant toujours les dépenser pour son fils ingrat. C'étaient des demi-mots, de tendres inflexions, des paroles douces que la femme seule sait trouver et qui auraient attendri le séducteur le plus effronté. Si M. Perdrizet s'était trouvé là, il eût déploré sa coupable conduite et il eût essayé de la réparer en se jetant aux pieds de celle qu'il avait séduite et en la priant de lui pardonner; mais le volage ne se doutait pas des tortures cruelles de Mlle Miroy : il n'aurait pu comprendre cette flamme brûlante qui dévorait le creuset, il n'aimait pas ainsi, et il eût été étonné d'avoir causé tant de ravages.

Cependant, peu à peu, Mlle Miroy revint à elle et envoya un pâle sourire de remercîment à la veuve; mais cette crise subite l'avait vieillie de dix ans. — Ah! cette lettre, s'écria-t-elle... où est-elle?

— Je l'ai brûlée, dit la veuve, qui mentait pour la première fois de sa vie.

— Vous êtes bonne, dit Mlle Miroy, en pressant fortement la main de la veuve; mais je la sais par cœur, elle est inscrite en traits de feu dans ma tête... Quelle lâcheté de m'écrire de pareilles indignités! Et pourtant ce sont des vérités, trop vraies, hélas! Oui, je lui avais donné une bague et il l'a donnée à une autre... le monstre, s'écria-t-elle tout à coup. Passez-moi une petite glace.

Son instinct de femme se réveillait. Quand la femme de ménage eut obéi :

— J'avais raison, dit Mlle Miroy, je me sentais laide à faire peur... J'ai tant souffert en quelques secondes... On m'eût plongé un fer rouge dans la poitrine que la douleur n'eût pas été plus vive... Ah! c'est fini ! Qu'il en aime une autre, je n'étais pas faite pour lui... Ma chère madame de la Borderie, combien je vous donne de peine ? Voulez-vous me rendre un dernier service ?

— Ne suis-je pas toute à vous ?

— Jeannette, va fermer les volets des fenêtres, tirer les rideaux; vous me laisserez seule, n'est-ce pas ? voilà tout ce que je vous demande.

Mme de la Borderie insista longuement pour rester auprès de son amie, mais Mlle Miroy fut inflexible. Elle supplia tellement la veuve de la laisser à ses tristes réflexions, que Mme de la Borderie sortit, à la condition de revenir dans l'après-midi frapper à la porte.

CHAPITRE VII

Le théâtre de Courbevoie est fréquenté assidûment par les militaires de la caserne. Quelques rares bourgeois s'y font remarquer. Le gros du public est surtout composé des blanchisseuses de Neuilly, des teinturiers de Puteaux et des ouvriers des diverses fabriques des environs. C'est un public vulgaire et naïf, une sorte de public sauvage à une lieue de Paris, un public dont un mot de blanchisseuse peut donner une idée approximative. Cette femme avait été fortement émue par la représentation d'*Antony*, et il lui était resté dans la tête une variante de la phrase finale qu'elle ne se lassait pas de répéter à ses compagnes : « Elle me résista, je l'*assassina !* » déclamait-elle avec un geste de massacre. Ce fut au milieu de ce public que se lança M. Lobligeois, dont les sorties fréquentes furent étudiées par un membre secret du Club des femmes malades. On sut par là qu'il usait fréquemment de l'omnibus qui conduit de la barrière de l'Étoile au pont de Neuilly. En effet, le dîner finissant vers sept heures et demie, l'avare craignait d'arriver trop tard au théâtre, où il s'était emparé d'une certaine place qui lui permettait d'être remarqué de Rosette. A l'angle de la première galerie, les acteurs étaient assurés d'avoir un fidèle spectateur dans la personne du *vieux monsieur* de Sainte-Périne, car on le désignait ainsi, suivant les renseignements fournis par l'étoile de la troupe.

Rosette était devenue le premier sujet, grâce à sa beauté qui faisait recette; aussi son nom était-il désormais écrit en caractères voyants sur l'affiche, tête à tête avec Lafourcade. Les galants fourriers du régiment et les rudes maréchaux des logis chevronnés n'avaient pas peu contribué à la réputation de Rosette. Assis à l'orchestre, ils applaudissaient son entrée à tout rompre, et ce transport militaire pour les plaisirs dramatiques alla jusqu'à l'envoi de nombreux pompons en signe d'enthousiasme. Si Rosette fut émue de ce triomphe, M. Lobligeois sentit son amour s'en développer encore. Plus l'actrice grandissait, plus elle lui semblait désirable; mais la défiance qu'il avait de lui-même s'augmentait d'autant. A Courbevoie, accueillie par une salle enthousiaste, Rosette n'était plus la fille de la concierge de Sainte-Périne : c'était une créature à part, une femme habitant un pays particulier, un être passionné dont les sentiments n'avaient rien de commun avec le public séparé d'elle par les quinquets. C'est ce qui explique la valeur des femmes de théâtre aux yeux de quelques banquiers épris. Ce monde factice, où tout est broderie et lumière, fard et dentelles, est pour eux une sorte de pays idéal qui les délasse des affaires matérielles auxquelles s'applique leur cerveau tout le jour. Sans être mahométans, ils entrevoient les planches du théâtre comme une sorte de paradis où dansent, au son de musiques enivrantes, des houris habillées de gaze transparente. Leurs sens blasés se réveillent à moitié, allumés par des poses provoquantes, et, s'ils parlaient sincèrement, ils ne désireraient pas un autre paradis.

M. Lobligeois n'avait pas usé son corps en débauches de toutes sortes; au contraire, il le maltraita une partie de sa vie, lui imposant des privations extrêmes. L'avarice dicta la chasteté comme la frugalité; mais la nature ne perd jamais ses droits. Ni les habitudes ni la volonté ne peuvent s'opposer à son cours naturel. M. Lobligeois devait devenir amoureux avec d'autant plus de force qu'il avait tenu ses sens sous clef une partie de sa vie. Aussi eut-il les sensations du Chérubin de Beaumarchais bien plus vives, mais plus courtes : en deux ans, il passa par la variété de sensations amoureuses qui, chez l'homme normal, vont par transitions insensibles, de vingt à cinquante ans. Quand, à la fin de la seconde représentation où il assistait, Rosette jeta un coup d'œil sur M. Lobligeois, l'avare crut sentir les effets d'une douce foudre; et il revint à pied de Courbevoie comme un homme ivre qui se sent pousser dans des zigzags singuliers par la chaleur mystérieuse du vin. M. Lobligeois ne tenta pas d'échapper à cet état, pas plus que le buveur n'essaye de suivre le droit chemin. En pareille aventure, les amoureux et les buveurs savent qu'ils sont gouvernés par une puissance à laquelle il leur est interdit de résister : ils obéissent et se laissent aller.

— Rosette, tu m'as remarqué ! s'écriait l'avare, de même que l'ivrogne interpelle sa bouteille.

A une autre époque, M. Lobligeois ne se serait pas hasardé à minuit, seul, dans les Champs-Élysées ; il eût craint pour sa vie, car il datait d'un temps où les Champs-Élysées, la nuit, semblaient une succursale de la forêt de Bondy : maintenant, M. Lobligeois marchait sans souci du danger, il l'eût bravé. Sous le simple coup d'œil de Rosette, ses muscles s'étaient retrempés et avaient pris un nouveau ressort. Par moment, il lui arrivait de sauter, pour se prouver lui-même la nouvelle force qui courait dans ses membres. Il lui semblait possible de faire dix lieues, et cependant il se hâtait de rentrer à Sainte-Périne, afin de se déshabiller au plus vite, de s'étendre dans son lit, et là, sans lumière, d'être plus seul avec sa pensée.

Combien lui parurent longs les huit jours qui le séparaient de la prochaine représentation ! On le remarquait à tout instant dans la loge de la concierge, où il ne cessait de parler du merveilleux talent de Rosette. M. Lobligeois poussa le délire jusqu'à acheter la brochure du mélodrame qui se jouait à Courbevoie, et il apprit par cœur le rôle de Rosette, le récitant sans cesse en s'essayant de donner à sa voix chevrotante les charmantes inflexions de la jolie voix de l'actrice. Ce fut une monomanie poussée si loin, qu'elle transpira jusque dans le salon de Mme Gibassier, où fut recueillie cette phrase prononcée à haute voix par l'avare qui, grimpé sur le belvédère, déclamait le rôle de la fille du tyran, se croyant seul : « Misérable ! je ne crains pas vos satellites aux » mains redoutables, sans cesse occupées à fabriquer de » noirs poisons... qu'ils emploient le fer ou le feu, qu'ils » me chargent de chaînes, une lueur impénétrable péné- » trera au fond de mon cœur et saura y allumer des forces » qui défient les humains ! » Phrase qui préoccupa extraordinairement les habitués du club. On la retourna sur toutes ses faces, on l'analysa, et l'expertise, quoique confiée à des femmes expertes, amena la fausse découverte d'une folie qui s'était tout à coup emparée de l'avare. La société Gibassier avait raison quant au fait, mais la cause lui échappait. En effet, la folie tenait l'avare, folie douce et charmante, vision perpétuelle qui servait d'encadrement au profil de Rosette ; il ne manquait au terrible tribunal féminin qu'un agent actif, un espion ingambo pour s'attacher aux pas de M. Lobligeois et le suivre au théâtre de Courbevoie, où de récentes marques d'attention de Rosette achevèrent d'enflammer l'avare.

On conte que le célèbre philosophe Kant, dont la parole était facile, balbutia un jour de cours public, ne trouva que quelques paroles sans suite, étonna les étudiants et disparut tout à coup de sa chaire sans avoir pu assembler ses idées. Tous avaient remarqué que le professeur portait avec inquiétude ses yeux dans une certaine direction et les refermait comme attristés par un cruel événement. Après la leçon, remis de son trouble, Kant envoya chercher l'administrateur et entra dans une violente colère :

— Pourquoi, dit-il, a-t-on fait disparaître le mûrier

qui ombrageait la fenêtre ?... Je l'ai cherché pendant toute ma leçon ; je suis habitué à regarder ce mûrier. Vous l'avez abattu, je ne peux plus faire mon cours.

Il fallut replanter un nouveau mûrier. Les comédiens découvrent souvent un mûrier dans certains spectateurs. M. Lobligeois devint le mûrier de Rosette, en ce sens que l'actrice s'habitua à voir son admirateur à la même place à chaque représentation, et que l'amour de l'art venant à se développer insensiblement, elle cherchait, sur la physionomie attentive du vieillard, s'il éprouvait quelque satisfaction. Mais elle se trompa sur la nature du plaisir que laissait paraître M. Lobligeois. Toujours enthousiasmé, il admirait chacun des mouvements de l'artiste, chacun de ses gestes, chacun de ses regards. M. Lobligeois ne se connaissait pas en art dramatique ; son avarice l'avait empêché jusque-là de pénétrer dans les théâtres, et il était impropre à dire si tel ou tel mouvement était juste, si un cri était naturel, si l'actrice sanglotait suivant les règles. Ce qu'il admirait, c'était Rosette ! Elle n'avait qu'à se montrer, il la trouvait une actrice merveilleuse ; tout ce qu'elle faisait était bien : regards, sourires, pleurs, les mains jointes, à genoux, assise, debout, immobile, habillée en princesse ou en paysanne. A peine elle entrait, le vieillard était ému et la voyait à regret quitter la scène ; aussi s'intéressait-il médiocrement au mélodrame quand Rosette retournait dans la coulisse.

Du coin où il était placé, M. Lobligeois pouvait voir une partie de ce qui se passait dans les coulisses de droite, et il enviait plus qu'un trône la position du pompier immobile, qui, le casque sur la tête, accoudé contre un portant, suivait d'un œil distrait le développement de la pièce. Combien de gens ont jalousé le sort de ce pompier, pour qui les coulisses n'ont pas de mystères ! Par moment, l'avare s'inquiétait des conversations de Lafourcade et de Rosette, et il admirait comment, avant d'entrer en scène, Rosette pouvait prêter l'oreille à des propos en dehors de son rôle. Une autre grande joie pour M. Lobligeois était de ne pas quitter de vue la toile baissée pendant les entr'actes : à de certains mouvements ondulants, il comprenait qu'une personne du théâtre s'avançait près de l'œil pratiqué dans la toile ; un petit doigt s'accrochait dans cet œil, et M. Lobligeois frémissait de bonheur quand il reconnaissait les doigts fins de Rosette. Que regardait-elle dans la salle ? Qui regardait-elle ? Si quelqu'un eût pu dire à l'avare : « C'est vous qu'elle regarde, » il eût jeté sa fortune aux pieds de Rosette. Mais l'actrice regardait machinalement les spectateurs en masse, sans s'inquiéter d'un spectateur isolé. De grands comédiens, dit-on, ne manquent pas, avant une importante représentation, de jeter ainsi un coup d'œil dans la salle, pour flairer la disposition du public, comme ces dompteurs d'animaux qui, une seconde avant de pénétrer dans la cage des tigres, leur jettent un rapide coup d'œil par une ouverture imperceptible. — « Quelles seront aujourd'hui les dispositions des animaux ? » se demandent les comédiens et les dompteurs ; car l'acteur peut être dévoré tout d'un coup par le public comme l'autre le sera par son lion. Il suffit d'un esprit chagrin qui fasse naître de mauvais courants dans la foule pour l'amener tout à coup. Rosette ne connut que plus tard ces terreurs dramatiques, dont elle eut le sens exact quand elle devint comédienne. A cette heure, c'était une jolie enfant faisant ses premiers pas sur le plancher difficile du théâtre, et le régiment en garnison à Courbevoie n'était pas difficile du côté de l'art dramatique.

Le soir où les pompons furent envoyés sur la scène par les militaires, M. Lobligeois, ému, allait quitter la salle lorsque l'ouvreuse vint le prévenir que Mlle Rosette le priait de passer un instant à sa loge.

— Moi ? s'écria le vieillard ; êtes-vous bien sûre ?

— Certainement, monsieur, vous êtes de Sainte-Périne ?

— Oui, madame.

— Mlle Rosette me l'a dit, et pendant l'entr'acte elle vous a désigné de telle sorte que je ne pouvais pas me tromper.

— Vous ne savez pas ce que désire Mlle Rosette ?

— Non, monsieur, elle m'a seulement ordonné de vous accompagner.

M. Lobligeois se leva lentement et crut que ses jambes refuseraient de le porter : il passait la main dans ses rares cheveux, donnait un coup de manche à son chapeau et rêvait des costumes d'une richesse étourdissante pour se présenter en face de la jeune princesse persécutée par un père barbare, et qui n'en était pas moins habillée de satin blanc à broderie d'argent, quoique cloîtrée au fond d'un donjon. Tout était mystère dans cette aventure, jusqu'à une certaine porte qu'ouvrit tout à coup dans le corridor la messagère, porte que M. Lobligeois n'avait jamais remarquée jusque-là, et qui du théâtre communiquait aux loges. Quand il descendit de noirs escaliers, raides, étroits, huileux, l'avare put croire que le mélodrame continuait et qu'il allait jouer un rôle dans la pièce. L'attirail de décors qu'on enlevait en l'air à coups de sifflets, les coulisses portées par des machinistes, les accessoires, le va-et-vient de gens fardés, en costumes de princes, mêlés à la population ouvrière en blouse du théâtre, tout ce bruit et ce remue-ménage contribuèrent à faire croire à M. Lobligeois qu'il rêvait.

— Voilà la loge de Mlle Rosette, dit l'ouvreuse en montrant à l'avare un petit escalier de huit marches en haut desquelles se trouve une porte sur laquelle était écrit en lettres rouges le nom de *Rosette*. Le vieillard respira avant de monter et tâcha de prendre une certaine fermeté.

— Mon cher monsieur, que vous êtes aimable! s'écria Rosette en prenant sans façon la main de M. Lobligeois. Dites-moi comment vous m'avez trouvée aujourd'hui?

— Mademoiselle...

Le public a été trop bon, n'est-ce pas? Voyez donc que de pompons?

Et elle montrait d'un geste une grande variété de pompons jetés sur une table de toilette : il y en avait de toutes les nuances, de tous numéros, des grenadiers et des voltigeurs, des tambours et des musiciens.

— C'est la mode ici, dit Rosette; ils vous envoient des pompons comme ailleurs des bouquets... Ça m'a fait grand plaisir.

— Moi aussi, mademoiselle.

— Eh bien! je suis contente, car vous êtes un amateur...

— Oh! s'écria M. Lobligeois.

— Je vous ai remarqué; vous ne manquez pas à une seule de mes représentations... Au moins, vous pourrez donner de mes nouvelles à maman... Ah! que je suis bavarde, je ne vous fais pas seulement asseoir! Cette loge est si petite... Mon cher monsieur, je voulais vous demander un service...

— Ah! mademoiselle! s'écria M. Lobligeois.

— Ce serait de raconter à maman mon succès de ce soir, et de vous charger de ceci pour elle, dit Rosette en présentant à l'avare les trois plus gros pompons. Ne suis-je pas indiscrète de vous charger de cette commission?

L'habitude de la scène avait déjà communiqué aux regards de l'actrice une expression si câline, qu'elle aurait fait jeter dans le feu M. Lobligeois avec un simple coup d'œil.

— Vous êtes bien gentil, mon cher monsieur, dit-elle sans attendre sa réponse. Ici, ces pompons seraient perdus. Je veux en garder au moins trois comme souvenir, et maman seule pourra me les mettre de côté dans sa grande armoire... Vous lui direz que je l'embrasse.

En ce moment, la cloche appela les acteurs pour le dernier acte, et le régisseur, au bas de l'escalier, criait :

— Rosette! Rosette! en scène!

— Dites encore à maman qu'aussitôt libre, j'irai la voir.

Elle serra de nouveau la main de M. Lobligeois, et

descendit avec lui de sa loge. Cette commission combla l'avare de joie : une simple pression de main de l'actrice payait M. Lobligeois plus qu'il n'avait osé en attendre de sa vie. *Elle* l'avait remarqué; *elle* le chargeait d'être son intermédiaire auprès de sa mère ; *elle* l'avait remercié vivement; *elle* lui avait serré la main ! De son pouce, l'avare interrogeait ses autres doigts pointus, car ils lui semblaient recouverts maintenant d'une double électricité qui faisait courir des frissons dans la main droite. Quoique tout son corps eût participé aux courants échappés du contact de la pression de mains de Rosette, l'avare avait maintenant une sorte de religion pour sa main droite : il lui semblait qu'elle avait touché un objet consacré, et que la main gauche, au contraire, conservait sa rudesse primitive. S'il eût eu, sur le moment, à palper de l'or, M. Lobligeois se serait servi certainement de sa main gauche, celle de droite étant purifiée par les délicatesses du toucher de Rosette. Cette soirée ouvrit de nouveaux horizons au vieillard, qui considéra avec tristesse l'isolement dans lequel il avait vécu jusqu'alors, l'horrible égoïsme né de son attachement à l'argent ; il se reprocha de n'avoir pas fréquenté ses parents, de ne pas leur être venu en aide, et se sentit devenir meilleur en un clin d'œil. L'amour seul accomplit ces transformations. Pour la première fois, il eut un sommeil léger, transparent pour ainsi dire, à travers lequel il pouvait suivre ses propres pensées et ses actions de la veille. Il se réveilla avec la joie d'un homme heureux de retrouver la nature, d'entendre les oiseaux chanter, d'admirer la verdure des arbres, de se rafraîchir à l'air. Un nouvel homme habitait le corps de M. Lobligeois.

Sa première visite fut pour la concierge, à qui il raconta l'immense succès de sa fille, et il en donnait comme preuve les trois pompons dont l'actrice l'avait chargé. La concierge, dans son enthousiasme naturel, ne se tenait pas d'écouter l'avare ; elle lui faisait répéter avec mille détails les moindres incidents de la veille. Assise en face de M. Lobligeois, elle se montait de telle sorte l'imagination qu'elle se représenta le vieillard tantôt sous les traits de Rosette, tantôt sous les mille têtes du public, et, comme M. Lobligeois avait retenu divers passages du mélodrame, elle applaudissait et frémissait, se croyant réellement au spectacle. Puis elle se levait, allait à sa cheminée et s'ingéniait à arranger les pompons en manière d'ornement au-dessus de sa glace ; mais comme elle n'avait pas de clous, elle ne put y réussir, et sa dernière combinaison fut de planter naturellement deux de ces pompons dans le goulot de deux vases de porcelaine couleur d'opale transparente, destinés à contenir des bouquets.

— Et le troisième pompon, dit l'avare, qu'en ferez-vous ?

— Attendez, monsieur Lobligeois, je chercherai ; je le mettrais bien au milieu du lambris de la cheminée, mais j'ai peur que la chaleur du tuyau du poêle ne le gâte, et je vais voir à le placer ailleurs.

Ayant fait une complète inspection du mur de la loge, la concierge jeta son regard vers une sorte d'enfoncement où était situé le lit. Un petit bénitier de faïence grossière contenait une branche de buis desséché.

— Je ne peux cependant pas le mettre dans le bénitier.

M. Lobligeois tournait autour de la concierge.

— Cette soirée, dit-il, m'a fait un grand plaisir, et je m'en souviendrai longtemps.

— Ah ! que j'aurais voulu y être ! disait la concierge.

— Oui, vous avez bien perdu, madame; mais les pompons qui sont dans les vases, sur la cheminée, vous rappelleront toujours le triomphe de Rosette.

— Ah ! Dieu, je ne les donnerais pas pour un empire... Il y a longtemps que je désire un fauteuil à la Voltaire ; eh bien ! monsieur Lobligeois, vous me croirez si vous voulez, quelqu'un me dirait : « Voilà un fauteuil, j'emporte les pompons, » que je ne les donnerais pas.

— Ah ! s'écria l'avare, moi qui voulais vous faire une proposition !

— Laquelle ?

— Je ne peux plus, maintenant que je connais vos intentions.

— Dites toujours.

— N'avez-vous pas assez de vos deux pompons sur la cheminée ? Je vous en vois à la main un troisième dont vous êtes très-embarrassée.

— C'est vrai ; mais à quoi voulez-vous rimer ?

— Je voulais vous demander ce pompon pour me souvenir moi-même de la représentation d'hier soir... La pièce était si intéressante, reprit l'avare, craignant de mettre à jour ses véritables sentiments... Je vous la donnerai à lire...

La concierge jeta un regard sur l'avare qui baissait les yeux. Il comprit qu'on le regardait, et une rougeur subite, qui ne s'était pas manifestée peut-être depuis trente ans, vint l'embarrasser encore davantage. La concierge ne répondait pas, et ce silence fit faire à M. Lobligeois un grand effort.

— Vous m'avez rendu quelques services dont je suis reconnaissant, dit-il, et je comptais m'acquitter prochainement par un cadeau qui maintenant me sera facile, puisque je connais vos désirs. Aujourd'hui même, je dois aller au faubourg Saint-Antoine, et je veux vous trouver un bon fauteuil à la Voltaire.

— Oh ! monsieur Lobligeois, dit la concierge avec un geste de refus.

— Ne vous inquiétez pas ; je connais un ouvrier qui fabrique à son compte et qui me cédera un excellent fauteuil à meilleur marché que dans les magasins...

— On ne peut rien vous refuser, homme généreux, s'écria la concierge en tendant à M. Lobligeois le fameux pompon rouge qu'il ambitionnait.

Dès lors ce pompon devint une sorte de culte pour l'avare; il le plaça en face de son lit, de sorte qu'il put le contempler à son coucher, à son réveil, en fermant les yeux et en les ouvrant. Quelquefois il regrettait qu'il ne fût pas animé, afin de l'entourer de soins, de l'arroser, de le voir croître; mais il l'époussetait, et une dévote n'a pas plus de respect pour l'Enfant-Jésus de cire qui est sur sa cheminée. Il le faisait tourner entre ses doigts et admirait au soleil la brillante couleur rouge qui en forme la base. Ces perpétuelles contemplations produisirent leur fruit. Un mot de Rosette revint tout à coup à la mémoire de l'avare : « Ici ils vous envoient des pompons comme ailleurs des bouquets. » Les personnes qui aiment profondément ne perdent pas une parole de l'objet aimé ; c'est ce qui fait que les femmes jugent de la passion de l'homme à de certains cadeaux qui se rapportent à des paroles prononcées souvent longtemps en arrière. M. Lobligeois continuait à aller au théâtre, et ne retrouvait plus dans le public le même enthousiasme qui l'avait frappé quelque temps auparavant. Les militaires ne peuvent manifester leur entraînement dramatique avec autant de somptuosité qu'un agent de change : les pompons se payent sur la masse, il n'est pas permis d'en sacrifier tous les jours pour les beaux yeux d'une actrice. Ce qui amena M. Lobligeois à faire emplette d'un certain bouquet qu'une marchande des quatre saisons, qui avait fini sa journée, lui vendit pour un prix raisonnable. En arrivant à sa place accoutumée, le vieillard se trouva assez embarrassé de ce gros bouquet, qui faisait jeter sur lui des regards curieux. Le spectacle commença. Rosette parut plus séduisante que jamais et envoya un regard à l'adresse de son admirateur dévoué. C'était le moment de lancer le bouquet ; mais M. Lobligeois se sentit retenu par une force inconnue. Son bras droit s'était raidi, et le bouquet penchait honteusement sur le plancher de la loge. Mille raisonnements troubles se pressèrent dans le cerveau du vieillard. Il osait importer à Courbevoie une coutume nouvelle; il allait se faire remarquer. Ce bouquet dévoilerait à toute la salle ses secrets sentiments; Rosette serait peut-être compromise. Qui sait si l'entrée de sa loge ne lui serait pas interdite ! La jalousie de Lafourcade pouvait être éveillée.

Vers la fin du troisième acte, où Rosette avait été très-applaudie, M. Lobligeois sortit pour prendre l'air à un carreau ouvert qui donnait dans le couloir.

— Vous avez là un joli bouquet pour Mlle Rosette, dit au vieillard l'ouvreuse qui l'avait introduit pour la première fois dans les coulisses.

L'avare se troubla et balbutia :

— Oui, je préfère le lui porter tout à l'heure dans sa loge; car c'est abîmer les fleurs que de les jeter ainsi... Le bouquet serait gâté...

— N'importe, dit l'ouvreuse, Mlle Rosette serait bien contente, j'en suis sûre... Elle n'est pas habituée ici aux bouquets.

— Croyez-vous?

— Mettez-vous à sa place, monsieur...

— C'est que... dit M. Lobligeois...

— Oui, dit la fine ouvreuse; je vous comprends... vous n'osez pas jeter le bouquet.

— Précisément.

— Tous les messieurs de votre âge sont comme vous, mais il y a un moyen...

— Lequel ? s'écria vivement le vieillard.

— Je m'en vais prévenir l'ouvreuse de la seconde galerie; elle jettera le bouquet. L'effet sera produit; le

8.

monde ne saura pas qu'il vient de vous, mais Mlle Rosetto le devinera.

M. Lobligeois, en ce moment, eût embrassé la savante ouvreuse. En effet, au cinquième acte, le bouquet, lancé des secondes galeries, salua l'entrée de l'actrice et fut salué lui-même par les applaudissements de tous les spectateurs. M. Lobligeois crut qu'il allait se trouver mal ; les applaudissements résonnaient en lui comme s'il était monté sur les planches. En sortant, il respira longuement, heureux de son idée ; l'ouvreuse vint à lui.

— Monsieur, vous n'oublierez pas l'ouvreuse des secondes galeries, qui se recommande à vous.

L'avare fit une légère grimace, mais l'événement l'avait mis en largesse, et il donna une pièce de monnaie à sa conseillère ; cependant il se sentit une telle émotion, qu'il n'osa se présenter dans la loge de Rosette.

Plus il se sentait pris dans les engrenages de la passion, plus le vieillard tentait de s'y soustraire ; il comprenait le chemin dangereux dans lequel il s'aventurait, et parfois il lui arrivait de comparer sa position à celle d'un voyageur que des voleurs attendent au coin d'un bois, car il lui revenait de subites odeurs d'avarice, comme un homme qui a mal digéré : il voyait ses écus prendre la fuite pour ne jamais revenir. Mais l'amour était le plus fort, et le combat commençait à peine que l'avarice gisait à terre, honteusement terrassée. Un fait le démontre suffisamment : il en fut longtemps question dans Sainte-Périne. M. Lobligeois avait loué une chambre dans la rue de Chaillot, ce dont s'émut particulièrement la société Gibassier. Les tendances à l'économie exagérée du vieillard étaient assez proverbiales pour qu'un tel événement ne traînât pas à sa suite une foule de commentaires de toutes couleurs. On n'ignorait pas que M. Lobligeois avait été presque forcé à cette dépense par l'administration, car le règlement oblige les pensionnaires à rentrer à dix heures du soir, sauf certaines prolongations qu'on peut accorder de loin en loin; mais pour ceux qui ont l'habitude de passer leurs soirées dans le monde et de rentrer habituellement, l'hiver, passé minuit, il leur est permis, afin de ne pas déranger l'ordre de l'Institution, de découcher, ce dont plusieurs pensionnaires profitent en louant au dehors un petit appartement, suivant leurs moyens de fortune.

Dans le principe, M. Lobligeois tenta d'éluder le règlement en prévenant la concierge, qui se levait volontiers pour un homme qui venait d'applaudir sa fille; mais le directeur, ayant eu vent de ces rentrées insolites, mit en demeure M. Lobligeois de prendre un domicile particulier ou de se présenter à la grille à dix heures précises. Ce fut alors que le vieillard, tout en soupirant, se décida à louer, moyennant vingt francs par mois, une toute petite chambre garnie, voisine de l'Institution. Au petit jour il rentrait et reprenait les habitudes de la maison.

Un matin qu'il était à sa fenêtre en train de se faire la barbe, il aperçut un petit chapeau de paille élégamment garni de velours noir qui entrait par la grande grille et de là chez la concierge. Un nuage passa sur les yeux de M. Lobligeois qui, aux battements de son cœur, ne put se méprendre sur la personne légère et sautillante qui, d'un bond, avait sauté les deux marches de la loge. C'était Rosette elle-même, il n'y avait pas à en douter, qui venait embrasser sa mère. L'émotion sembla figer le vieillard sur place; il ne savait quelle conduite tenir. Descendrait-il dans la loge? resterait-il dans sa chambre? S'il se montrait devant la concierge en présence de Rosette, son émotion ne le trahirait-elle pas? Il resta ainsi quelques minutes noyé dans un trouble inexprimable; puis il pensa que sa barbe n'était faite qu'à moitié, et il tenta de raser la partie gauche de sa figure; mais son bras tremblait, et le rasoir, mal tenu par une main émue, ne mordait plus sur la peau. Enfin, après un suprême effort, la volonté reprit le dessus, et M. Lobligeois put mener à bien cette opération; mais la toilette printanière de l'actrice l'avait frappé, et il voulait mettre son costume à l'unisson. Malgré sa récente transformation, l'habillement du vieillard tenait encore de l'économie par la couleur : le noir en était exclu comme trop salissant, et il ne se trouvait aucune pièce dans les tiroirs qui rappelât les toilettes de fantaisie. M. Lobligeois, pour faire honneur à l'actrice, se décida à s'entourer le cou d'une cravate blanche qui en était réellement à sa première représentation, et il descendit, non sans une certaine émotion, ne sachant la façon dont il allait aborder Rosette et dont il serait reçu.

— Venez, monsieur, que je vous fasse des reproches, s'écria l'actrice d'un ton railleur.

— A moi? dit M. Lobligeois un peu déconcerté.

— A vous-même. Vous voulez bien vous charger

d'une commission pour maman, et je ne vous revois
plus. Si encore vous n'étiez pas venu au spectacle! mais
je vous ai vu aux premières, et je vous attendais à chaque représentation dans ma loge. C'est mal, n'est-ce
pas, maman?

— Faut lui pardonner, dit la concierge, car monsieur
m'a dit assez de bien de toi, et il ne manque jamais de
me donner des nouvelles de ton triomphe.

— Oh! triomphe! dit Rosette.

— Je sais ce que je dis, reprit la mère enthousiaste; je
ne l'ai pas vu, mais quand M. Lobligeois va à ton théâtre, c'est tout comme.

— Ah! monsieur garde un pompon sur les trois que
je lui confie, dit malicieusement Rosette.

— Mademoiselle... laissez-moi vous expliquer...

— Oui, expliquez-vous...

Mis en demeure de parler, le vieillard se troubla, balbutia quelques paroles que l'actrice se plaisait à rendre
plus obscures en le taquinant gaiement.

— Laisse donc monsieur Lobligeois en paix, disait la
mère; tu vois bien qu'il est dans son droit, et tu cherches à l'embrouiller... Le commissionnaire n'a-t-il pas
droit à une récompense?... Il voulait un souvenir de ta
représentation; il m'a demandé un pompon, je lui ai
donné... Y a-t-il du mal là dedans?

— Non, maman; mais je suis bien aise de donner une
petite leçon à M. Lobligeois, afin qu'à l'avenir il vienne
me rendre compte de ce dont je le charge.

Là-dessus, l'actrice tendit la main au vieillard en lui

riant au nez pour lui montrer que cette petite scène n'avait rien que d'amical.

— Tout à l'heure, dit Rosette, j'irai faire un tour au jardin ; il y a longtemps que je ne l'ai vu ; vous y rencontrera-t-on, monsieur Lobligeois ?

Le vieillard sourit comme un jeune homme à qui on accorde un rendez-vous, et il osa presser faiblement la main de l'actrice.

— Dans une demi-heure, n'est-ce pas, monsieur Lobligeois ?

— Oui, mademoiselle, dit le vieillard, qui sortit laissant la mère et la fille.

— Cet homme-là a une passion pour toi, je le gagerais, dit la concierge.

Rosette se mit à rire.

— Je m'y connais.

— Après? dit l'actrice.

— Eh bien! il ne faut pas le décourager.

— Jamais, dit Rosette.

— Est-ce ton Lafourcade qui te fera un sort?... Un comédien, un paresseux, un homme qui a les poches percées... On y jetterait des trésors que tout filerait par les coutures.

— Je l'aime!

— Jusqu'ici, je t'ai laissé faire ; tu as voulu jouer la comédie, c'est bon, c'est un état comme un autre. Ton Lafourcade t'a fait débuter, mais tu peux te passer de lui maintenant...

— Je l'aime!

— Voilà-t-il pas un bel avenir que de vivre avec monsieur Lafourcade!

— Je l'aime!

— Il dévorera ta jeunesse.

— Je l'aime!

— Il te plantera là.

— Je l'aime!

— Ces gens-là n'ont ni foi ni loi, c'est des vrais bohémiens.

— Je l'aime!

— Ça m'étonne qu'il ne t'ait pas encore battue?

— Je l'aime!... je l'aime!... je l'aime?...

— Laisse-moi tranquille avec tes amours! Tu veux donc me faire du chagrin?...

La concierge essaya d'altérer sa voix pour lui donner des apparences de sanglots rentrés.

— Moi qui ne demande qu'à te rendre heureuse, s'écria Rosette... Ah! du jour où je tiendrai un bon engagement, je t'emmène avec moi; nous aurons un bel appartement du côté du boulevard du Temple.

— A Belleville, dit la concierge?

— Où tu voudras.

— Je gagnerai bien cinq ou six mille francs pour commencer?

— Tant que ça! s'écria la concierge.

— Charlotte, une de mes camarades, est sortie de Passy pour jouer à Batignolles; de là, le directeur de la Gaîté l'a tout de suite engagée à trois mille, et elle ne me vaut pas. Lafourcade me l'a dit dernièrement. Tu vois donc que je n'ai pas besoin de me laisser faire la cour par ce vilain vieux.

— Il est de fait, dit la concierge, qu'il n'est pas beau; mais il est généreux.

— Je n'ai besoin de rien à Courbevoie, et puis j'aime Lafourcade.

— Il n'y a plus rien à dire; mais pourquoi cherches-tu à agacer M. Lobligeois?

— Dame! nous n'avons pas tant de connaisseurs à Courbevoie; ça fait plaisir de voir tous les soirs un homme qui ne manque pas à une de vos représentations et qui s'intéresse à vos rôles.

— Il les sait par cœur. Ce n'est pas un méchant homme... Si tu savais comme tu l'as changé; il ne se ressemble pas plus que le jour et la nuit. Qu'est-ce que tu voulais lui dire, au jardin?

— Rien; c'est une politesse que je lui fais. Je veux qu'il vienne au théâtre.

— Tu as raison. A quoi bon se mettre mal avec des personnes riches?

— En me promenant, je rencontrerai, sans doute, quelqu'un de ces messieurs et de ces dames, et je ne suis pas fâchée de leur souhaiter le bonjour.

— Ils ne vont plus te reconnaître; tu es si élégante!... Surtout ne taquine pas trop M. Lobligeois.

— A tout à l'heure, maman!

— Va, ma bonne fille... Rosette! cria la concierge, en rappelant l'actrice, dans ton intérêt, ne parle pas de tes amours à M. Lobligeois.

CHAPITRE VIII

Un beau jour, dans la vie de Jacquem, que le 1ᵉʳ juillet de l'année 1855, lorsqu'il reçut l'avis des bureaux de l'administration centrale de l'assistance publique, qu'il était porté sur la liste de ceux qui entreraient à Sainte-Périne lors des premières vacances ! Le petit peintre ne trouvait plus assez grand son atelier de la rue du Chemin-de-Versailles pour manifester sa joie. Il vint me voir. — « Ce sont mes dernières visites dans Paris, me dit-il. Une fois admis dans l'Institution, je n'en sortirai plus. » Puis il ajouta confidentiellement, en me priant de n'en pas parler, qu'il y avait deux ou trois pensionnaires qui branlaient dans le manche. — « Je ne souhaite pas leur mort, me dit-il, mais j'aime autant en profiter qu'un autre. Moi-même, je m'en irai à mon tour, et je vous jure que je ne me regretterai point. » Ce Jacquem était un philosophe comme il en manquait à Sainte-Périne : il désirait finir ses jours tranquillement en compagnie de ses amis Ravier. Ce n'était pas lui qui se serait embarqué dans les terribles passions où étaient accrochés Mlle Miroy et M. Lobligeois. L'amitié suffisait à remplir son cœur, et son seul désir était d'appliquer ce qui lui restait de force à accomplir un projet dont l'avait rendu complice M. Cèdre. A eux deux, ils devaient laisser dans la bibliothèque de l'Institution un monument important : le manuscrit de la *Flore de Sainte-Périne*, décrite avec exactitude par le botaniste, et peinte à la gouache par Jacquem. Au moins cette entreprise témoignerait-elle de leur passage dans l'établissement ; et déjà Jacquem y travaillait, dessinant d'après nature les mousses et les herbes dont M. Cèdre lui apportait chaque matin des échantillons.

Tous les habitués des soirées de Mme Ravier avaient pris en amitié le peintre et souhaitaient de le voir admis, car Jacquem avait le caractère facile des artistes; passant jadis ses heures de loisir à peindre ou à dessiner, il n'avait pas eu le temps de laisser entrer en lui les pensées de fortune ni d'ambition, et son caractère se ressentait de cette heureuse disposition. Jacquem, toujours occupé, ne s'était jamais ennuyé dans sa vie : il ne connaissait ni désirs ni soucis. De petites rêveries de réputation s'étaient peut-être autrefois dessinées en lui, mais il avait su les étouffer à l'instant, jugeant prudemment qu'un bon employé vaut mieux qu'un méchant peintre, et qu'à l'âge où vinrent ces fumées de gloriole, il était trop tard pour en tirer autre chose qu'un mauvais feu sans flamme. D'ailleurs, la part d'amour-propre qu'il tenait de la nature trouvait à s'accommoder des compliments du monde qu'il voyait. C'étaient d'honnêtes confrères de son bureau et leurs femmes, qui s'enthousiasmaient devant les ressemblances *étonnantes* des portraits du peintre. Jacquem n'en demandait pas plus.

J'allais m'éloigner de Paris pendant quelque temps, et je dus faire une visite de politesse aux Ravier, dont je conservais un bon souvenir; ils voulurent bien m'engager à leur dernière soirée de l'année, et je n'eus garde d'y manquer. Quand j'arrivai, je trouvai tous les habitués groupés autour de Jacquem, qui tenait à la main un immense éventail orné de dessins à la gouache et d'inscriptions qui, par leur disposition, m'annonçaient un objet inconnu.

— Monsieur de Capendias, dit Jacquem, est-ce bien vous qui tenez le bureau de l'*occasion?*

— Oui, monsieur Jacquem.

— Veuillez, je vous prie, donner un tour de roue.

— Nous allons donc connaître la qualité de M. de Capendias, disait Mme Ravier.

Aux branches de l'éventail était accrochée une roue mobile portant des numéros. M. de Capendias donna un petit coup à la roue.

— Numéro 1! s'écria-t-il.

— 1, reprit Jacquem, vous avez l'*Amour voleur.*

— Ah! ah! s'écrièrent les dames, M. de Capendias a l'*Amour voleur.*

Là-dessus, on plaisanta vivement M. de Capendias.

— Voyons, monsieur Jacquem, conduisez maintenant M. de Capendias au bureau de l'*Amour voleur* afin qu'il reçoive son châtiment.

Jacquem retourna gravement l'éventail du côté qui contenait les châtiments et les récompenses.

— Le n° 1 de l'*Amour voleur*, dit Jacquem, ordonne que Mlle Chaumont donne à M. Capendias *deux baisers sur les yeux.* » En même temps qu'on félicitait le gentilhomme sur cette faveur, on accusait l'inventeur de l'éventail d'avoir imaginé des châtiments trop doux. Ne comprenant rien à ce jeu, je m'adressai à Jacquem. — Nous tirons, me dit-il, la loterie de l'Amour; et il me donna en main le curieux éventail, apporté le soir même par l'aimable Perdrizet, prodigue en ces sortes de surprises. Où avait-il trouvé cet éventail? C'est ce que personne n'avait pu dire, car, par ses couleurs passées, l'éraillement des dessins et la forme un peu maniérée des petits Amours, on jugeait qu'il était antérieur à la République.

— C'est le tour maintenant de Mme de la Gorgette et de M. Destailleur, s'écria toute l'assemblée.

Tout en rougissant, M. Destailleur vint s'asseoir au milieu du cercle en compagnie de Mme de la Gorgette.

— Heureux homme! lui dit M. Perdrizet, d'aller au tribunal de l'Amour avec une si belle pénitente.

Mais le fidèle M. Destailleur cherchait des yeux Mlle Chaumont pour lui montrer qu'il ne l'oubliait pas. Le bureau de l'*Espérance* fut indiqué à Mme de la Gorgette pour y attendre les ordres du destin; la roue amena le chiffre 5, qui représentait l'*Amour heureux.* Chacun félicita Mme de la Gorgette sur le bonheur qui l'attendait; mais l'éventail avait un revers, comme le bonheur, et l'amie fut condamnée à *garder un silence de quatre minutes.*

Ce fut ainsi que se passa cette soirée, où on visita tous les bureaux : *au Désir, au Hasard, au Plaisir, au Secret, à la Fidélité*, etc. Dans chacun de ces bureaux, on épuisa les différentes variétés d'amours : *galant, malin, vainqueur, dormeur, curieux, respectueux*, et bien d'autres. Les gages consistaient à recevoir un baiser où la dame voudra, ou à boire un verre d'eau, ou à faire une révérence, ou à accomplir la volonté d'une dame, ou à donner un tendre regard; enfin c'était la quintessence des petits jeux. Par instants, je me croyais à l'âge de quinze ans, entouré de jeunes filles et de jeunes garçons; mais mon illusion provenait de trop fréquents séjours au milieu de ces vieillards. L'observation est une qualité qui s'émousse à une trop grande contemplation des objets : un coup d'œil lancé à point en apprend davantage que des heures, des jours et des années de clignements d'yeux. J'ai souvent été frappé de ce fait, et je tiens pour plus profonde l'observation naïve, celle qui n'a pas conscience d'elle-même. Nous avons des yeux intérieurs qui toujours sont frappés par des individus ou par des objets et qui amassent des matériaux sans que nous en ayons conscience. Puis la gerbe d'observations instinctives est apportée dans un secret laboratoire où il se forme des combinaisons de faits entrevus, d'inductions et de déductions. Mais regarder longuement en se posant ce travail : *Je vais observer*, est un mauvais système qui amène l'éparpillement, la trop grande abondance de matériaux, leur extrême ténuité, et c'était peut-être mon tort à Sainte-Périne. J'avais oublié la nature de mes vieillards, leur âge, leurs manies; je m'étais trop mêlé à leurs drames intérieurs. Ainsi, à cette soirée, j'écoutais, je regardais et je ne jugeais plus. Le sentiment de comparaison avait faibli en moi. Tel fut le choc produit par la vue de deux vieillards très-âgés qu'on avait amenés à cette soirée pour les distraire. Assis dans leurs grands fauteuils, l'un à la tête branlante, l'autre le menton tout à fait assoupi sur la poitrine, ils étaient arrivés tous deux à l'état d'enfance; ils ne comprenaient plus ce qui se passait; peut-être les cris et les rires leur rappelaient-ils leurs premières années.

M. Perdrizet avait été condamné à chanter une chanson, et, pour la première fois de sa vie, il refusa quelque chose aux désirs de la société. Le petit chef de bureau ne savait pas chanter, et j'aurais juré qu'avec ses besicles d'or, son crâne reluisant et ses mèches de cheveux provoquantes, il avait dû charmer les salons de l'empire par des romances sentimentales. Malgré qu'il fût pressé vivement, il ne put subir la peine édictée par la loterie de l'Amour; mais il demanda comme une faveur de lire à la société un petit fragment *délicieux* qu'il avait sans doute préparé pour la circonstance. Cette demande de transaction ayant obtenu l'assentiment de tous, M. Perdrizet tira un papier de son portefeuille.

— Mon conte, dit-il, a pour titre *Cœur criblé*.

Quoiqu'on s'attendît encore à quelque galanterie, le titre fit sensation, et les dames chuchotèrent : *Cœur criblé*, en se regardant avec des bouches souriantes et des roucoulements d'yeux qu'eût enviés une actrice pour jouer des rôles de Marivaux.

— *Cœur criblé...* répéta de nouveau M. Perdrizet, qui lut :

« Un homme sensible, excessivement sensible... »

En ce moment, la porte s'ouvrit, et Mme de la Borderie parut. Mme Ravier courut à elle, lui prit les mains, et la pria de venir entendre la lecture promise par M. Perdrizet. Pendant que la veuve recevait les compliments des messieurs, les dames se pressaient autour de M. Perdrizet et s'enthousiasmaient sur le piquant début de sa lecture. Le petit chef de bureau souriait en recevant ces flatteries, et semblait les envoyer d'un regard à Mme de la Gorgette. Il était triomphant ; certain de son succès de salon, d'avance il savourait les applaudissements qui attendaient la fin de son conte.

— Maintenant, monsieur Perdrizet, dit Mme Ravier, vous pouvez continuer.

— Cœur criblé, » reprit de nouveau M. Perdrizet, afin d'expliquer à Mme de la Gorgette le sujet qu'il allait lire ; cette fois, il put aller jusqu'au dénoûment sans interruption.

« Un homme sensible, excessivement sensible, se trouvait dès longtemps très-malheureux. Tout le désolait. Il voulut calculer combien de coups recevait son cœur dans une année. Voici ce qu'il imagina : il fit en carton un cœur de la grosseur d'un cœur d'homme, et à chaque blessure qu'il recevait, il y plantait une aiguille. Au bout d'un mois, le carton était tellement criblé, qu'il n'était plus possible d'y enfoncer une aiguille de plus. Il se prit à pleurer, à pleurer amèrement. Puis, quand il eut bien jeté des larmes : voyons, dit-il, pour savourer mieux mon malheur, repassons tous ces sujets de misères dont le sort m'accable depuis un mois. Et il voulut les rappeler ; vain espoir ! Il ne put plus s'en rendre compte ; non, pas d'un seul. Tout s'était effacé de sa mémoire. —Oh ! oh ! dit-il, toutes ces misères qui me font tant souffrir, ce ne sont donc que des chimères?... Allons ! allons ! défaisons-nous aussi de cette nouvelle misère, qui consiste à trop s'appesantir sur ses maux. Et toi, cœur de carton, reste là criblé d'aiguilles pour m'apprendre, me rappeler sans cesse que les grandes misères sont des fantômes, et les montagnes à peine des grains de poussière. »

Quand la lecture fut terminée, un murmure d'approbation remplit le petit salon des Ravier, et M. Perdrizet fut d'autant plus applaudi qu'on le soupçonnait d'être l'auteur de cet apologue. Il s'en défendit un peu mollement et laissa l'assemblée dans le doute à ce sujet. Chacun allait à lui et le complimentait à sa manière. Bien que réservée et d'une nature peu flatteuse, Mme de la Borderie apporta ses suffrages à l'heureux chef de bureau et lui témoigna combien elle avait été émue de la lecture de ce *Cœur criblé*.

— Mais j'aurais une grâce à vous demander ? dit-elle tout à coup.

— Parlez, belle dame, je suis à vos ordres.

— Seriez-vous assez bon pour m'accompagner chez moi? j'ai quelques mots à vous dire.

Comme M. Perdrizet ne répondit pas sur l'instant.

— Vous hésitez? dit la veuve. Pour un galant homme...

— J'avais promis à une personne...

— Aux regards inquiets que je vous vois jeter dans le fond du salon, je comprends que vous ayez peur de mécontenter Mme de la Gorgette; mais laissez-moi arranger l'affaire.

En même temps, la veuve se fraya un passage dans l'assemblée, et alla demander la permission à Mme de la Gorgette de lui enlever son cavalier, ce qu'elle obtint sans peine.

Mme de la Borderie profita d'un intermède de musique donné par M. et Mme Ravier pour s'échapper sans être remarquée.

— Le temps est beau, dit-elle à M. Perdrizet, si nous faisions un tour de jardin? Ah! monsieur le cœur criblé, reprit-elle en s'efforçant de donner un accent de gaieté à ses paroles, vous êtes donc bien malheureux ou vous l'avez été beaucoup pour planter tant d'aiguilles dans un morceau de carton?... Permettez-moi de vous dire que je ne vous ai jamais cru si malheureux... Mais ce n'est pas de vous qu'il s'agit... Je sais un cœur criblé par votre rigidité, par votre ingratitude, par votre abandon subit: celui-là est réellement criblé et ne s'ingénie pas à inventer un cœur de carton pour y planter l'image de ses peines. C'est un vrai cœur plus que criblé, saignant, déchiré, palpitant, vous ne l'ignorez pas!

— Moi! s'écria M. Perdrizet.

— Vous ne pouvez l'ignorer.

— Je vous jure, madame...

9.

— Ne jurez pas, monsieur ; je vous sais honnête homme, et je me confierai à votre parole en quelque matière que ce soit, sauf en matière d'amour... Vous ne vous rappelez déjà plus Mlle Miroy.

— Pardonnez-moi, madame.

— Certainement, vous savez son nom ; mais j'appelle oubliée une personne qu'on a presque compromise, donnée en spectacle, qu'on a fréquentée assidûment et qu'on laisse tout à coup sans plus s'en inquiéter que si elle était morte.

M. Perdrizet ne répondait pas.

— Elle est très-malade, elle souffre extrêmement ; votre abandon l'a jetée dans un état de mélancolie profonde qui la fait fuir la société ; elle repousse même mes soins, se nourrit à peine, et à son âge ces désordres sont sensibles.

— A son âge ! s'écria M. Perdrizet.

— N'a-t-elle pas soixante-cinq ans ? Vraiment, monsieur, vous m'étonnez par votre sang-froid. Vous me dites *à son âge*, comme si elle avait trente ans. Je ne sais quelle fièvre s'est emparée de presque tous les pensionnaires. A vous entendre, on vous prendrait pour des jeunes gens, insouciants de la vie. Si je ne me trompe, M. Perdrizet, vous devez flotter autour de soixante-dix ans.

— Qu'importe ! dit le chef de bureau, blessé par ce rappel au calme.

— Vous auriez pu encore faire le bonheur de Mlle Miroy et le vôtre. C'est une femme excellente qui ne demandait qu'un peu de tranquillité pour ses dernières années... Vous avez pris plaisir à les empoisonner : ce que cette malheureuse souffre, je ne puis vous le dire... Si c'était une personne coquette, je ne la défendrais pas, elle porterait le châtiment de sa faute ; mais vous lui avez fait de fausses promesses, vous vous êtes engagé...

— Pardon, madame, je n'ai fait aucune promesse à Mlle Miroy, ni pris aucun engagement... C'est elle qui me poursuivait.

— Je l'en crois incapable.

— Je ne dis pas que Mlle Miroy soit une coquette ; je la sais une excellente personne, mais prise du besoin d'aimer. Un homme s'est trouvé sous sa main, moi, qui alors n'avais pas d'inclination. J'ai eu le tort d'écouter ses aspirations ; j'ai été son ami, elle s'est trompée sur le caractère de mes sentiments. J'ai toujours été poli avec les femmes, galant même... on ne saurait leur faire assez de compliments... Vous-même, madame, représentez, à cette heure, la femme sous son meilleur jour, la consolatrice de...

— Il ne s'agit pas de moi, monsieur, je vous prie.

— Mlle Miroy a donc basé sur l'amitié que je lui témoignais un attachement dont je ne soupçonnais pas la nature tout d'abord. Plus tard, je compris qu'elle m'entraînait petit à petit dans les sentiers d'une liaison dont je ne pouvais accepter la chaîne. Je n'ai pas voulu désillusionner Mlle Miroy, et c'est là mon seul tort.

— Un grave tort, dit Mme de la Borderie, dont les conséquences seront peut-être fatales.

— Je comptais la détacher de moi peu à peu ; mais

au contraire, chaque jour sa passion faisait des progrès, et avec la passion la tyrannie... M{}^{lle} Miroy a des trésors d'amour qu'elle vous jette avec tant de prodigalité, que vous risquez d'être étouffé dessous. Elle a trop économisé dans sa jeunesse... Je connais peu d'hommes qui sauraient y répondre.

— Cependant, monsieur, vous avez accepté des gages de cette tendresse que vous repoussez aujourd'hui ; Comment! vous avez eu l'indélicatesse de donner à M{}^{me} de la Gorgette un anneau de ma malheureuse amie?

M. Perdrizet ne répondait pas.

— Est-ce la conduite d'un galant homme ?

— Madame, laissez-moi vous dire combien je repousse l'horrible accusation que vous m'imputez... Oui, j'aime M{}^{me} de la Gorgette; elle m'a plu dès la première fois que je la vis, et peu à peu cette même passion dont était atteinte M{}^{lle} Miroy pour moi, je la ressentis pour une autre... Mais M{}^{me} de la Gorgette s'est inquiétée de quelques bagues que je portais : il ne manque pas ici de personnes pour troubler des affections naissantes... Elle a voulu que je lui sacrifie tous ces anneaux ; je les lui ai onnés volontiers... Je ne pensais pas chagriner M{}^{lle} Miroy ; d'autres bagues plus chères ont été remises à Aurore.

— Cependant, monsieur Perdrizet, vous qui connaissez les lois de la galanterie, vous deviez renvoyer à M{}^{lle} Miroy son anneau, puisque vous aviez l'intention de rompre avec elle.

— Vous avez raison, madame.

— M{}^{lle} Miroy pleure, se désole; elle ne vous attend

plus, et elle espère peut-être encore vous revoir, grâce à l'anneau que vous avez gardé.

— Que faire ? s'écria M. Perdrizet.

— Redemander la bague à Mme de la Gorgette et la rapporter vous-même à Mlle Miroy.

— C'est impossible.

— Vous le ferez, monsieur Perdrizet, j'en suis certaine.

Le chef de bureau, inquiet, ne répondait plus.

— Je lui enverrai un souvenir, dit-il.

— Un cadeau est une illusion de plus que vous ferez naître dans le cœur de ma malheureuse amie. C'est sa bague que je vous demande, et en même temps une franche explication.

— Que dirai-je à Mme de la Gorgette pour lui retirer cette bague ?

— Rien n'est plus simple ; je vous donne jusqu'à demain soir... Si vous ne vous sentiez pas le courage nécessaire, je serais obligée d'aller trouver moi-même Mme de la Gorgette.

— Eh bien ! madame, demain après dîner.

— Vous reporterez l'anneau à Mlle Miroy ?

— Comme il vous plaira, madame.

Là-dessus, M. Perdrizet rentra chez lui et passa une nuit fort agitée, se demandant comment il sortirait de cet embarras.

CHAPITRE IX

Mme de la Gorgette vivait au milieu de ces troubles sans s'en apercevoir : si elle les eût soupçonnés, peut-être eût-elle prié M. Perdrizet de mettre un terme à ses assiduités, car elle ne pouvait voir souffrir quelqu'un sans en être émue ; et la pensée qu'elle était la cause involontaire du profond chagrin de Mlle Miroy aurait développé tellement ses facultés compatissantes que, malgré le charme de sa liaison avec le chef du bureau, elle y eût renoncé tout à coup. Son heureux caractère la portait à un heureux calme, mais elle savait comprendre les souffrances de ceux qui l'entouraient, et elle était loin de soupçonner le motif qui exilait Mlle Miroy du salon des Ravier. Tous les matins, M. Perdrizet avait obtenu la faveur de venir chercher Mme de la Gorgette pour déjeuner, et elle ne manquait pas de lui faire cadeau d'une rose cueillie dans les pots de fleurs qu'elle entretenait dans son antichambre. A dix heures, une petit coup de sonnette annonçait l'arrivée du galant chevalier, qui trouvait son adorée déjà habillée et d'une fraîcheur de jeune fille. Le lendemain de la conversation avec Mme de la Borderie, la sonnette retentit comme d'habitude, et la femme de ménage alla ouvrir.

— Comment! c'est vous, M. Perdrizet? s'écria Mme de la Gorgette.

— Oui, ma chère amie; ne m'attendiez-vous pas?

— Certainement, mais je n'ai reconnu ni votre manière de sonner, ni vos pas dans l'escalier... Je vous trouve changé; est-ce qu'il vous est arrivé quelque mauvaise nouvelle?

— Pardonnez-moi, ma chère amie, dit M. Perdrizet, qui, au moment d'accomplir sa promesse de la veille, sentait renaître les difficultés.

— Eh bien! voici ma main; je suis donc obligée de vous l'offrir?

D'habitude, la journée commençait par un doux baiser sur la main, qui n'était que le prologue de mille galanteries déployées jusqu'au soir par le chef de bureau. Aujourd'hui, M. Perdrizet n'osait plus demander cette main droite qui portait l'anneau de Mlle Miroy. Toute la nuit, il avait cherché un moyen de reprendre cet anneau, et il espérait toujours que le hasard lui en rendrait la possession. Si la bague pouvait être brisée! M. Perdrizet la redemanderait pour la faire raccommoder et la remettrait à Mlle Miroy; mais pourquoi le hasard se rendrait-il complice des traîtrises amoureuses du trop galant séducteur? M. Perdrizet comptait qu'il trouverait son amie en train de mettre un dernier ordre à sa toilette, et que peut-être elle n'aurait pas encore passé ses bagues à sa main ; alors, il lui serait possible de s'emparer de celle que lui réclamait Mme de la Borderie. Tout en s'habillant, il avait si longtemps réfléchi qu'il dépassa de quelques minutes l'heure habituelle à laquelle il se rendait chez Mme de la Gorgette, et ses calculs furent renversés par ce simple fait. Autrement, il eût été possible de dérober la bague de Mlle Miroy et de mettre sur le compte d'une perte la disparition subite de l'anneau. En offrant sa main à baiser, Mme de la Gorgette fit briller toutes les bagues que lui avait sacrifiées le chef de bureau, et M. Perdrizet resta un moment immobile, perdant pour la première fois de sa vie son entrain et sa gaieté ; ce dont s'aperçut Mme de la Gorgette.

— Qu'avez-vous ? lui dit-elle.

— Un commencement de mal de tête, répondit M. Perdrizet en passant sa main sur son crâne comme pour en chasser les soucis.

Mais le crâne luisant du chef de bureau ne donnait pas l'idée d'un homme voué aux migraines.

— Vous ne m'aimez déjà plus, je crois.

Ce mot fit oublier à M. Perdrizet le but de sa visite. Il avait si souvent entendu dans sa vie le fameux *vous ne m'aimez plus*, qu'il disposait d'un arsenal immense de raisons pour répondre à une telle accusation. Pour cacher son trouble, il devint si galant qu'il se laissa prendre à ses propres paroles et abandonna l'incident de l'anneau, attendant désormais du destin la conclusion de cette aventure : sa légèreté habituelle reprit le dessus, et il conduisit triomphalement Mᵐᵉ de la Gorgette à la salle à manger, ayant oublié les instructions de Mᵐᵉ de la Borderie.

Cependant, vers le soir, la veuve aborda M. Perdrizet et lui demanda de tenir sa promesse, ce qui fut un nouveau coup de foudre pour le séducteur.

— J'ai parlé à Mᵐᵉ de la Gorgette, dit-il, elle rendra la bague.

— Ne me l'aviez-vous pas promise pour aujourd'hui ?

— Madame, j'ai réfléchi à votre demande, et je ne puis vraiment pas faire une telle malhonnêteté à une femme que j'aime infiniment.

— Je vous comprends, monsieur, vous refusez...

— Non, madame.

— Mais il me sera permis d'accomplir les désirs d'une femme que vous avez trahie et de me présenter en son nom auprès de Mᵐᵉ de la Gorgette ?

— Oh ! vous ne le ferez pas, madame. Mˡˡᵉ Miroy ne le voudrait pas, et vous ne vous montrerez pas plus exigeante qu'elle.

— Pourquoi l'avez-vous trompée si indignement ? Si vous la voyiez, vous frémiriez du ravage que vous avez causé...

— Je ne demande pas mieux que de la voir, reprit M. Perdrizet, croyant échapper par là aux orages qu'il avait accumulés sur sa tête.

— Vraiment, vous consentiriez à lui rendre visite ?

— J'ai beaucoup d'estime pour Mlle Miroy.

— Vous seriez bon pour cette pauvre femme ?

— Elle ne m'a jamais fait de mal.

— Combien votre visite lui ferait de bien !

— Si j'avais su, depuis longtemps je me serais présenté chez elle.

— Laissez-moi préparer mon amie à cette rencontre ; elle est si faible que je crains la plus légère émotion... Voulez-vous m'attendre un instant dans le jardin ?

— Tout à vos ordres, madame.

Là-dessus, la veuve vola chez son amie, lui apprendre le retour de M. Perdrizet.

M. Perdrizet se frottait les mains d'avoir échappé à la restitution de la bague, lorsqu'il rencontra dans le jardin M. et Mme Ravier, en compagnie de Mme de la Gorgette. Naturellement, il lui offrit son bras, et il se promena avec elle, respirant avec délices l'air frais de la soirée, et il s'oublia dans un de ces doux entretiens que la présence de la belle Aurore lui inspirait. Peu lui importait d'être remarqué par les pensionnaires de l'établissement ; jamais M. Perdrizet ne s'était inquiété des regards inquisiteurs des vieilles filles de la société Gibassier, sans cesse aux aguets, étudiant les physionomies et les gestes des promeneurs ; mais Mme de la Borderie apparut tout à coup au détour d'une allée, et le costume sévère de la veuve produisit un fâcheux effet aux yeux de l'amoureux. Il eut un geste de dépit que ne put s'empêcher de remarquer Mme de la Gorgette.

Ma chère madame, dit Mme de la Borderie en s'avançant, je vais vous enlever M. Perdrizet un moment, si vous le permettez.

— A tout à l'heure, Aurore! s'écria le chef de bureau, obligé d'obéir à cette fâcheuse injonction.

Et il suivit la veuve.

— Mlle Miroy est prête à vous recevoir, dit Mme de la Borderie.

— Mais vous serez présente à cette entrevue?

— Je ferai ainsi qu'il vous plaira.

A cette heure M. Perdrizet marchait comme un forçat entre deux gendarmes, et ce ne fut pas avec sa démarche légère et sautillante qu'il grimpa l'escalier de Mlle Miroy.

Aussitôt qu'il fut entré dans la chambre, la pauvre abandonnée lui tendit la main, une main amaigrie que M. Perdrizet n'osa serrer; Mme de la Borderie lui avança un siége, car Mlle Miroy, étendue dans une chaise longue, était incapable de faire les honneurs de son appartement.

Après le dérangement des chaises, un profond silence s'établit dans cette petite chambre où jadis M Perdrizet avait roucoulé de si jolis mots. Mlle Miroy fit un signe à la veuve qui s'approcha d'elle; elles se dirent quelques mots à l'oreille, et Mme de la Borderie disparut aussitôt.

— Votre visite me fait du bien, s'écria Mlle Miroy, quoique le son de sa voix indiquât qu'elle cherchait à contenir ses larmes. Alors elle se laissa aller et dit toutes ses souffrances à l'homme qui l'avait abandonnée; elle se plaignit vivement du manque d'égards de son ancien adorateur, combien elle avait été froissée de la suspension de la correspondance; elle comprenait que l'amour pouvait s'éteindre à un certain moment, mais l'amitié devait remplacer la passion, et elle se trouverait trop heureuse si M. Perdrizet voulait bien lui rendre une partie de cette amitié qui lui était si chère. De temps en temps, des larmes coupaient ses confidences, et M. Perdrizet en profitait pour jurer qu'il avait toujours conservé pour Mlle Miroy une vive estime. S'il n'était pas revenu, c'était pour affaiblir peu à peu une passion qui devait les rendre malheureux tous les deux. Il se vanta d'avoir souffert lui-même.

— Cependant, dit la pauvre fille, vous en aimiez une autre ?

— J'ai eu quelque attention pour une femme estimable...

— Je le sais, ne me cachez rien...

M. Perdrizet affirma que Mme de la Gorgette lui laissait le cœur tranquille ; sa société lui offrait un certain charme, mais au delà des fréquentations d'une pure amitié, il ne sentait pas la passion l'envahir.

Cet entretien ne dura pas moins d'une heure : quoique M. Perdrizet n'eût plus trace d'amour pour Mlle Miroy, il ne pouvait entendre sans un certain intérêt les détails des souffrances par lesquelles elle avait passé. L'homme est ainsi fait, que sa vanité est caressée par le récit des malheurs qu'il a causés. Ayant éprouvé de cruelles émotions, Mlle Miroy devenait éloquente : elle sentait le fil brisé chez son ancien adorateur, et elle conservait encore un reste d'espérance de le rattacher. Les femmes veulent boire le malheur jusqu'à la dernière goutte ; ce fut poussée par de secrètes inquiétudes, que la pauvre fille demanda à M. Perdrizet de le revoir avec un accent si vif, qu'il ne put s'y refuser, et qu'il promit de revenir le lendemain.

Quand Mme de la Borderie vint rendre visite le soir à son amie, elle la trouva avec un demi-sourire sur les lèvres, un singulier sourire qui ne pouvait se défendre d'un reste de scepticisme. Sur les joues d'un convalescent restent de vagues teintes bilieuses qui témoignent des derniers symptômes de la maladie : ces teintes sont longues à s'effacer. Il en était de même des doutes et des soupçons causés chez Mlle Miroy par la conduite de son ancien adorateur. Malgré tout, elle s'efforça de croire au renouveau de la passion de M. Perdrizet, et, peut être pour mieux s'illusionner, elle se lança dans des flots de paroles presque gaies qui étonnèrent d'autant plus la veuve que, dans les circonstances habituelles de sa vie non troublée, la mélancolie faisait le fond du caractère de Mlle Miroy. Tout d'abord, celle-ci se jeta au cou de son amie, en la remerciant de lui avoir ramené l'ingrat ; elle disait ne pas trouver au dedans d'elle assez de marques vives de reconnaissance pour payer ce service. Mme de la Borderie se défendait de ces témoignages chaleureux, répondant qu'elle avait fait la chose la plus naturelle.

— Vous me faites respirer, s'écria Mlle Miroy, et vous ne voulez pas que je vous adore ! Tenez, je respire maintenant... Ah ! que l'air est bon ! Avant de l'avoir revu, ma poitrine était un brasier, chaque bouffée d'air était comme un soufflet qui en rallumait la chaleur; maintenant que je suis bien, c'est un plaisir d'ouvrir ma poitrine à l'air du soir... Mon Dieu, que j'ai souffert! Et je suis heureuse d'avoir tant souffert, je n'en sens que mieux mon bonheur de revenir à la vie...

Elle se leva tout à coup de sa chaise longue.

— Ma chère amie, dit-elle, allons faire un tour au jardin : je veux revoir l'herbe, les charmilles, les arbres; croiriez-vous que la verdure me faisait horreur? Je souffrais tellement que tout ce qui prospérait autour de moi me rendait jalouse. J'aurais voulu voir tout le monde malade... J'ai souhaité des choses affreuses, la mort de M. Perdrizet. C'est mal, n'est-ce pas, mais que voulez-vous? J'aimais mieux le voir mort que de le savoir aux genoux d'une autre.

— Descendons avant que la fraîcheur vienne, dit Mme de la Borderie pour essayer de calmer l'exaltation de son amie. Mais vous sentez-vous réellement assez forte, après être restée trois mois dans votre chambre?

— Je ferais dix lieues à pied.

Les deux dames descendirent l'escalier; mais, arrivée au bas, Mlle Miroy comprit que ses membres étaient moins forts que sa volonté: le sang s'était engorgé dans les jambes, qui fonctionnaient difficilement, et son front se couvrait de gouttes de sueur de faiblesse qui l'avertirent de ne reprendre la marche qu'avec ménagement.

— Il faut, dit-elle tristement, que je me repose déjà sur ce banc de pierre; je me croyais mieux...

Et la tristesse la reprit tout à coup, car elle songea que l'amour de M. Perdrizet pouvait bien ressembler à ses forces, mises en jeu subitement et abattues plus subitement encore.

— Ma chère amie, dit Mme de la Borderie qui lui prit les mains, vous avez un peu de fièvre; il ne serait pas prudent de rester plus longtemps à l'air frais.

— Encore la fièvre ! s'écria Mlle Miroy.

— Ne vous affectez pas, ma bonne amie, il en est ainsi pour toutes les maladies. Vous avez perdu une partie de vos forces en vous tenant couchée, il faut y aller avec prudence maintenant. Voulez-vous de moi pour médecin ? Je vous promets de vous guérir.

Mlle Miroy pressa la main de la veuve.

— Pour commencer, je vous ordonne de rentrer : je resterai avec vous si ma compagnie vous plaît; je m'en irai si vous voulez rester seule... Désirez-vous que je vous fasse une petite lecture? Demain nous sortirons une heure en plein soleil, en compagnie de M. Perdrizet...

— Oh ! oui. Et le soir nous irons entendre un peu de musique.

— Tout le monde sera heureux de vous revoir ; si vous ne me l'aviez pas exprimé si nettement, vous auriez vu combien tous ces messieurs et dames prenaient d'intérêt à votre santé.

Ce fut ainsi, par des paroles affectueuses, que Mme de la Borderie détermina Mlle Miroy à rentrer; elle voulut rester seule, tant elle se plaisait à repasser les souvenirs de la journée, et, pour la première fois depuis longtemps, la pauvre fille ferma les yeux tranquillement, sans être froissée par ses paupières brûlantes.

Le lendemain, à déjeuner, M. Perdrizet, en rencontrant Mme de la Borderie, la prévint qu'il irait vers une heure de l'après-midi chez Mlle Miroy ; par discrétion, la veuve n'alla pas rendre visite à son amie, elle la fit seulement prévenir par sa femme de ménage des intentions du chef de bureau. A trois heures de l'après-midi, M¹¹ᵉ Miroy envoya chercher Mᵐᵉ de la Borderie en la priant de venir immédiatement.

— Je ne l'ai pas vu encore ! s'écria M¹¹ᵉ Miroy en fondant en larmes.

— M. Perdrizet?

— Non, il n'est pas venu ; déjà il m'abandonne... Pourquoi est-il revenu hier ?

— Ma chère amie, il sera arrivé quelque événement imprévu...

— Vous croyez?

— Certainement.

— Je n'ose vous demander de prendre quelques informations... J'aurais bien envoyé ma domestique... mais je craignais...

— Je m'en vais y aller, dit Mᵐᵉ de la Borderie. Promettez-moi d'être plus calme... Je vous le ramènerai, il ne faut pas qu'il s'aperçoive combien son absence vous cause d'inquiétude... Les hommes de la trempe de M. Perdrizet doivent être traités avec indifférence.

En ce moment, on entendit des pas sur l'escalier.

— C'est lui, c'est lui ! s'écria M¹¹ᵉ Miroy qui devint pâle comme une morte. Laissez-moi.

Son émotion était si grande qu'elle ne prenait pas la peine de cacher à la veuve combien elle désirait rester seule avec l'ingrat. Mais Mᵐᵉ de la Borderie connaissait les faiblesses humaines et savait les pardonner. Elle eut la délicatesse de sortir assez vite pour qu'en arrivant M. Perdrizet pût se trouver seul avec Mlle Miroy. L'amour rend égoïste, mais l'égoïsme ne rend pas amoureux. Par ce renversement de phrase, dont certains auteurs abusent pour étonner le public, on peut rendre la situation exacte des deux personnes qui se trouvaient en présence à la sortie de la veuve.

En entendant les pas de M. Perdrizet dans l'escalier, Mlle Miroy sacrifiait aussitôt l'amitié ; elle ne se rappelait plus les services que lui avait rendus, que lui rendait et que lui rendrait certainement Mme de la Borderie. Elle lui disait presque : *Va-t' en !* sans songer à voiler sa pensée. Un tiers la gênait ; elle n'osait plus laisser se jouer les mouvements sur sa physionomie, ses gestes, son regard, peut-être ses cris. Celui qu'elle attendait depuis trois heures arrivait ! Ce qui allait sortir de cette poitrine, de ces yeux, de ces mains irritées par trois heures d'attente, elle ne le savait pas. Seulement, elle se sentait devenir éloquente par le sentiment comme par le regard, et elle renvoyait son amie. Elle était montée à ce diapason mystérieux que les grands artistes trouvent rarement et qui les avertit par des tressaillements intérieurs qu'il leur est donné d'enthousiasmer le public le plus difficile. Si les joueurs entendent une secrète voix qui leur crie : « Tu vas gagner, » les amoureux possèdent la même faculté : une flamme secrète parcourt tout leur être et les rend capables d'actions surnaturelles, que les médecins peuvent à peine expliquer dans les cas d'extases.

Plongée dans cet état, Mlle Miroy ne pouvait analyser la physionomie embarrassée de M. Perdrizet, qui arrivait au rendez-vous, honteux du restant de chaîne qu'il portait au cou. La pauvre femme illuminait de ses propres rayonnements celui qu'elle aimait, et ressemblait à ces peintres qui ne savent trouver de cadre assez beau pour leurs tableaux. Enfin, il était venu! Il arrivait! Et Mlle Miroy ne se rappelait plus les tristes réflexions qu'elle avait faites pendant trois heures d'une mortelle attente. Elle fit placer M. Perdrizet près de son lit de repos, le plus près possible, l'accabla de prévenances, voulut savoir ce qu'il avait fait pendant leur séparation et ne lui laissa pas la peine de se défendre. Toujours elle parlait, donnant un cours à ses tristes souvenirs, afin sans doute de les dépenser et de n'avoir plus à les retrouver au dedans d'elle-même. M. Perdrizet s'efforçait de prêter attention à ces paroles d'amour; il essayait de donner un tour galant à ses lèvres perfides, à ses yeux un rayon de tendresse; mais les lèvres se pinçaient et les yeux restaient froids sans pouvoir obéir au séducteur.

Toute la personne de M. Perdrizet était revêtue d'un calme, d'une propreté, de certaines couleurs qui n'avaient nul rapport avec la passion. Le petit habit bleu à boutons d'or du séducteur était étriqué, et les pans obéissaient à cette ancienne coupe connue sous le nom d'habits en sifflets. Les deux fines mèches de cheveux s'avançaient au devant des oreilles comme deux aiguilles cruelles, et le crâne poli reluisait comme un plat à barbe de cuivre accroché à la porte d'un perruquier. Mlle Miroy, obéissant à cette loi physique qui attire les caresses vers les objets ronds, avait osé placer sa main sur le crâne de M. Perdrizet; peu à peu elle la descendit vers les sourcils, remonta au sommet et se hasarda à tenter une excursion dans le pays opposé, où un renflement subit, que les ennemis de la phrénologie ne peuvent nier, annonçait les facultés vivement développées qui portaient le chef de bureau vers mille beautés diverses. Le jeune amant qui plonge avec enivrement ses mains dans la chevelure de sa maîtresse, détache le peigne et laisse tomber en flots annelés ces grappes de cheveux dont chaque brin contient de l'électricité, est moins éperdu que ne le fut Mlle Miroy en couvrant de sa main maladive l'ivoire brillant et chaud qui recouvrait les pensées de M. Perdrizet. La paume de la main de la pauvre femme semblait avoir soif de ces légères protubérances, sur lesquelles un disciple de Gall eût retrouvé l'absence d'amour de la famille, des appétits sensuels très-développés, l'esprit de saillie, l'absence d'organe de l'idéalité, et enfin la circonspection qui faisait la base de cette tête carrée, dont les angles latéraux étaient très-développés.

Voilà les bosses que Mlle Miroy caressait naïvement de sa main, tandis que M. Perdrizet s'efforçait d'échapper aux atteintes d'un fluide qui courait dans chaque veine des mains de l'amie de Mme de la Borderie. A diverses reprises, il essaya de dégager sa tête; mais aussitôt les doigts maigres de Mlle Miroy se crispaient, formaient étau et serraient dans un vaste allongement les quatre côtés de la boîte osseuse du séducteur. Cependant il eut le courage de regarder Mlle Miroy en face et de s'écrier:
— Mon front... je souffre.
— Pauvre cher, dit-elle en courant à sa toilette, je vous brûle, n'est-ce pas?

Alors, sans en demander permission, elle trempa un linge dans l'eau et l'appliqua sur le crâne de M. Perdrizet, qui ouvrit des yeux effarés en pensant qu'un mauvais génie l'avait poussé dans cette chambre où il s'était promis de ne jamais rentrer. Les caresses, les soins, les paroles de Mlle Miroy, tout le froissait. Il en était arrivé à une excitation nerveuse qui le forçait à s'écrier : — Laissez-moi, vous êtes une folle ! mais un reste de pitié le retenait encore, et il n'osait blesser ouvertement une femme maladive.

S'étant essuyé le front avec un grand soin, car sans doute Mlle Miroy avait enlevé, avec son ablution, un onguent précieux qui donnait le luisant au crâne, M. Perdrizet se leva, malgré qu'il fût invité par gestes de se rapprocher de la chaise longue.

— Oh ! charmante personne, dit-il, oui, charmante... (Il tira sa montre) on ne sera pas bien long à dîner... (La physionomie de Mlle Miroy prit une teinte de mélancolie.) Quelle excellente après-midi !

— Délicieuse, cher, dit Mlle Miroy, et demain plus aimable encore.

— Oui, demain, je l'espère meilleure, s'écria M. Perdrizet, qui parlait traîtreusement en pensant à aller se promener loin de Sainte-Périne le lendemain.

— Que je voudrais pouvoir aller dîner près de vous ! dit Mlle Miroy.

— Pas d'imprudence, ma chère amie, pas d'imprudence ! répondit le chef de bureau, qui se voyait placé entre deux femmes.

— Encore une bonne conversation telle que celle-ci, et je sens que mes forces reviendront.

— Je ne souhaite pas sa maladie, pensa M. Perdrizet, mais si je dois la guérir par de telles après-midi, la malheureuse court grand risque de rester sur sa chaise.

— On sonne le dîner, ma toute bonne, dit-il en se préparant à sortir.

— Non, pas encore : je n'ai pas entendu, reprit Mlle Miroy, s'élançant contre sa porte pour empêcher M. Perdrizet de sortir.

— Je suis perdu, pensa le chef de bureau ; elle ne veut pas me laisser sortir. C'est que, ajouta-t-il, j'ai quelques désordres à réparer dans ma toilette.

— On ne sonnera pas avant une demi-heure.

Et Mlle Miroy s'avança vers le chef de bureau en étendant la main dans la direction de son crâne. M. Perdrizet enfonça son chapeau sur sa tête.

— Demain, dit-il.

— Encore...

— Non, demain, j'ai le sang à la tête...

Et il ne quittait pas Mlle Miroy de l'œil, craignant quelque nouvelle folie.

— Un peu, dit-elle de sa voix la plus caressante.

— Ma chère, vous voyez que j'ai mis mon chapeau.

— Qu'importe, ôtez-le une minute.

— Demain.

— Une seconde.

Comme elle semblait vouloir se précipiter sur le chapeau, M. Perdrizet se réfugia derrière une table en

10.

étendant sa main comme pour obtenir une trêve, tandis que de la gauche il tenait le bord de son chapeau fixé sur sa tête.

— Vraiment, dit-il, je n'aurai pas le temps de prendre quelques soins de ma personne avant le dîner.

Mais Mlle Miroy n'écoutait plus; elle cherchait un moyen d'attraper le volage.

— Chère âme! s'écria M. Perdrizet, quelle folie!

En même temps ils tournaient autour de la table, comme deux écoliers, la femme poursuivant l'homme et jouant le rôle du séducteur. Un instant Mlle Miroy faillit s'emparer du chapeau du chef de bureau, mais le bord lui glissa dans les doigts.

— Vraiment, chère, vous n'êtes pas raisonnable, dit M. Perdrizet après avoir renversé une chaise qui servit de barrière aux audacieuses entreprises de l'amoureuse. Je n'aime pas voir jouer avec mes chapeaux; c'est bon pour les enfants, ajouta-t-il d'une voix très-sérieuse.

— Ah! vous êtes fâché?

— Oui! oui!

— Eh bien! je vais me tenir tranquille, méchant homme.

— Vous savez, chère, que je n'aime pas à être en retard pour le dîner.

— C'est bien, monsieur; allez dîner... Ah! que je suis malheureuse!

Elle alla de nouveau s'étendre sur la chaise longue.

— Allons, chère, faisons la paix, donnez-moi votre main.

L'innocent séducteur s'avança, comptant sur les remords de Mlle Miroy; mais celle-ci avait joué adroitement la comédie: d'un mouvement brusque, elle enleva le chapeau du chef de bureau et considéra encore une fois, sans oser le palper, ce crâne séduisant auquel elle attachait sans doute des idées étranges. Là-dessus, elle permit à M. Perdrizet de se retirer, en lui faisant promettre de revenir le lendemain.

CHAPITRE X

Ce jardin de Sainte-Périne semblait avoir été planté pour entendre des conversations amoureuses. Plus d'une fois je m'y promenai seul, regardant aux branches des arbres s'il n'y restait pas accroché des lambeaux de déclamation, si quelques soupirs n'étaient pas collés au feuillage. Les bosquets touffus, je me plaisais à les peupler de groupes isolés se parlant à voix basse, échangeant des pressions de mains, et retrouvant dans une verte vieillesse les souvenirs passés de jeunesses éteintes. Les anciens ne semblent pas avoir compris la Vénus âgée, car ils n'en ont laissé nul témoignage sculpté. Je rêvais quelquefois à un monument en mémoire des longues amours, situé en haut du belvédère. Cette Vénus eût été l'image exacte de Mme de la Gorgette. Une Vénus aux formes prononcées, souriante, faisant fuir du regard le Temps qui s'avance la faux à la main.

Mais ce qui me parut plus difficile à comprendre (quoique le cas se retrouve souvent dans la société) fut la passion de M. Lobligeois pour Rosette, cette passion greffée sur le pied vivace d'une autre passion, la plus vive de toutes, l'avarice. Le rendez-vous dans le jardin acheva de porter le dernier coup à la raison de M. Lobligeois. Quant il eut attendu avec une impatience fébrile la demi-heure convenue, l'avare comprit combien il était entraîné vers l'actrice. Viendra-t-elle ? se demandait-il en arpentant à grands pas l'allée sablée qui conduit au bâtiment Joséphine. Comme Rosette ne venait pas, M. Lobligeois voulait aller au-devant d'elle, retourner dans la loge ; mais il n'osait. Il craignait que la concierge ne remarquât son empressement et ne se gendarmât contre ses folles illusions. Cependant, comme il tournait le dos à l'allée par où devait arriver l'actrice, il entendit tout à coup un bruit léger de graviers, et il ne s'y trompa pas. Nul autre que le petit pied de Rosette ne pouvait faire crier ainsi les cailloux.

M. Lobligeois se retourna et fut ému vivement par la physionomie de l'actrice, alors que le jeu des rayons de soleil pénétrant à travers le feuillage, frappait sur les lèvres de Rosette et les faisait paraître d'autant plus fraîches que le haut de la figure était noyé dans l'ombre. Les rubans couleur cerise qui se croisaient sur la paille de sa capote pâlissaient à côté de ces lèvres jeunes, plus fraîches que des fraises penchées sous leurs feuilles, après une légère pluie. Mais cette jeunesse, les taquineries de Rosette dans la loge, firent que M. Lobligeois resta plus troublé que jamais ; plus il comprenait la beauté de l'actrice, plus il devenait timide. Suis-je digne d'une telle femme? se demandait-il, et cette question le paralysait. Rosette prit plaisir à se jouer de l'embarras du vieillard ; il semblait préoccupé ; elle le trouvait *tout chose*, disait-elle. Pendant quelques minutes, qui durèrent des siècles, M. Lobligeois se crut un de ces objets fragiles que les jongleurs des Champs-Élysées lancent dans toutes les directions et qu'on craint de voir se briser. Rosette jonglait avec sa personnalité et lui faisait subir mille petits accrocs.

— Voulez-vous être bon à quelque chose, monsieur Lobligeois? dit-elle. J'ai dans ma poche une brochure à étudier, vous allez me faire répéter et vous me donnerez la réplique.

Il y a peu de comédiens qui n'aient leurs poches bourrées de bibliothèque dramatique sous forme de brochures; Rosette avait acheté le matin une douzaine de pièces nouvelles, afin de suivre le répertoire courant des théâtres du boulevard, et elle s'imagina de faire répéter à l'avare une tirade amoureuse, très-emphatique, qui acheva de porter le trouble dans les idées de M. Lobligeois, car il avait pris le rôle au sérieux. C'était un être d'une basse extraction qui se mourait d'amour pour une personne d'une condition très-élevée, et l'auteur dramatique avait fourré dans ce rôle toutes les aspirations d'ouvriers tourmentés par un faux idéal, où se mélangeaient nécessairement des râclures d'*antonysme* et de capitaine Buridan.

— Vous auriez fait un fort bon comédien, dit Rosette, il est fâcheux que vous n'ayez pas commencé de meilleure heure. Savez-vous que je suis fière de vous avoir pour auditeur? On n'en rencontre pas tous les jours d'aussi distingué. Je m'en vais vous signaler à mes camarades du théâtre.

— Vraiment? disait M. Lobligeois..

— Mais je me garderai bien d'en instruire ces dames; je veux vous garder pour moi...

— Dites-vous vrai? s'écria l'avare.

— Oui, je ne veux pas que ces dames sachent combien vous comprenez le théâtre, elles vous demanderaient des conseils et j'exige de rester votre seule élève.

— Mon élève! dit M. Lobligeois. Serait-ce possible!

— Voilà le vieillard de l'orchestre du Théâtre-Français demandé, dit plaisamment Rosette.

— Comment? s'écria l'avare un peu froissé par le mot de vieillard.

— C'est le plus beau titre que vous puissiez ambitionner, mon cher monsieur Lobligeois. Allez au Théâtre-Français, et vous remarquerez toujours quatre ou cinq banquettes garnies de messieurs en cheveux blancs, presque tous une tabatière à la main et toutes sortes de lunettes, lorgnons, jumelles, pour mieux voir. Ces messieurs sont la base du Théâtre-Français, qui ne peut exister sans eux. Plus de vieillards à l'orchestre, plus de Théâtre-Français. Pourquoi? Parce que ces messieurs ont vu jouer les célèbres acteurs d'autres époques, et qu'ils servent de guides aux nouveaux venus. Ils ont des signes particuliers que le public ne comprend pas, mais qui se font entendre au delà de la rampe. Ainsi, vous entendez éternuer un de ces vieillards, vous croyez qu'il a le cerveau embarrassé; pas du tout, il éternue, et le comédien comprend que cet éternuement veut dire qu'il n'a pas saisi une certaine nuance de son rôle.

— Que me dites-vous là, mademoiselle ?

— Vous en savez autant qu'eux ; il n'y a que leur langage à apprendre, ainsi c'est surtout la tabatière qui joue un grand rôle dans la tragédie ; les vieillards de l'orchestre du Théâtre-Français ont un art particulier pour faire crier doucement leur tabatière sans troubler le spectacle. Un petit *crrric* veut dire qu'on a fait un vers faux, un *crrrrac* prolongé signifie : vous déclamez mal à propos, hors du ton, vous parlez comme une personne naturelle, ce qu'il ne faut pas.

M. Lobligeois manifesta l'étonnement le plus profond en entendant ce singulier cours dramatique ; car, n'étant allé que rarement au théâtre, il n'était pas au fait de ces petits mystères que Rosette connaissait plutôt par tradition de cabotinage que pour les avoir remarqués. En parlant ainsi à l'avare, elle mélangeait la goguenardise à la naïveté ; elle s'amusait à bavarder sur les manies des vieillards du Théâtre-Français, mais elle croyait le fond réel, pour l'avoir entendu souvent raconter à Lafourcade et au souffleur du théâtre.

— Ainsi, dit-elle, vous allez vous fournir d'une grande tabatière, et nous conviendrons ensemble de certains signes, pour que je vous comprenne lorsque je serai en scène.

— Volontiers, dit M. Lobligeois, au comble de la joie.

— Maintenant, je vous quitte ; nous avons un raccord au théâtre à deux heures, et je serais à l'amende. Adieu, mon cher, dit-elle en tendant la main à l'avare, qui fut enlevé au septième ciel par le mot de *cher*, prodigué au premier venu dans les coulisses.

— J'irai ce soir à Courbevoie, s'écria-t-il pendant que l'actrice s'éloignait d'un pied léger.

En effet, le soir même, l'avare, après s'être muni d'une immense tabatière, se disposa à remplir le rôle de juré dramatique. Rosette, moitié plaisamment, moitié sérieusement, l'avait montré à ses camarades, et dès cette représentation, M. Lobligeois ne fut plus désigné que sous le titre de l'homme à la tabatière. Les comédiens français ont la manie de ne pas apporter de sérieux au théâtre ; ils aiment à se moquer du public et à le lui faire voir : leur plus grande joie est de se livrer sur la scène à des aparté gouailleurs connus dans leur argot sous le titre de *balançoires*. Tel acteur de drame qui se monte, se force et se fatigue pour rendre une passion, semble montrer la prodigieuse évolution de ses facultés en lâchant quelque phrase d'un comique au moins douteux. Dans les petits théâtres, ces rôles *à côté* prennent des développements dont sont victimes les auteurs : le rôle est émaillé de plaisanteries de coulisses, et les comédiens adorés de la foule finissent par s'entretenir avec le public. C'est ce qu'on appelle, toujours en argot dramatique, des *cascadeurs*.

Au théâtre de Courbevoie, où les habitués commençaient à se lasser du répertoire uniforme de Lafourcade, la *cascade* avait pris des développements inouïs, et M. Lobligeois servait de motif à des plaisanteries qui le rendaient heureux, car l'intimité avec les comédiens se fit petit à petit, et l'avare fut regardé comme un *acces-*

soire obligé du théâtre. Il n'existe pas de bande de cabotins qui ne traîne à sa suite des personnages bizarres qui servent de hochet à ces bohêmes de l'art dramatique. On ne faisait plus de recettes, Lafourcade ne payait pas ses acteurs, mais l'homme à la tabatière faisait oublier ces misères. Entre chaque entr'acte, l'avare montait sur le théâtre, et il jouissait désormais de la faveur d'entretenir Rosette sans que personne y trouvât à redire. Dans ces relations si nouvelles M. Lobligeois contracta, il est vrai, quelques habitudes fâcheuses : il se laissa aller à emprunter certains mots au vocabulaire des coulisses, et il répandit un soir une certaine terreur à Sainte-Périne, dans le salon de Mme Ravier, en appelant M. de Capendias *mon vieux*, terme chéri de tous les comédiens ; quoi que fit M. Lobligeois pour s'excuser, le mot resta, car *vieux*, *vieille* et *vieillesse* étaient, même dans leur sens réel, bannis de la conversation dans l'Institution.

Peu à peu l'avare s'était lancé dans des cadeaux qu'il suppliait Rosette d'accepter, et Lafourcade qui n'ignorait pas la passion mal déguisée de l'avare, avait trouvé tout naturel que l'actrice acceptât ces présents. Un baiser sur la main était l'unique récompense de tant de soins, et Rosette trouvait toujours dans le directeur qui l'avait initiée à l'art dramatique, son idéal ; mais il devait arriver des événements trop communs à toutes les entreprises dramatiques pour ne pas changer de face la situation. La salle de Courbevoie se vidait tous les jours ; les militaires de la garnison, après avoir vu cinq ou six fois les pièces du répertoire, devenaient indifférents à des affiches qui ne se renouvelaient pas. Les dettes criaient dans le pays : des logeurs sans dignité, des gargotiers sans délicatesse menaçaient de fermer le côté doit de leurs grands-livres, si l'on ne jetait quelque à-compte dans la gueule du monstre noir. Lafourcade perdait la tête au milieu des tracas qui retombaient sur lui seul. Ses comédiens, sur les dents, menaçaient de l'abandonner.

— Je ne sais pas réellement, dit-il à Rosette, à quoi nous est utile l'homme à la tabatière.

— Il est amusant pourtant.

— Amusant, amusant, je ne trouve pas; il ferait mieux de tirer la troupe d'embarras.

Là-dessus le cerveau de Lafourcade travailla, et dès le soir même la proposition fut faite à M. Leblicrois de partager la direction de la troupe de Courbevoie, moyennant un certain versement de fonds qui devait amener des bénéfices considérables. L'avare fit la grimace, demanda à réfléchir et resta deux jours sans revenir. À ce moment suprême où sa bourse était mise violemment en jeu, l'avare essaya de secouer la passion qui l'attachait à Rosette. Enfermé pendant deux jours en face de son argent, il mettait en regard le souvenir de l'actrice. Mais l'argent n'était plus cet argent vivant dont jadis le contact le faisait tressaillir, les pièces d'or ne brillaient plus de cet éclat particulier qui recréait sa vue : on eût dit qu'il était changé en feuilles mortes, tandis qu'au loin s'agitait une jolie figure, jeune, rieuse, dont chaque mouvement, chaque inflexion de voix, chaque regard, étaient des caresses toutes nouvelles. Autrefois, M. Lobligeois faisait sonner son or, et il trouvait dans ce tintement une musique qui le ravissait ; ce n'était plus aujourd'hui qu'un son métallique qui ne trouvait plus d'écho intérieur. — Rosette ! Rosette ! s'écriait-il, et rien que de dire ce nom le remplissait d'une douce mélancolie à laquelle rien ne se pouvait comparer.

Quand il se rappelait la somme de jouissances accumulées depuis le premier jour où il vit l'actrice, les joies particulières que lui avaient causées son or ne pouvaient entrer en balance. M. Lobligeois lutta deux jours et partit pour Courbevoie avec la somme demandée par Lafourcade. Et quelles nouvelles jouissances allaient l'attendre ! Associé à la direction, il lui serait permis d'être plus souvent auprès de l'actrice ; il aurait voix consultative dans ce petit cabinet où se décidaient les intérêts de l'art dramatique : il quittait sa position de modeste spectateur pour devenir un des chefs de l'entreprise. Ce fut tout essoufflé qu'il arriva au théâtre, portant son sac de mille francs en triomphateur ; car, par un reste de ladrerie, il avait voulu faire la route à pied, pour s'assurer, par le poids du sac pendant le chemin, qu'il portait bien réellement mille francs en pièces de cent sous, se forçant, par ce détail matériel, à ne pas oublier un moment la nature de son expédition.

J'ai connu des amateurs enthousiastes qui, après avoir trouvé de vieux tableaux, de vieux bustes, de vieux meubles, avaient la manie de les rapporter eux-mêmes dans leur cabinet, afin de se bien convaincre qu'ils étaient les heureux possesseurs de curiosités longtemps cherchées. Ces fardeaux les harassaient, ils s'arrêtaient à chaque borne pour reprendre haleine, mais le témoignage de la possession n'était que plus accusé par la fatigue. M. Lobligeois ressemblait à ces collectionneurs : cet argent, qu'il avait tant aimé, tant regardé, tant respecté, il le portait sur son bras et s'en dépouillait en faveur de Rosette. Mais plus le sacrifice était grand et plus l'actrice lui devenait chère. Les pauvres filles qui se donnent pour un morceau de pain à des gens riches, ne les tiendront jamais comme ces créatures savantes qui mangent jusqu'à leur dernier écu.

Contre l'attente de M. Lobligeois, Lafourcade resta froid devant la somme qui tirait la troupe d'embarras. Le comédien avait une sorte de mépris pour l'argent. Il tenait n'importe quelle somme comme inférieure à son talent, et il eût reçu de même un directeur qui serait venu lui offrir un engagement de vingt mille francs. L'avare, étonné de cette dignité, comprit que son rôle de bienfaiteur en était diminué d'autant, et il rentra dans son humilité vis-à-vis des comédiens ; mais Rosette remercia d'un mot M. Lobligeois, et ce simple mot paya longuement l'intérêt de la somme avancée. Un *merci, mon cher monsieur Lobligeois*, prenait dans la bouche de l'actrice des inflexions si caressantes, que le cœur chatouillé de l'avare en bondissait dans sa poitrine. Dès lors, M. Lobligeois fit partie de la troupe ; on lui donnait à transcrire les règlements intérieurs des coulisses, le tableau des répétitions, et il fut nommé publiquement, en présence de tous les cabotins, directeur du matériel, *chef des accessoires*, c'est-à-dire qu'il eut à s'occuper désormais des mille objets imprévus nécessaires à la représentation, tels que mise en ordre des poulets de carton et des poulets amoureux, des meubles, des tables garnies de tout ce qu'il faut pour écrire, des poignards, des espingoles, des plumets, des colichemardes, des fioles de poison et autres objets lugubres dont aucun drame ne s'est privé jusqu'ici.

Ce fut une occupation dans la vie inoccupée de M. Lobligeois, occupation réglée par Lafourcade avec un art diabolique. Il trouvait ainsi le moyen d'intéresser extraordinairement l'avare aux représentations dramatiques, et il espérait par là faire de grosses saignées à la bourse de M. Lobligeois. En effet, peu à peu l'avare, séduit par ce genre de vie, se laissa aller à des avances sans cesse renaissantes. Mille francs coulaient de sa bourse avec plus de facilité que cinq sous jadis. Il ne croyait pas pouvoir payer assez cher la fréquentation habituelle de Rosette. De temps en temps, pour se mieux disposer l'esprit de la fille, il faisait quelque cadeau à la mère qui, vers la fin de l'année, put montrer une loge meublée avec autant de luxe que celles des concierges des grands hôtels de la Chaussée-d'Antin. La mère ne se gênait plus pour spéculer sur la passion du vieillard; elle avait toujours remarqué dans tel magasin un meuble ou un vêtement qui lui manquaient, et M. Lobligeois se mettait en course pour la satisfaire. Mais aussi il fut payé de ces sacrifices par la confidence de son amour pour Rosette, que la concierge lui tira adroitement. M. Lobligeois était peut-être plus heureux de sa rencontre avec la mère qu'avec la fille, car avec la mère il osait avouer son amour pour la fille, et avec la fille il restait sur le pied d'une amitié ordinaire.

Les deux femmes s'étaient entendues, et, par un reste de délicatesse singulière, Rosette, qui repoussait les paroles à double entente du vieillard, avait permis à sa mère de ne pas désespérer M. Lobligeois; aussi la concierge, conservant quelque rancune à Lafourcade du peu d'égards qu'il lui témoignait, se répandait-elle en plaintes amères contre le comédien qui empêchait, disait-elle, sa fille de se faire un sort. Elle faisait même entendre à demi-mot à M. Lobligeois qu'elle souhaitait de le voir réussir auprès de l'actrice ; elle le lui laissait espérer en lui donnant à croire que sa fille courbait la tête sous une domination dangéreuse, et que si elle osait quitter le comédien, peut-être ne serait-elle pas éloignée d'accepter *les amitiés* de M. Lobligeois. Mais il fallait attendre, ne pas perdre patience, ne pas quitter le théâtre de vue, enfin saisir l'occasion favorable.

—Un vrai dévouement trouve toujours sa récompense, disait-elle au vieillard, que ces paroles entretenaient dans une suprême confiance. Ainsi que ces sortes de femmes, la mère de Rosette savait inventer mille flatteries pour caresser l'amour-propre de l'amoureux ; elle le voyait toujours jeune : les jours de barbe, elle le trouvait même beau. Quant à ce *pané* de Lafourcade, elle le traitait de la belle manière ; elle rougissait pour sa fille d'être sous la direction d'un tel homme.

M. Lobligeois croyait à toutes ces paroles et se laissait entraîner à des illusions sans bornes, quoique déjà une brèche assez forte eût été faite à sa bourse, brèche par laquelle s'introduisait cavalièrement Lafourcade ; mais il n'était plus possible à l'avare de reculer : au contraire, il était attiré tellement vers Courbevoie qu'il donna congé de la petite chambre garnie du quartier de Chaillot pour en prendre une autre aux alentours du théâtre. Maintenant il faisait de fréquentes absences de l'Institution et il manqua souvent au dîner, ce qui surprit la bande Gibassier, épiant sans cesse les moindres détails d'intérieur. Comment un avare tel que M. Lobligeois pouvait-il abandonner des repas qu'il était obligé de payer malgré son absence? Le club des femmes malades, qui se lançait souvent dans les inductions les plus aventureuses, eût reculé devant la réalité, à savoir que fréquemment le pensionnaire de Sainte-Périne était attablé, le soir, au Coq-d'Or, rue de la Maçonnerie, à Courbevoie, avec une bande de cabotins. A cette heure, le vieillard avait mis toute pudeur de côté pour se rapprocher de Rosette : les coulisses ne lui suffisaient plus ; il partageait le repas des comédiens de la banlieue, et par des avertissements adroits de la bande, se laissait aller à arroser de vins extra les succès futurs des pièces en répétition.

Maintenant le vieillard, au courant de l'argot dramatique, pouvait s'entretenir avec les cabotins des seuls motifs de conversation habituels; toujours le théâtre et ce qui se rapporte à l'art et aux artistes. A ces repas, il était criblé de plaisanteries par les comiques, mais il les supportait, et il arriva même jusqu'à rendre la réplique. D'ailleurs Lafourcade le protégeait et venait à son aide, quand il craignait que des propos d'un goût douteux ne désillusionnassent le directeur des accessoires ; mais le comédien comptait sans Rosette, qui faillit un soir faire supprimer la subvention à tout jamais. L'instinct dramatique s'était développé chez elle peu à peu, et elle ambitionnait pour l'avenir des succès plus sérieux que ceux de la banlieue. Un germe d'artiste commençait à pointer en elle, et, sans apporter encore dans le théâtre les convictions fiévreuses qui ont soutenu les grandes comédiennes, Rosette caressait un idéal qui flattait son amour-propre et soutenait sa volonté. Dans les rares occasions où elle se trouvait seule, il lui arrivait de jeter un coup d'œil sur sa situation présente et de s'attrister en pensant aux gens qui l'entouraient. Le charme de Lafourcade n'était pas encore rompu entièrement; mais le fonds de la bande se composait de vieux cabotins qui avaient brûlé les planches de toutes les provinces, et qui cherchaient dans le vin un oubli de leurs maux passés et futurs. A vrai dire, ce n'était pas une compagnie intelligente, et les conversations y étaient rarement délicates.

Ce fut dans un de ces moments de tristesse que M. Lobligeois surprit Rosette dans sa loge.

— C'est encore vous! s'écria-t-elle, fatiguée de ne pouvoir rester seule un instant.

L'avare resta stupéfait et se tint sur le dernier degré de l'escalier.

— A l'avenir, continua-t-elle, prévenez-moi quand vous aurez à me parler... Avez-vous quelque chose d'important à me dire?... Allons, quand vous resterez un pied en l'air...

En voyant la stupéfaction de M. Lobligeois, Rosette

oublia son moment d'humeur, et dit d'une voix plus douce :

— Descendez ou montez, monsieur Lobligeois?

Le vieillard n'osait plus entrer dans la loge, et il craignait de faire un mouvement; mais l'actrice, honteuse de son mouvement d'humeur, fit quelques pas en avant et parut inviter l'avare à entrer dans sa loge.

— J'ai les nerfs agacés ce soir, dit-elle pour se justifier. Et vous, monsieur Lobligeois?

— Je vous remercie, mademoiselle Rosette.

— Vous êtes donc fâché après moi?

— Non.

— Pourquoi m'appelez-vous mademoiselle?

— Quand on est traité de la sorte...

— Voilà, mon petit, les agréments de la vie de théâtre... Ah! vous voulez en tâter, et vous croyez que tout marche sur des roulettes! Détrompez-vous; je suis furieuse, il faut que ma colère se passe sur quelqu'un.

— Qu'avez-vous? demanda le vieillard.

— Lafourcade me trompe, j'en suis certaine!

— Ah ! dit M. Lobligeois, avec un accent de contentement.

— Je l'ai surpris, cette après-midi, dans la boutique de la bouchère, où il n'avait nul besoin, et, depuis quelque temps, je remarque que cette femme ne manque pas une seule de nos représentations. Mais cela ne se passera pas ainsi; je ne jouerai pas, ou cette femme quittera la salle!

— Y pensez-vous?

— Jouer pour aller me faire critiquer par cette bouchère! Non; je serai mauvaise, ma mémoire me manquera, je n'aurai plus la tête à moi, je n'entendrai pas le souffleur, je ne serai plus à mon rôle... Décidément, je ne jouerai pas; et si Lafourcade continue à faire la cour à cette femme, je quitte la troupe.

— C'est peut-être ce que vous duriez de plus sage à faire, dit l'avare, qui entrevit dans l'avenir l'actrice seule, embarrassée de vivre, et prête à se donner à celui qui lui procurerait la vie matérielle.

— A votre place, continua le vieillard, je ne ferais pas d'éclat. Lafourcade peut être galant avec la bouchère sans vous tromper.

Tout en défendant le comédien, M. Lobligeois, que l'amour rendait perfide, faisait saigner le cœur de Rosette. En apparence, il disculpait Lafourcade pour, un instant après, lui lancer quelques traits qui prouvaient sa trahison. La colère se changea en une vive douleur; mais Rosette consentit à jouer ce soir-là, à la condition que, dès le lendemain, le vieillard se mettrait aux aguets pour surveiller les pas et démarches de son amant. M. Lobligeois accepta cette mission avec plaisir et il en tira un excellent parti. Certain que le comédien trompait Rosette, sous le prétexte de la plaindre et d'adoucir sa position par des conseils et de bonnes paroles, il envenimait les plaies de la pauvre fille et s'applaudissait en secret des blessures dont il pouvait constater la profondeur. Rosette aimait Lafourcade comme on aime à dix-sept ans. Quoiqu'elle vécût depuis plus d'un an dans l'intimité du comédien, le prestige de celui-ci ne s'était pas envolé, malgré les misères, le peu d'attention et les brutales manières d'agir du fort premier rôle. Lafourcade était tellement assuré de son grand génie, que Rosette, privée de moyens de comparaison, n'avait jamais songé à le mettre en doute. Lafourcade, en sa qualité de directeur, commandait en autocrate le personnel de la troupe. A lui les beaux costumes, les rôles triomphants, la claque, composée de quelques polissons qu'il endoctrinait et dont il ne révéla jamais les entrées gratuites. Doué d'une suffisance dont rien n'approchait, Lafourcade arrangeait les pièces à sa guise, les coupait à sa fantaisie, trouvant toujours les rôles de ses camarades trop longs et les siens trop courts. Il s'était réservé les tirades à effet, dénouées inévitablement par les applaudissements prolongés des gamins des secondes galeries ; il n'avait pas eu de peine, parmi les tristes cabotins à quarante francs par mois qui l'entouraient, à se donner pour le metteur en scène le plus habile de Paris, et sa façon de commander dans les coulisses, de faire marcher tout à sa volonté, le rendait réellement un être de génie pour Rosette, qui ne connaissait rien de l'intérieur des théâtres.

Dressée par Lafourcarde, Rosette fût devenue la plus mauvaise actrice de drame, si, plus tard, le sentiment de la réalité n'eût repris le dessus et ne l'eût poussée dans les pièces comiques. D'ailleurs, elle aimait, et les défauts de Lafourcarde se changeaient en qualités superlatives, par la raison qu'ils étaient extraordinairement exagérés. L'amour de Rosette se composait même d'une sorte de fierté d'appartenir à un homme qui savait faire tout plier autour de lui. Aussi M. Lobligeois fut-il trompé dans ses calculs : plus il croyait compromettre le comédien aux yeux de Rosette, et plus il le grandissait. Rosette craignait de voir enlever son amant par une autre femme, et si le dépit l'emportait en paroles amères contre Lafourcarde en son absence, auprès de lui elle redevenait timide, aimante, résignée, attendant comme la manne un regard du beau premier-rôle. Ces développements de passions restaient lettre close pour l'avare qui, lui-même aveuglé par son propre amour, ne se rendait pas compte de l'état du cœur de Rosette ; mais il la plaignait sincèrement, et la réalité des sentiments qu'il manifestait pour l'actrice fit qu'une amitié durable s'établit entre la jeune fille et lui. Rosette avait besoin d'un confident ; elle fut heureuse de trouver auprès d'elle un homme qu'elle pouvait recevoir à toute heure sans que la malignité de ses camarades pût s'exercer.

Mais la bourse de M. Lobligeois s'engouffrait mensuellement dans la caisse vide du théâtre !

CHAPITRE XI

Une seule visite de M. Perdrizet avait suffi à Mlle Miroy pour lui faire oublier les chagrins passés. Le lendemain du jour où un retour de jeunesse et de mutinerie la poussa à lutiner le chef de bureau, elle se réveilla le sourire sur les lèvres ; en faisant sa prière, elle remercia Dieu de lui avoir laissé quelques beaux jours en réserve. Ses forces étaient revenues comme par enchantement ; il lui semblait qu'un sang nouveau parcourait ses veines. Elle ouvrit la fenêtre, et sa figure fut caressée par un vent tiède et embaumé, chargé d'alanguissantes promesses. Les gens de service traversaient la cour et vaquaient à leurs occupations. Mlle Miroy les admira comme des êtres singuliers qu'elle aurait vus pour la première fois. Elle les regardait parler, rire, caqueter ensemble, et des paroles purement joyeuses paraissaient échangées entre eux. On entendait les gazouillements des oiseaux du jardin, et leur ramage était plus gai que d'habitude ; des moineaux se poursuivaient dans la cour, sautillaient lestement après quelques mies de pain oubliées, ou quelques brins de paille ; tout était en fête, jusqu'à la girouette sur les toits en face, qui laissait échapper quelques douces paroles aux caresses du vent. De la chambre où demeurait Mlle Miroy, la vue se repose sur de grands arbres qui dépassent le mur d'un riche hôtel de la rue de Chaillot. La verdure des feuilles a des charmes intimes que l'homme ne comprend qu'à de certains moments ; il y a des tendresses dans la feuille éclairée par un rayon de soleil, et il n'est pas donné à l'œil de surprendre ces délicatesses quand l'esprit est en proie à des idées grossières ; seule, une douce mélancolie permet de s'associer à ces verdures qui semblent un bain pour les imaginations fatiguées.

Il y avait longtemps que Mlle Miroy n'avait goûté la nature ; aussi se laissait-elle entraîner à ses rêves capricieux qui suivaient le cours des nuages changeants. C'est dans les grandes passions comme dans les grandes douleurs qu'on interroge le ciel ; le bleu de l'atmosphère nuancé de blanc semble une couleur tranquillisante, chargée d'espérances. Les images trop accusées de la réalité se confondent dans les nuages, prennent des contours plus indécis et perdent de leur matérialité pour se transformer en profils languissants d'un charme extrême.

Dans ce singulier mirage, M. Perdrizet se débarrassait de ses lunettes d'or, et le poli brillant de son crâne se teintait de tendres nuances qui, jointes à l'allongement vague de sa personne fluette, en faisaient un Perdrizet séraphique. Tout ce qu'il y a de mystérieux, de suave dans les forêts, dans les odeurs des fleurs, enveloppait le chef de bureau et le baignait dans une atmosphère irisée et rayonnante pour laquelle, malheureusement, le dictionnaire de la langue française se trouve en défaut; mais la pauvre amoureuse trouvait en elle-même ce séraphique portrait qu'elle eût été incapable d'analyser. La passion seule a le pouvoir d'évoquer des images si parfaites. C'était mieux que les anges tels que les peintres ont imaginé de les reproduire; un cœur voltigeait dans les nuages, recouvert d'une enveloppe si frêle et si transparente, qu'on pouvait en suivre tous les battements. Par intervalles, ce cœur rayonnait ou se noyait dans des nuages éthérés; il voltigeait, sautillait plus tendrement que les oiseaux dans l'air, et semblait s'abattre en vue des fenêtres de Mlle Miroy.

Un simple incident vint tirer l'amoureuse de sa contemplation. Un bruit aigu se faisait entendre dans la cour, produit par le couteau de M. Cèdre, qui, en compagnie de Jacquem, arrachait les herbes entre les pavés. C'était leur besogne de la matinée, car Jacquem, pour se rapprocher le plus souvent de Sainte-Périne, s'était mis à la disposition de M. Cèdre non-seulement comme peintre, mais comme apprenti botaniste; à eux deux ils tenaient l'établissement plus propre que dix jardiniers, M. Cèdre ayant déclaré une guerre formidable aux moindres mousses de l'Institution. Aussi la cour était-elle d'une propreté hollandaise, et, en même temps, le botaniste enrichissait sa collection. La vue des deux savants amena des larmes dans les yeux de Mlle Miroy, qui, depuis longtemps privée de société par sa maladie, avait oublié qu'il existait des hommes et des femmes sur la terre. Si elle n'eût craint de les déranger dans leur travail, elle eût commencé avec eux une longue conversation. Maintenant elle avait soif de parler, de communiquer avec les autres : toutes ses pensées accumulées tendaient à s'épancher au dehors. Ce fut de la sorte qu'elle envoya le sourire le plus amical à une demoiselle Julie qui traversait la cour, et qui, encouragée par cet accueil, s'arrêta sous les fenêtres de la malade, et parut si disposée à supporter de longs discours, que Mlle Miroy la pria instamment de monter.

En ce moment, Mlle Miroy se fût confiée à son plus cruel ennemi, pourvu qu'il parût l'écouter. Le trop plein de son cœur demandait à s'échapper, et la pauvre femme, tout à son amour, ne s'inquiétait pas dans quels vases allaient s'égoutter ces inquiétudes, ces jalousies, ces nuits sans sommeil qui avaient rempli sa vie pendant six mois. Mlle Miroy aimait, et, ainsi que tous les amoureux, elle s'accrochait au premier confident sous sa main, pourvu qu'il fît mine de compatir à ses chagrins passés et qu'il parût admirer l'arc-en-ciel qui venait de s'étendre sur ce fond un peu sombre. Il lui fallait parler de *lui*, toujours de *lui*, dire combien *il* avait été méchant, mais aussi combien *il* était redevenu tendre. Dans cet état, les amoureux perdent toute observation, ignorent s'ils fatiguent leurs écouteurs et continuent de parler sans cesse d'eux, sans s'inquiéter si leurs écouteurs en sont préoccupés. Ces sortes de confidents sont aussi rares que le véritable amour ; mais Mlle Miroy avait mis la main, sans s'en douter, sur un des plus patients écouteurs de Sainte-Périne, car Mlle Julie faisait partie du club Gibassier, et le hasard faisait qu'un sujet curieux venait à s'offrir lui-même.

Jadis, Mlle Miroy ne se fût pas confiée de la sorte à la première venue ; mais les petits cénacles de l'Institution, ses commérages, ses méchancetés, tout avait été chassé de son cerveau pour y loger la personne de M. Perdrizet. On connaît ces kaléidoscopes, remplis de morceaux de verres, taillés à mille facettes, de telle sorte que la même image se répète mille fois dans chacune des facettes. Mlle Miroy semblait avoir perpétuellement devant les yeux ce kaléidoscope à travers duquel elle regardait le chef de bureau, toujours M. Perdrizet, et lui seul, et sa personne, et ses moindres actions étaient réfléchies dans la chambre noire de son cerveau. Si elle prononçait le nom de Perdrizet, la nature ne formait plus qu'un vaste écho qui répétait le nom chéri. Aussi, Mlle Julie ne perdit pas sa matinée ; elle put emporter de chez la pauvre fille un dossier de notes dont eût été jaloux un psychologiste. Pleine d'admiration pour la passion qui avait daigné se loger en elle, Mlle Miroy se plaisait à la suivre dans ses moindres détails ; poussée par des sentiments réels, elle ne se servait que de mots simples qui prenaient de l'éloquence de leur sincérité, et, singulier triomphe vis-à-vis d'une nature pervertie, elle finit par intéresser à ce récit son espion elle-même. C'est là ce qui prouve la grandeur de sa passion.

Au début du récit, Mlle Julie ne se tint pas de joie de la facilité avec laquelle elle allait accumuler des matériaux intéressants pour les conférences du cercle de Mme Gibassier ; mais, pour en tirer profit, il était nécessaire de se tenir en observation froide, et d'enregistrer fidèlement les cris passionnés de Mlle Miroy. Il arriva le contraire, et c'est un fait précieux à noter. Au sortir de chez l'amoureuse, Mlle Julie, quoiqu'habile dans ces sortes d'enregistrement, ne se rappelait plus aucun détail : l'émotion de Mlle Miroy l'avait gagnée, la méchante créature était redevenue femme un instant. Elle s'était laissée aller à la tourmente d'une passion racontée chaleureusement, et elle avait perdu ainsi sa facilité de froide analyste ; cependant le gros des événements lui resta dans la mémoire, mais adieu aux détails intimes, à ces souvenirs de paroles textuelles qui devaient faire la joie des membres du terrible club. Ayant annoncé le soir des détails excessivement curieux sur les amours de Mlle Miroy et de M. Perdrizet, Mlle Julie fut fortement réprimandée par Mme Gibassier de se trouver tout à coup en défaut, car elle ne put apporter aucune lumière aux faits connus précédemment. L'abandon de M. Perdrizet avait été si flagrant, qu'il ne fut pas difficile au club d'en être informé par la voix publique, car cet événement s'était traduit par la lettre anonyme rédigée par Mme Gibassier, et à laquelle Mlle Miroy ne se laissa pas prendre. Mais comme Mlle Julie avait ouvert la tranchée et pouvait de là observer ce qui se passait chez l'amoureuse, il fut décidé qu'elle retournerait à son poste. Elle promit de ne plus se laisser endormir par les récits de l'ennemi, et d'en rapporter des observations plus positives.

Ce ne fut pas la matière qui manqua. Le même jour

où Mlle Miroy s'était réveillée si heureuse, fut terminé par des angoisses nouvelles. M. Perdrizet ne vint pas! La pauvre amoureuse eut la force de descendre au réfectoire, où elle n'avait pas paru depuis longtemps, et elle put voir de ses yeux les attentions et les soins dont la belle Mme de la Gorgette était entourée par le séducteur. Bien plus, le chef de bureau fit mine de ne pas apercevoir l'affligée: elle en reçut un tel coup que la cuillerée de potage qu'elle essayait de prendre la brûla comme du plomb fondu dans la poitrine : en un instant, le mieux de la matinée se changea en rechute plus violente. Elle pâlit, son front se perla de sueur, et elle n'eut que la force de dire à Mme de la Borderie :

— Emmenez-moi, je me sens bien mal.

Les pensionnaires de l'Institution peuvent se diviser en deux catégories : ceux bien portants et ceux dont l'estomac a fléchi sous le poids des plaisirs et des abus. Les maladifs font bande à part, et passent leur journée à s'inquiéter des variétés de troubles qu'apportent chaque jour dans des organes usés les changements de saison, les diverses nourritures et les mille détails de la vie. C'est dans ce dernier camp que M. Tringle eût été sacré empereur si l'idée lui en fût venue. Il représentait à lui seul les inquiétudes de cette race maladive; il était porteur de leurs requêtes auprès de l'administration, et il leur servait d'ambassadeur et d'avocat. Il épiait les moindres malaises des pensionnaires, afin d'étaler ses connaissances en médecine et d'ordonner quelques émollients, quelques adoucissants, quelque jujube, quelque guimauve. Le départ brusque de Mlle Miroy le servit à souhait, et il se vanta de la guérir si elle voulait l'écouter; mais l'opinion générale, adroitement mise en jeu par la bande Gibassier, fut que la maladie de Mlle Miroy tenait encore plus à des désordres moraux qu'à des perturbations physiques, et dès lors Mme de la Gorgette se trouva en butte à des accusations de coquetterie telles que le bruit en parvint jusque chez les Ravier.

Le coupable Perdrizet ne porta qu'une faible partie de ces accusations, dont le poids retomba sur la tête de l'innocente Mme de la Gorgette, qui ne s'en doutait guère.

En moins de huit jours, l'Institution fut en proie à des commérages, à des schismes provoqués par l'amour.

Ce fut à cette époque que Jacquem entra à Sainte-Périne, et il put voir la conclusion de drames terribles qu'il avait à peine soupçonnés. Un jour, pendant l'absence momentanée de la concierge, un commissionnaire ayant apporté un paquet de la part de M. Lobligeois, fut reçu et interrogé par une demoiselle du club des Femmes malades. Ce paquet, détourné, fut porté à Mme Gibassier, qui, sans scrupule, l'ouvrit et y trouva une lettre. M. Lobligeois priait la concierge d'accepter un châle qu'il avait choisi en compagnie de Rosette, et il témoignait de ses sentiments d'adoration pour l'actrice. Après une longue délibération, le châle fut renvoyé à la concierge, mais la lettre fut conservée.

On peut penser à quels propos donnèrent lieu les doubles amours de M. Lobligeois et de M. Perdrizet.

Pendant trois jours, Mlle Miroy répéta le mot *abandon-*

née, et elle ne put en prononcer d'autres. Ce mot formait à lui seul une langue. Elle le répétait à tout instant: *abandonnée, abandonnée, abandonnée!*

Mme de la Borderie vint la voir et n'en put tirer d'autre parole.

Quand la femme de ménage présentait un bouillon à Mlle Miroy, elle le repoussait doucement de sa main amaigrie en disant : *abandonnée!*

Le docteur Desclozeaux vint la voir, lui fit quelques questions : elle répondait toujours : *abandonnée!*

L'aumônier à son tour essaya de lui prodiguer les consolations de la religion : il se retira plein de pitié pour cette pauvre abandonnée.

Mlle Miroy, sans être en délire, en avait tous les symptômes : elle se tenait à moitié assise sur son lit, les yeux fixes, sans voir, les oreilles sans entendre, dans un état de constante fixité et de perpétuelle réflexion. Les allants et venant autour de son lit ne la troublaient pas ; de son regard plus intérieur qu'extérieur, car elle ne semblait pas regarder, elle contemplait sans doute au dedans d'elle-même l'image chérie du séducteur Perdrizet, que peut-être elle suivait dans ses évolutions galantes, jetant un compliment à une dame, se redressant de sa petite taille sur ses hauts talons, faisant miroiter dans le jardin son crâne luisant sous un rayon de soleil.

Chacun plaignait la pauvre amoureuse sans pouvoir trouver de remède à son mal. La médecine est impuissante dans ces sortes de prostration. Le médecin venait visiter tous les matins la malade, lui tâtait le pouls, secouait la tête en disant à son interne : Rien à faire. Un jour

Mme de la Borderie l'attendit après la visite et lui demanda des nouvelles de sa malheureuse amie.

— Aujourd'hui comme hier, madame, répondit-il, et demain comme aujourd'hui, j'en ai peur.

— Ainsi, monsieur le docteur, vous ne pouvez rien essayer...

— Essayer, madame... On essaye sur des corps jeunes, et encore...

— Il n'y a donc plus d'espoir pour cette infortunée, s'écria la veuve.

— J'ai vu souvent dans les maisons d'aliénés, dit le docteur Desclozeaux, des cas semblables... Une jeune fille était séduite par un homme qui la quittait tout à coup; les mêmes désordres se représentaient, une sorte de stupeur que nul traitement ne pouvait changer. Cependant on les essayait; mais à l'âge de Mlle Miroy, je ne peux pas lui ordonner des bains glacés...

— Oh! non.

— Et d'autres traitements plus énergiques encore.

— Ah! que ce M. Perdrizet est coupable! s'écriait Mme de la Borderie.

— Je n'excuse pas M. Perdrizet, dit le médecin; mais Mlle Miroy a pris trop au sérieux les galanteries, les mêmes qu'il adresse en général à toutes les pensionnaires de l'établissement... Mlle Miroy est victime de son organisation, elle y obéit comme M. Perdrizet... Il y a des plantes qui ne peuvent s'acclimater dans des terrains trop brûlants; l'amour devait produire ces ravages chez Mlle Miroy. Les forces passionnées se sont triplées d'être restées dans un constant sommeil pendant une partie de sa vie. Ce qui aurait produit peut-être une lueur douce dans la jeunesse, a amené trop tard un incendie... Et c'est ce qu'il m'est difficile d'éteindre.

Le lendemain le délire augmenta chez la malade.

— Il faudra veiller avec soin à la malade, dit le médecin à la femme de ménage. Ne quittez plus Mlle Miroy.

Mme de la Borderie, prévenue, vint s'installer auprès de son amie, et ne voulut pas laisser à la garde les mille soins dévoués qu'exige une malade. Quand elle la jugeait fatiguée, elle soulevait les oreillers, la changeait de côté, humectait ses lèvres pâles de sirop de cerise coupé d'eau de Seltz; elle lui rafraîchissait les yeux d'un collyre ordonné par le docteur. Après trois ou quatre jours, un certain assoupissement pointa sur tous les traits de la malade. Plus de gestes, plus un mot! La maladie avait vaincu Mlle Miroy. La figure allongée et pâle comme l'ivoire, la bouche à demi ouverte, on l'aurait crue mourante, si des fleurs sans odeur, placées par Mme de la Borderie sur la cheminée et la table de nuit, n'avaient fait présumer un retour à la vie.

Mme de la Borderie voulait qu'au sortir de ces assoupissememcnts Mlle Miroy eût la vue caressée par les fraîches couleurs de ces fleurs. Le docteur annonçait un assoupissement de trois jours, au bout desquels une crise amènerait un retour à la vie ou à la mort.

Après une huitaine de veilles, Mme de la Borderie était si visiblement fatiguée, que le docteur insista pour qu'elle allât prendre un repos complet de vingt-quatre heures. Il n'y avait aucun danger pour Mlle Miroy. Pendant ce dernier jour, la nature terminait ses secrètes opérations et ne devait donner son dernier mot que le lendemain. Mme de la Borderie finit par céder aux instances du docteur : d'ailleurs, la femme de ménage était à pour appeler l'interne au moindre danger; mais la garde, qui avait passé deux nuits sans dormir, se laissa gagner par le sommeil, et il ne resta de vivant dans la chambre qu'une veilleuse, dont la petite flamme tremblante semblait elle-même prise du dégoût de la vie.

Ce soir-là, M. Perdrizet reconduisait Mme de la Gorgette, qui demeurait au rez-de-chaussée : l'air était chaud, de pâles éclairs traversaient les nuages dans le lointain. Il avait fait une de ces journées d'été accablantes qui donnent aux nuits un charme que seuls comprennent les habitants du Midi. Quand Mme de la Gorgette voulut ouvrir sa porte, M. Perdrizet insista pour faire un tour dans la cour. Il faisait si bon de se sentir vivre en pareil moment! De la journée, Mme de la Gorgette n'avait paru dans les jardins brûlés par les ardeurs de la canicule. M. Perdrizet avait droit à un dédommagement. Cette demande fut faite en termes si délicats, que Mme de la Gorgette accorda un petit quart d'heure de grâce à son chevalier ; mais le petit quart d'heure passé (il n'avait pas duré moins d'une heure), M. Perdrizet commença de nouveaux propos sur le pas de la porte que Mme de la Gorgette tenait ouverte, et quoique la dame s'en défendît, le galant ne voulut quitter la place qu'après mille promesses d'amour et deux baisers sur la main qui lui furent accordés.

Ce dernier caquetage dura encore quelques minutes,

pas assez haut pour réveiller les pensionnaires, mais assez haut pour qu'une fenêtre du premier étage s'ouvrît doucement, sans que Mme de la Gorgette ni M. Perdrizet s'en aperçussent. Une forme blanche parut à cette fenêtre, immobile.

C'était Mlle Miroy!

Explique qui pourra les réels courants magnétiques produits par la passion! Ils existent, on n'en saurait douter. Dans un ordre bien inférieur, j'ai connu un collectionneur de faïences, condamné depuis deux jours par la Faculté... Il lui restait à peine un souffle; on s'attendait chaque nuit à le voir mourir. Un matin sa femme trouve vide le lit du moribond. Qui avait emporté le mourant? La passion. On le retrouva à l'étage au-dessus en chemise, jetant dernier regard à ses chères faïences!

L'avarice amène de pareils résultats, l'ambition, la gloire, toutes passions mesquines en regard de l'amour.

La voix de M. Perdrizet avait traversé la prostration de Mlle Miroy! Elle était revenue à la vie! Ces inflexions de voix caressantes que le séducteur savait prendre quand il parlait à une femme, avaient réveillé l'amoureuse, qui sortit pour ainsi dire de son tombeau. Elle ne se rappelait ni ses souffrances physiques ni ses douleurs morales; elle se réveillait comme la senora sous les fenêtres de laquelle sont grattés les premiers sons de guitare d'un galant. Elle revenait à la vie comme un enfant qui vient de naître, sans ressentir autre chose qu'une délicieuse sensation, une voix chérie qui l'appelait; cependant à travers son émotion qu'elle ne raisonnaît pas, un secret instinct la poussa à se lever doucement pour ne pas réveiller la garde endormie. Deux fois elle se laissa retomber sur son lit comme un enfant dont les mouvements ne sont pas d'accord avec la volonté; mais elle s'appuya contre le chevet jusqu'à ce que ses jambes eussent repris leur assiette. Enfin elle parvint jusqu'à la fenêtre, l'ouvrit et eut une révolution terrible. Les sens reprenaient leur empire un à un. C'était la voix du bien-aimé qui chantait une mélodie incomparable, mais cette mélodie s'adressait à une autre. Une autre répondait au rossignol !

Des gouttes de sueur produites par l'émotion plus encore que par la fatigue perlèrent au front de Mlle Miroy qui crut qu'elle allait tomber; mais elle se cramponna à la fenêtre et un petit courant de vent frais, qui vint tout à coup glisser à travers les ondes chaudes de l'atmosphère la ranima assez pour qu'elle pût quitter la fenêtre, suivre son lit en s'appuyant contre le bois, gagner un fauteuil voisin, et se reposer un moment près de cette veilleuse qu'elle n'eut pas la force de souffler, mais dans laquelle elle trempa le doigt pour noyer la petite mèche à demi usée.

Son instinct de femme était revenu tout à fait. Elle voulait que la garde se trouvât dans l'obscurité, au cas où elle viendrait à se réveiller. Mlle Miroy avait gardé la connaissance exacte de sa chambre. Peut-être dans ce moment voyait-elle clair dans ces ténèbres ! Du fauteuil elle arriva en tenant le bras jusqu'à la commode, de la commode à la porte, de la porte à l'escalier, et des deux mains elle s'accrocha à la rampe, descendant lentement les marches une à une, toujours comme un enfant qui essaye ses premiers pas.

Elle ne sentait ni le froid, ni la fatigue, ni la maladie depuis qu'elle avait entendu la voix chérie !

A peine Mlle Miroy était-elle au pied de l'escalier qui donne dans un corridor menant à diverses parties du pavillon, qu'elle entendit une porte se fermer, puis des pas d'homme résonner dans la cour, et en même temps une petite chanson que l'heureux Perdrizet fredonnait, plein de gaieté de la charmante soirée d'été passée en compagnie de Mme de La Gorgette.

— Ta ra ta ta, chantait-il d'un ton joyeux en fermant la porte du corridor qui menait à son appartement.

Mais il n'eut pas le temps de terminer sa petite chanson. Son chapeau venait de s'envoler brusquement comme emporté par une trombe, et une main froide, longue et amaigrie, s'empara de son crâne, une étreinte qu'il reconnut pour l'avoir déjà subie.

— Encore une fois ! s'écria une faible voix à laquelle M. Perdrizet répondit par un cri perçant, car il crut avoir affaire à un fantôme.

Ces terribles doigts prenaient leur force de ce que les pouces des deux mains s'accrochant dans les embrasures des oreilles de faune de M. Perdrizet, les autres se rejoignaient sur le sommet du crâne qui, malgré son poli, était pris comme par huit étaux allongés.

— Cla... Cla... Cla... risse ! s'écria M. Perdrizet en poussant un nouveau cri, et d'un brusque soubresaut il parvint à s'échapper, laissant tomber sans pitié sur le carreau Mlle Miroy qui fut trouvée sans connaissance par la garde réveillée par ce bruit.

Le lendemain, le bruit se répandit que M. de Flamarens, prenant en pitié la malheureuse femme, avait mis en demeure M. Perdrizet de se prononcer entre elle et Mme de la Gorgette. On parlait même d'un duel; mais c'était une exagération de la société Gibassier.

Cependant, l'administration eut vent de tous ces désordres, qui eurent pour conclusion le départ de Mlle Miroy. Comme Mme de la Gorgette elle-même souffrait des calomnies qui troublaient sa tranquillité ordinaire, on craignit un moment qu'elle ne fût une nouvelle victime des galanteries du chef de bureau. Après une mercuriale sévère, M. Perdrizet promit de faire cesser tous ces bruits en épousant Mme de la Gorgette, et ce mariage, qui allait mettre un frein aux audacieuses séductions d'un homme trop inflammable, ramena la tranquillité dans l'Institution.

Pour M. Lobligeois, dont les absences devenaient trop fréquentes et ne pouvaient s'accorder avec le règlement, forcé d'opter entre une vie régulière ou la fréquentation des comédiens, l'amour l'emporta sur l'avarice; il préféra donner sa démission et continua à dépenser sa fortune à nourrir la troupe. On a dit depuis qu'il était ruiné complétement, sans que Rosette lui eût jamais accordé la moindre faveur.

Il y a six mois, Mme Gibassier fut atteinte d'une maladie singulière et terrible qui semblait un châtiment de la Providence. A la suite de spasmes nerveux, ses mâchoires se raidirent, et ses dents ne purent être desserrées par n'importe quel moyen. On la nourrissait en lui introduisant du bouillon par un trou formé par deux molaires qui manquaient à la mâchoire inférieure. Et le club des Femmes malades fut dissous, privé de son chef.

M. et Mme Ravier continuent leurs duos et reçoivent les samedis. Jacquem est on ne peut plus heureux, entouré de braves gens : pendant la musique, il travaille à colorier les plantes du botaniste Cèdre pour la *Flore de Sainte-Périne.*

FIN DES AMOUREUX DE SAINTE-PÉRINE

HISTOIRE

DE

RICHARD LOYAUTÉ

HISTOIRE

DE

RICHARD LOYAUTÉ

C'était le nom d'un pamphlétaire politique célèbre sous la Restauration. Peu d'hommes ont eu autant d'action que lui sur les masses ; il fut le rival de Paul-Louis, et sans les événements qu'on verra s'enchaîner dans ce récit, il eût laissé sans doute une mémoire égale à celle du Tourangeau. Jusqu'en 1828, Richard ne connut que les beaux côtés de la politique militante ; ses petits livres, ses brochures se lisaient avec avidité : il entra dans une Revue qui se mourait, et l'annonce qu'il devait y écrire une fois par semaine amena des milliers d'abonnés dès le début. Les salons s'arrachaient à la lettre le triomphant écrivain alors dans toute la fleur de l'âge : à trente-cinq ans, il en paraissait à peine trente, et la nature de sa physionomie caractérisée lui permettait de rester longtemps sans vieillir. Un teint bistré, des moustaches noires, une barbe qu'il savait porter élégamment, de grands yeux noirs, vifs, indécis parfois et alanguis, en faisaient un des rares beaux cavaliers du journalisme, composé habituellement d'hommes que leurs travaux et leur vie enlèvent à l'élégance.

Les femmes adoraient Richard Loyauté, qu'un poëte romantique avait appelé : « Jeune Grec à l'œil noir. » A diverses reprises, les salons royalistes firent des offres avenantes au journaliste, qui ne voulut pas se laisser entraîner dans des endroits où ses principes pouvaient être exposés à quelques accrocs : non pas qu'il eût la netteté voltairienne et arrêtée de Paul-Louis ; c'était une autre veine. Son talent ressemblait à ses yeux : rarement il en sortait des éclairs, mais le plus souvent des phrases harmonieuses, sans précision absolue, coulant comme une rivière en mille détours allongés, empreinte de l'antiquité par la forme plutôt que par le fond, et répondant assez justement à ce titre de *jeune Grec*, trouvé par l'ami romantique, un poëte de premier ordre en 1827, dont le nom est oublié aujourd'hui.

Le public d'alors avait un enthousiasme suprême pour ce style à grandes périodes, travaillé comme les vers, coulant, harmonieux, ayant du nombre, qui depuis a trouvé tant d'imitateurs. Richard Loyauté passa pour un merveilleux écrivain auprès de la bourgeoisie, tandis que Paul-Louis, avec ses railleries nerveuses qui trouaient à chaque coup les actes du gouvernement comme une balle, était regardé comme un homme joyeux et plaisant dont le plaisir était de railler. C'étaient deux manières bien tranchées, mais celle de Richard Loyauté imposait plus de respect et donnait à supposer par sa distinction un homme distingué. Aussi la porte de tous les salons, même du faubourg Saint-Germain, eût-elle été ouverte à Richard s'il avait daigné consentir à en franchir le seuil : plus d'une grande dame rêvait de ramener aux saines idées ce jeune Athénien révolutionnaire qui avait retrouvé dans sa prose les secrets de la langue d'André Chénier.

Richard n'avait pas ces ambitions : reçu dans les principaux salons de l'opposition, aimé de la belle Soubise de Pontlevoy, il n'enviait ni les fêtes du grand monde ni les femmes distinguées. Mme de Pontlevoy, femme d'un employé supérieur dans les bureaux du duc d'Orléans, pouvait lutter par la jeunesse et la beauté avec les plus jolies femmes du faubourg Saint-Germain. Comme trait d'union entre le prénom et le nom, un *de* flatteur, si Richard avait estimé ces misères, pouvait le consoler de relations qu'il ne voulait pas entretenir avec la noblesse.

Tout le Paris intelligent connaissait sa liaison avec la belle Soubise, qui ne craignait pas de se montrer avec Richard et son mari en loge découverte, aux premières représentations. A la Chambre, au bois, au boulevard, Soubise ne pouvait apparaître sans qu'aussitôt on ne vît à ses côtés la personne de Richard. C'était une liaison avouée, qui ne donnait même pas à parler, tant elle était claire et avouable : une jolie personne attachée à un vieux mari avait lié une vive amitié avec un homme beau et distingué. La société parisienne, surtout celle où vivait Richard, n'en demande pas plus et s'étonnerait profondément de la rancune d'un mari jaloux.

Pourquoi s'opposer à ces liaisons si naturelles? Deux jeunes gens séparés par une union imparfaite, se rencontrent, purgent les torts de la société en s'aimant; comment un mari serait-il assez ridicule pour faire du scandale? Il est vieux, la loi légale lui donne raison il est vrai, mais la loi naturelle? La fraction de société parisienne à laquelle appartenait Richard, aime à raisonner d'après la loi naturelle; et M. de Pontlevoy ne manifesta jamais l'idée de troubler le repos de sa femme et de Richard : il accueillait celui-ci comme un ami dévoué et ne parut même pas avoir l'idée de soupçonner l'homme dont il partageait les idées politiques. C'était un de ces ménages à trois si communs à Paris, où les choses les plus irrégulières prennent une tournure régulière, rien que par le fait de leur durée.

Il manquait à Richard la consécration de son talent de pamphlétaire, un procès de presse, un procureur général armé de foudres ridicules, des gendarmes dans le fond de la salle, un auditoire enthousiaste, un tribunal injuste et des jurés attendris. Richard rêvait les honneurs de la cour d'assises; toutes les célébrités du temps y avaient passé en ajoutant un fleuron de plus à leur couronne. Leur réputation s'était retrempée sur les bancs des accusés, et Richard craignait quelquefois que sa réputation ne s'éteignît dans une prospérité sans exemple. Il y avait alors un procureur général ami des belles-lettres, se délassant de ses fonctions judiciaires par des travaux dont on eût beaucoup parlé s'il avait appartenu à l'opposition; mais, défenseur zélé du gouvernement, demandant la condamnation des écrivains inculpés, servant de point de mire aux railleries des petits journaux, le procureur général devait laisser un nom ridicule. Telle est la loyauté des partis. Ce magistrat, frotté de littérature, était secrètement un des plus vifs admirateurs du talent de Richard; il le lisait comme Eve mangea la pomme, comme les mahométans boivent du vin, et l'aimait d'autant plus qu'il souffrait des tendances répréhensibles du pamphlétaire. Le procureur général lutta longtemps contre son entourage qui voulait que Richard fût poursuivi; en vain, il chercha à montrer combien cette belle prose à images un peu languissantes, de forme si pure, offrait peu de dangers. Richard ne se prononçait jamais ouvertement contre la religion et ses ministres, ainsi que MM. de Béranger et Paul-Louis Courier; au contraire, le magistrat démontrait au ministre de la justice que le pamphlétaire était un homme d'essence religieuse, que ses sentiments se pressentaient à chaque ligne. Dans sa comparaison des cultes anciens il était facile de voir un homme cherchant à se rattacher à un dogme; la jeunesse seule l'avait jeté dans l'opposition, la maturité le ramènerait inévitablement à la défense du trône et de l'autel. Le ministre de la justice, homme d'ordre absolu et sans aucune teinture littéraire, fut inflexible et exigea la mise en accusation de Richard Loyauté, à propos de son dernier article.

— Nous serons battus par le jury, monseigneur, s'écria le malheureux procureur général, qui entrevit à la suite de ce procès une grêle d'épigrammes attachée à son nom au moins pour un an.

Enfin Richard fut au comble de ses désirs : le prestige

de la cour d'assises lui manquait jusque-là ; le front rayonnant, il courut annoncer ce triomphe à Soubise, qui fondit en larmes ; elle voyait son ami dans un noir cachot, chargé de chaînes, au secret, séparé d'elle.

— Ingrat ! s'écria-t-elle, en remarquant la joie peinte sur les traits de Richard, vous me préférez vos convictions politiques. Maudites soient vos opinions républicaines ! Ne vous trouviez-vous pas assez heureux auprès de moi sans chercher cette popularité dangereuse, qui va nous séparer, qui me brise le cœur ?

Richard reconnut combien sa maîtresse l'aimait, par la douleur qui s'était emparée d'elle, et ce jour-là fut le plus beau jour de sa vie. Les pleurs de Soubise la rendaient encore plus séduisante ; jusque-là leur bonheur avait été sans troubles, et ce nuage faisait paraître plus bleu l'horizon passé de leur amour. M. de Pontlevoy, lui-même, fut ému au dîner qui se passa entre trois à la maison ; il se joignit à sa femme pour supplier l'écrivain de ne pas choisir un avocat dangereux, de ces hommes qui plaident pour eux et non pour le client, qui regardent toute cause politique comme une tribune personnelle, et irritent le tribunal sans songer aux intérêts de ceux dont ils ont à protéger les intérêts. Mais Richard, après avoir donné cours à l'amour et à l'amitié, était emporté vers cet idéal si longtemps caressé, qui, jusque-là, avait fui comme l'horizon et qui se manifestait enfin.

Il lui fallait courir les journaux amis, les salons politiques, donner du retentissement à l'affaire, réchauffer les tièdes, piquer les indifférents, se montrer fort, apprêter sa défense, songer au choix d'un avocat, enfin, se préparer au grand combat.

Cette affaire d'excitation à la haine du gouvernement, des citoyens entre eux, d'attaques contre la morale, contre la religion (car l'article incriminé de Richard renfermait tous les délits, comme certains malades à leur heure dernière résument toutes les maladies), cette affaire excita une vive curiosité dans le Paris désœuvré qui déjeune des gazettes et soupe des spectacles. On était curieux de voir de près le jeune Grec à l'œil noir; aussi, les bancs habituellement réservés aux témoins étaient-ils garnis de dames de tous les partis : les femmes des salons de l'opposition, pour rendre hommage au courageux défenseur des libertés publiques; les dames royalistes, pour se venger des refus méprisants du pamphlétaire. Des avocats, des journalistes, des philosophes, des sectaires, tous conspirateurs ardents, qui, trois ans plus tard, devaient renier leurs principes pour arriver à des places et à des honneurs, formaient un auditoire plein de murmures favorables pour l'accusé. Le fond du prétoire était garni d'ouvriers, gens convaincus, à figures pâles et à grande barbe, de ceux qu'on rencontre habituellement sur les barricades, prêts à mourir au premier signal, jouant leur vie avec une indifférence stoïque, caractères résolus, fronts étroits, incapables de diplomatie, servant les ambitions cachées en soldats courageux, marchant sans arrière-pensée, sans soupçonner les motifs bas qui gouvernent les têtes d'en haut.

Ces braves gens étaient là en claqueurs; à la dernière

réunion des sociétés secrètes, on avait choisi les cerveaux les plus déprimés, c'est-à-dire ceux qui applaudissent le plus fort et qui pensent le moins.

— Nous applaudirons, quand notre noble Richard ira s'asseoir sur la sellette infâme, s'était écrié M***, que la révolution de juillet nomma ministre de la justice; et les républicains n'avaient pas songé à la secrète analogie qui en faisait des claqueurs tels que ceux avec lesquels ils s'étaient battus huit jours auparavant au théâtre de la Porte-Saint-Martin, à la reprise d'une pièce médiocre, où l'on voulait voir des allusions politiques.

Le nombre des avocats en robe était immense; jamais le Palais ne vit tant d'avocats; car la salle d'assises étant petite, tous ceux qui craignaient de ne pouvoir suivre ces débats louèrent des robes et firent le sacrifice des moustaches démocratiques, afin de paraître attachés au barreau.

Les amis du gouvernement, des ministres, des magistrats, des pairs de France se tenaient serrés derrière les juges, sans se rendre compte que leur présence, leur nombre, leur attention, témoignaient de la puissance de leur adversaire, dont l'entrée fut une véritable ovation.

Richard parut boutonné jusqu'au cou ; aussitôt des salves d'applaudissements, partant du fond de la salle, l'engagèrent à se tenir debout et à développer sa taille élégante. Le président déclara que toute personne donnant des marques publiques d'approbation ou de désapprobation serait immédiatement expulsée; mais il avait

compté sans la belle Soubise, qui, placée auprès du banc
de l'avocat, agita son mouchoir brodé dans la direction
de Richard, et entraîna dans cette manifestation toutes
les dames des chefs de l'opposition. Richard salua de
nouveau, et les bravos, les applaudissements retentirent
énergiquement dans tout l'auditoire, qui avait deviné
dans le président un esprit indécis, timide, incapable
d'oser employer la force vis-vis d'un public si hautement
enthousiaste.

Après Richard, la personne qui se confondait dans les
regards du public était Soubise de Pontlevoy, habillée
d'un noir éblouissant, qui tenait moitié du deuil, moitié
d'une fête. Cette séduisante créature, entourée des amis
intimes de Richard, aussitôt qu'elle eut pris son parti de
ce procès, montra un courage qu'on ne lui soupçonnait
pas : à cette heure, fière de l'homme qu'elle aimait,
elle eût voulu partager ses dangers; ses regards illuminés portaient la flamme de la passion et de la résolu-
tion. Quand elle regardait Richard, sans chercher à cacher ses sentiments, elle semblait dire aux femmes du
faubourg Saint-Germain : « Voilà comment nous ai-
mons dans notre parti! » et toutes les femmes étaient
jalouses de ces regards échangés qu'aucun tribunal ne
pouvait traverser.

L'interrogatoire de Richard fut pris de telle sorte que
le président semblait l'accusé, l'accusé le juge: l'entourage, le rôle qu'il jouait, l'attention qu'il excitait, l'intérêt dont il sentait voler les bouffées jusqu'à lui, les courants de haine qui sortaient des yeux de quelques-uns,
avaient donné à la parole de Richard une nerveuse con-

viction dont la netteté se trouvait rarement dans ses écrits. Les interruptions du tribunal firent luire des éclairs d'indignation et amenèrent dans sa bouche des phrases impératives, exaltées, qu'on n'avait plus entendues depuis la Convention. A cette heure on pouvait prévoir dans le journaliste un de ces jeunes tribuns populaires dont les récits antiques nous ont laissé la mémoire. Jusqu'alors on n'avait vu dans Richard qu'un pamphlétaire d'un grand style; il se révéla grand orateur, non pas fougueux et tonnant à la manière de Danton, non pas froid et impérieux comme Robespierre, mais une sorte de trait d'union entre Saint-Just et Barbaroux, un attermoiement entre la Montagne et la Gironde, une conciliation entre ces deux partis inconciliables.

Soubise suivait Richard des yeux et mimait pour ainsi dire ses paroles : l'émotion, le bonheur doublaient sa beauté. Les premiers regards de Richard ne la remuèrent pas plus profondément que ce spectacle joué devant des spectateurs enthousiastes, montés au diapason de l'acteur, en qui chaque parole trouvait un écho. De temps en temps Soubise regardait les jurés qui se laissaient aller aux influences du public; Mᵐᵉ de Pontlevoy n'avait pas besoin d'essayer de séduire chacun des jurés par un de ces coups d'œil de femme, chargés de pitié et de promesses, auxquels il est impossible de résister. En ce moment, sauf quelques membres du parquet, toute la salle était complice, et chacun était indigné des poursuites que le gouvernement osait exercer contre un homme si pur.

L'interrogatoire de Richard fut interrompu par des applaudissements auxquels il n'était plus temps d'apporter remède ; le président, qui reçut le soir même une mercuriale sévère du ministre, trouvait ces applaudissements presque légitimes.

L'avocat se leva et justifia malheureusement les craintes de M. de Pontlevoy. C'était une intelligence, mais amère, tranchante, froide, cruelle, insolente, dogmatique, hautaine, méprisante, excitant quelquefois l'admiration, la sympathie jamais. Cet avocat bilieux avait une grande réputation, mais il perdait toujours ses causes. Le parti républicain en fit son idole, à cause de ses principes sévères et accentués ; il importait peu au parti que les accusés fussent acquittés, ce qu'il fallait, c'était à chaque plaidoirie la réhabilitation des hommes de la Convention, la déclaration des droits de l'homme commentée et la publicité de ces doctrines. Tirés à un million d'exemplaires, ces discours, répandus par toute la France, servaient la cause et non l'accusé.

Par ses relations, Richard ne pouvait échapper à un défenseur si dangereux ; sa réputation lui infligeait cette défense distinguée et malencontreuse. Si l'avocat n'eût indisposé que le tribunal, il serait resté dans son rôle ; mais sa bile s'attaquait à toutes les institutions qui touchent à la justice, il commit la faute d'envelopper les jurés dans la haine qu'il portait à la magistrature. Il allait au-devant de la condamnation, la bravait, l'appelait ; dans cette hypothèse, il aiguillonnait les jurés, les perçait de flèches empoisonnées et semblait prendre plaisir à les retourner dans la plaie.

La physionomie de la salle changea tout à coup pendant le discours ; au lieu de ce beau ciel attique que Richard avait fait entrevoir, des nuages menaçants s'amoncelèrent; l'écrivain avait réconcilié les esprits avec la république, l'avocat fit entrevoir une figure vengeresse qui glaçait les esprits. Les victimes de la terreur blanche montraient leurs têtes sanglantes, les fantômes des généraux de l'empereur apparaissaient, la poitrine trouée de balles royalistes, criant vengeance, et la voix de l'avocat prenait des accents cruels, menaçants, pour le jour où ses doctrines triompheraient.

Les républicains du prétoire applaudirent seuls; mais ce n'étaient plus les enthousiasmes partagés par toute la salle, aucune femme ne pouvait s'associer à la parole de l'avocat. Il eût fallu les tricoteuses de Marat. Richard lui-même était sous le coup de cette plaidoirie à laquelle son cœur généreux ne pouvait s'associer, mais qu'il devait subir en soldat discipliné. Soubise était désespérée et osait à peine lever ses beaux yeux.

Le procureur général profita de cet élan des esprits pour forcer encore les idées de l'avocat; il fit un tableau sombre et effrayant de la Révolution et n'eut pas de peine à démontrer aux jurés que, sous des phrases harmonieuses, par là d'autant plus dangereuses, les écrits de Richard entouraient de fleurs la hideuse machine de la guillotine. Un acquittement était une complicité tacite avec les agents de désordre; la guerre civile, la terreur, la dictature, les conspirations renaissaient, les honnêtes citoyens en étaient les premières victimes. La France avait prouvé qu'elle ne voulait plus subir de telles révolutions, péril des gens de bien, espoir de la lie du peuple.

Richard fut condamné à six mois de prison. Dans la salle des pas perdus, l'avocat fut porté en triomphe.

Richard ayant déclaré qu'il voulait subir immédiatement sa condamnation :

— Qu'importe, lui dit Soubise en se précipitant vers lui au moment où les gendarmes faisaient écouler la foule, je t'aime.

Ce mot fut une consolation pour Richard pendant les premières heures où les formalités d'emprisonnement, l'aspect des murs noirs de la Conciergerie, le changement de vie encombrent l'esprit d'inquiétudes. Jusque-là, il avait à peine songé aux suites d'une condamnation ; les tracas de son procès, les nombreuses démarches, les visites, les consolations des hommes de son parti, la position à prendre devant la cour d'assises, la préparation de ses réponses l'avaient occupé à tel point qu'il en avait oublié le dénoûment : maintenant la privation de liberté lui apparaissait aussi nue que les murs de sa prison ; il comprit alors ce mot de *liberté* qu'il n'avait jamais connu sans ceux d'*égalité* et de *fraternité*. Des prévenus de toute sorte, voleurs, faussaires, forçats en rupture de ban, emplissaient le préau de leurs cris et de leur argot; mais ce n'étaient pas là des égaux et des frères. De la croisée grillée du premier étage où Richard avait obtenu une chambre humide et noire qu'il payait fort cher, il cherchait à démêler sur ces figures vicieuses quelque trace de naïveté et d'honnêteté qu'il eût essayé de développer à son profit. C'était de l'égoïsme : Richard avait besoin d'un compagnon pour dire ses rêves, ses espérances, peut-être pour se faire admirer ; mais les plus grossiers instincts régnaient en maîtres sur ces figures à potence, et Richard, qui n'avait pas le don de l'observation et dont le regard aimait à s'arrêter sur les formes pures des antiques, était révolté de la laideur : à ses yeux, le beau n'avait pas besoin de repoussoir.

Ce fut plongé dans les tristes réflexions inspirées par la vue des prévenus se promenant dans le préau, que Richard jugea la rigueur de son triomphe, de ce triomphe si longtemps caressé, dont il n'avait pas prévu l'envers. Triste soirée pendant laquelle le condamné fit nombre de fois le tour de sa petite cellule, en appelant à son souvenir l'image de Soubise qui rendait encore l'emprisonnement plus cruel.

Le lendemain, le geôlier apporta à Richard une lettre dont l'enveloppe était chargée de caractères maigres et chéris qu'il porta à ses lèvres ; mais en même temps il pâlit, car le cachet de la lettre était rompu. Une seconde lui faisait oublier la prison, et la rupture du cachet le rappelait à la triste réalité. Mais l'amour de Soubise, ses inquiétudes, son chagrin d'être séparée de celui qu'elle aimait, l'admiration qu'elle éprouva à l'audience, l'enthousiasme de tout Paris en lisant le journal du soir, les regrets qu'inspirait la détention du pamphlétaire, les manifestations qui se préparaient, les visites que chacun voulait rendre au condamné lui firent regarder cet événement comme une épreuve au sortir de laquelle sa puissance serait doublée. Combien Soubise aimait Richard ! Chaque ligne de sa lettre en témoignait ; elle ne vivait que pour un homme. Toutes ses actions se reportaient vers cet homme : elle partageait ses succès, elle y entrait de moitié, et Richard buvait avec délices ces phrases rafraîchissantes pour son orgueil abattu ; mais il lui resta un souci : une correspondance si intime et si directe devait être lue par un tiers, un indifférent, un employé. C'était enlever la poussière brillante des ailes du papillon.

Richard envoya au préfet de police une lettre par laquelle il se plaignait de cette discipline sévère qui l'atteignait dans ses sentiments les plus intimes et lui en faisait perdre la fraîcheur. Dès le lendemain, le préfet vint rendre visite au pamphlétaire et lui exprima le regret de n'avoir pas enjoint à ses employés inférieurs de respecter le cachet des lettres qu'on lui envoyait. Le préfet était un homme du meilleur monde, disposé à adoucir la rigueur de la peine en ce qui lui était possible.

— C'est un honneur pour moi que de vous avoir sous ma surveillance, monsieur Richard, et je vais faire tous mes efforts pour vous garder.

Richard parut étonné.

— Après votre condamnation, vous devriez être transféré dans une maison de détention, vous en avez le droit, mais je vous conseille de rester ici avec les prévenus ; je vais vous en dire la cause et j'espère que vous m'écrirez dès aujourd'hui un petit mot afin que je puisse vous accorder cette faveur. A la Conciergerie, je suis le maître, j'y viens tous les jours, le directeur est sous ma surveillance immédiate; tandis que dans les autres prisons je ne répondrais pas de faire plier les règles plus ou moins sévères dont la direction a le monopole. Restez ici et vous vous en trouverez bien, je vous le garantis.

Richard ne répondit pas.

— Ah ! je vous comprends, vos amis ne peuvent plus faire des variations dans les journaux sur les rigueurs de la prison ; voilà ce que vous pensez. Eh bien, je vous laisserai jouir de ce petit bénéfice ; il est entendu pour le public que tout condamné dort sur la paille humide des cachots. J'aime autant être attaqué que loué par vos amis ; ma position n'en est que plus solide auprès du ministère... On est déjà venu me demander la permission de vous visiter.

— Vraiment ! s'écria Richard, qui ?

— Ne le devinez-vous pas ? Je n'ai pu refuser, quoique les parents seuls des condamnés aient le droit d'entrer. Vous trouveriez peut-être d'autres directeurs moins galants que moi, qui, voyant une personne distinguée demander à communiquer avec un prisonnier, s'empresseraient de refuser, pour faire du zèle.

— Je vous remercie, monsieur le préfet, s'écria Richard ému.

— Donc, vous nous restez. J'ai donné également des ordres pour que vos lettres ne passent plus par mon secrétariat.

Comme l'écrivain se confondait en remercîments chaleureux.

— Si vous me tenez un jour, dit le préfet, je demanderai votre protection.

Ainsi Richard, aux yeux de son parti, put jouir des

priviléges de l'emprisonnement sans en connaître les rigueurs. Soubise vint à la Conciergerie, et cette première visite la fit sangloter. Les sombres voûtes qu'elle avait traversées, la tristesse des prévenus au parloir, le bruit sourd des lourdes portes retombant derrière elle, le grincement d'énormes serrures, les souvenirs historiques attachés à cette prison, la vue des guichetiers, des gendarmes, avaient agi sur l'imagination de la jeune femme, qui fondit en larmes dans les bras de Richard. C'est dans les grandes douleurs partagées que l'homme se sent aimé; à de tels moments, l'amour se prouve par des marques non équivoques d'effusion ou de tendresse. Les protestations, les serments qui, dans la vie, se prodiguent si aisément, se taisent dans les grandes douleurs; un regard humide, une main émue sont bien autrement convaincants. Jamais Richard ne fut plus fier de l'amour qu'il inspirait à Soubise; sa condamnation avait agrandi son amour et l'élevait sur le trône rarement occupé de la passion. Pour la première fois, Richard voyait reluire le mot *aimer* sur les murs noirs de la petite chambre qu'il occupait : ni la course à cheval au bois, quand, dans une allée isolée, ils se tenaient la main dans la main, ni la promenade en barque dérivant le soir au clair de lune, ni l'isolement dans une petite loge de spectacle au milieu d'un immense public, ni la vue de Soubise entourée de soupirants dans une soirée, ne rappelaient à Richard le bonheur qu'il éprouvait dans sa prison aux fenêtres grillées. A cette heure Soubise se fût tuée pour lui, qu'elle n'eût pas prouvé plus réellement la sincérité de son amour.

Il fallut se séparer. Les amants s'étaient à peine parlé, la parole étant trop matérielle pour rendre la passion qui les animait; mais un coup d'œil de Soubise avait dit : A bientôt. Richard resta sous le charme extatique d'un halluciné qui voit s'entr'ouvrir tout à coup le ciel et qui sent ses parfums, ses musiques, ses rayonnements s'emparer de tous ses sens ; car l'amour qui laisse sans émotion, qui ne rend pas tremblant, qui ne chasse pas les réalités de la vie, qui ne remplit pas les yeux de mirages attendrissants, n'est qu'une vile grossièreté.

Richard oubliait la prison, la politique, l'ambition, la vie même ; il ne sentait plus son corps : il flottait dans des espaces que l'oiseau seul connaît. Il n'entendait pas, il ne voyait pas, il n'écoutait pas ; ses sens s'étaient épurés, son corps était assis sur une chaise, mais il ne le savait pas et il était sorti de son enveloppe matérielle pour planer dans ces régions éthérées.

Le geôlier, qui survint, fit rentrer l'âme vagabonde dans le corps privé de mouvement. C'était l'heure du dîner ; mais Richard tint rancune à ce dîner qui avait coupé court à ses illusions : il se jeta sur son lit, essayant d'évoquer encore une fois l'image de la séduisante Soubise. Le premier mois de détention se passa dans des félicités sans cesse renaissantes. Tout contribuait à entretenir le journaliste dans une heureuse sérénité d'esprit et de corps. Le parti républicain envoyait ses hommes les plus distingués frapper à la porte du pamphlétaire ; des corporations tout entières d'ouvriers signaient des adresses pour entretenir le courage du détenu. Les poëtes chantaient, en vers alexandrins, la gloire du prisonnier. Les peintres et les statuaires les plus célèbres demandaient à être admis à l'honneur de reproduire, sur la toile et sur le marbre, les traits du jeune tribun. Des lithographies couraient, représentant le beau prisonnier derrière les barreaux, aspirant l'air de la liberté. Dans les salons, de jeunes femmes chantaient, en s'accompagnant sur la harpe, une romance mélancolique en tête de laquelle était le portrait de Richard ; l'enthousiasme fut porté si loin, qu'on arrangea, pour la gloire du prisonnier de la Restauration, la poésie illuminée par l'immortelle mélodie de Grétry : du roi Richard on fit Richard le républicain ; mais *l'univers n'abandonnait* plus Richard, au contraire, la romance montrait l'enthousiasme des populations en présence de l'emprisonnement du pamphlétaire.

Soubise fit transporter sa harpe à la Conciergerie, et chanta d'une voix émue la nouvelle romance, qui faisait fureur dans les salons de l'opposition. En ce moment, Richard remerciait sincèrement l'avocat qui par son dangereux plaidoyer lui avait ménagé ces flatteuses ovations, auxquelles il ne manquait même pas les sifflements des serpents de la critique. Les feuilles royalistes déchiraient Richard dans des articles remplis d'esprit de parti ; les journalistes cherchaient à crever le ballon de gloire dans lequel Richard planait au-dessus de la multitude. Les premiers pamphlets de l'écrivain étaient analysés sévèrement, et d'habiles adversaires démontraient le peu d'idées qui se cachait dans ce style imagé, plein de méandres et d'ondulations gracieuses. Ces attaques passionnées faisaient vendre à des nombres immenses les brochures politiques de Richard, qui n'en profitait pas, car il les avait cédées, trop heureux de pouvoir les faire imprimer, à un libraire républicain, qui en donna une faible somme. Mais qu'importait à Richard ? Il cherchait la gloire et non la fortune ; il trouvait même généreux le libraire qui, de son propre mouvement, lui faisait passer en prison quelques sommes qu'il ne lui devait pas.

Quelque imposant que soit un concours d'éloges, les hommes n'aiment pas à entendre partir d'un coin le sifflet de la critique. Il en est peu qui s'accoutument à ce bruit ; Richard était particulièrement blessé des vives attaques d'un petit journal satirique, subventionné par le gouvernement, qui, tous les matins, lançait des flèches empoisonnées contre l'écrivain. Il envoya deux de ses amis demander réparation à l'auteur anonyme de ces articles, qui prit texte de cette demande pour s'en moquer et cribler de traits sarcastiques l'illustre condamné. Richard ne put se contenir ; profitant d'une permission de sortie que le préfet de police lui avait donnée par quinzaine, il alla faire une scène violente dans les bureaux du petit journal royaliste. Mais le lendemain, mandé devant le préfet :

— Monsieur Richard, lui dit celui-ci, j'ai bien voulu vous accorder de sortir une fois par quinzaine, mais non pour continuer votre rôle politique. Le public ne doit pas savoir que vous sortez, car l'effet des lois serait brisé si, condamné à l'emprisonnement, on apprenait que je vous laisse la liberté. Quand votre temps sera expiré, allez demander raison aux journalistes qui vous attaquent, vous serez dans votre droit ; je serai dans le mien en vous surveillant et en empêchant que la France regrette un homme distingué, perdu pour toujours par une misérable querelle de journalisme.

Richard, tout en se jurant de se venger de ses adversaires, promit au préfet de police de rendre ses sorties moins apparentes. La prison lui pesait à peine, en raison des nombreuses visites qu'il recevait. Soubise n'y manquait pas un jour; la plupart du temps elle y faisait porter son dîner, et M. de Pontlevoy, fidèle à l'amitié, l'accompagnait, sans se rendre compte de l'amour qui existait entre sa femme et le condamné. Parfois un nuage s'élevait dans l'esprit de Richard, honteux de tromper un ami estimable, qui se compromettait en le visitant, car sa position ne lui permettait pas d'afficher ses hautes sympathies pour un des chefs du parti républicain; mais, dans le principe, Soubise avait peint son mari sous des couleurs tellement habiles que Richard plaignit la jeune femme enchaînée pour la vie à un monstre d'égoïsme, qui ne la comprenait pas, l'avait trahie un an après son mariage et ne cherchait pas à faire oublier par une vive affection l'âge qui les séparait.

Les appointements de M. de Pontlevoy étaient mesquins pour un ménage dont la femme aimait le monde, la toilette, les plaisirs. Soubise n'avait pas apporté de fortune en se mariant : son éducation avait été dirigée dans un sentiment contraire aux habitudes domestiques, aussi les dettes régnaient-elles en maîtresses dans ce ménage monté sur un trop grand pied. Fréquentant assidûment la maison, Richard fut témoin quelquefois de scènes pénibles, où des créanciers irrités se laissaient aller à des emportements de mauvais goût. Il put entrevoir le désordre qui se cachait sous un faux luxe, et comme il était naturellement généreux, sans en rien faire paraître, il désintéressa les créanciers les plus criards, et dut amener, par mille moyens délicats, la belle Soubise à s'adresser à lui quand elle avait quelques embarras pressants à satisfaire. Il eût souffert de voir Soubise s'imposer des économies de toilette et renoncer à des parures qu'elle portait à merveille. Ce ne fut pas sans de grandes luttes qu'il put faire accepter ces dons à la jeune femme, honteuse de ne pas trouver dans le budget d'un ménage bien conduit de quoi faire tête à ses goûts de luxe.

Depuis quelque temps, Soubise paraissait triste et inquiète, et Richard insistait pour connaître ses chagrins, sans qu'elle voulût s'en ouvrir à lui. Si elle oubliait momentanément les pensées secrètes qui altéraient sa physionomie, elle redevenait d'une gaieté factice, dont Richard n'était pas la dupe, car l'instant d'après sa physionomie se teintait d'appréhensions; ses yeux inquiets regardaient au loin: ses lèvres si mutines d'habitude portaient des réflexions graves, et Richard connut, par les symptômes certains d'un faux enjouement, que Soubise cherchait à s'attacher un masque de gaieté sur la figure pour ne pas lui faire partager son trouble. Il la pressa de questions, mais elle ne voulut pas y répondre, et donna à entendre que rien ne la contrariait, qu'elle agissait comme d'habitude, que ni son caractère ni sa physionomie n'étaient changés et que bien certainement Richard s'abusait.

— Vous ne m'aimez plus, dit Richard d'une voix sourde.

Malgré les vives affirmations de Soubise, Richard déduisit, non sans justesse, que sa maîtresse paraissait contrainte et portait l'ennui sur toute sa personne ; si elle s'ennuyait, elle n'aimait plus.

— Que les hommes sont exigeants, répondait Soubise, ils vous condamnent à une égalité de caractère, à une gaieté perpétuelle, dont ils sont les modèles les plus éloignés. Eh bien, oui, quelques nuages sont en moi ; je me sens toute singulière, je l'avoue ; mais je ne vous en aime pas moins... Si j'avais douté de votre amour par les soucis qui s'emparaient de vous aux approches de votre procès et en bien d'autres circonstances !

— Ah ! s'écria Richard, me reprochez-vous les inquiétudes de la politique, Soubise, vous qui m'avez encouragé dans cette voie, en me montrant un avenir dont je n'avais pas conscience. Alors nos préoccupations n'étaient-elles pas fondées sur des motifs graves ? mais ce sont les vôtres, Soubise, que je voudrais voir basées sur des faits réels. Avez-vous quelque chagrin véritable ? Je demande à le partager, sinon je ne verrai dans ce changement soudain de votre caractère qu'un changement dont vous n'avez pas encore conscience, mais dont l'accent me frappe.

— Méchant homme trop aimé ! s'écria Soubise en entourant Richard de caresses.

— Laissez-moi, dit Richard en se reculant.

Pour la première fois les deux amants se divisaient et Soubise fondit en larmes ; les larmes opérèrent une réconciliation que les séductions des caresses n'avaient pu obtenir.

Dans un doux moment d'expansion, voilé par quelques traces de mélancolie, Soubise avoua à Richard la nature de ses inquiétudes. M. de Pontlevoy s'était laissé entraîner à une perte de jeu assez considérable pour la fortune médiocre du ménage; il avait désintéressé son adversaire en lui donnant une forte partie de la somme et en engageant pour quelques mois ses appointements. L'honneur ne permettait pas à Soubise de se récrier contre l'emploi de cet argent : elle-même poussa son mari à s'acquitter dès le lendemain des deux tiers de sa dette, ce qu'elle fit en mettant ses bijoux en gage; mais elle voyait, dans ces nouveaux griefs que lui donnait son mari, les symptômes d'un avenir chargé de noires couleurs, et, malgré tous ses efforts pour cacher ses agitations, elle sentait combien il lui était difficile, après de telles secousses, de paraître calme et souriante; aussi avait-elle pensé à ne pas voir Richard jusqu'à ce que la résignation fût venue. Ce qu'elle redoutait le plus était arrivé : Richard avait deviné ses pensées secrètes, s'en plaignait; d'où un aveu pénible à faire et à entendre.

— N'est-ce que cela ? s'écria Richard. Qu'importe cette misérable perte d'argent si vous m'aimez encore? L'argent peut se retrouver, l'amour jamais... Je vous aime davantage pour la preuve de confiance que vous venez de me donner. Pauvre femme ! à qui devez-vous confier vos inquiétudes domestiques, si ce n'est à moi ? Ne devons-nous pas les porter ensemble ? Que serait mon amour si je ne cherchais à vous en débarrasser? Je veux que ma Soubise ne soit pas effleurée par le bout de l'aile des soucis, ou je n'en serais pas digne. Je vous garde rancune de vos hésitations à me dire vos inquiétudes, puisque je peux les faire cesser immédiatement.

— Comment? dit-elle.

— C'est un service que vous m'avez rendu, chère Soubise : ici, je m'endormais dans un fatal repos; je vais profiter de mes heures de tranquillité pour me livrer à un grand travail qu'il m'a toujours été impossible de continuer au milieu de la vie troublée de Paris... Ce sera un beau livre, qui nous donnera de la gloire et de la fortune. Plus de pamphlets! Je me dépensais misérablement dans de petites brochures et dans des écrits sans importance, propres à produire de l'effet sur le moment, mais qui, l'actualité passée, sont oubliés aussi vite qu'ils sont pensés... Demain sera un beau jour, et pourtant je ne vous verrai pas, Soubise.

— Pourquoi? s'écria-t-elle.

— C'est pour vous voir plus sûrement et plus longtemps; je vais passer une partie de la nuit à mettre en ordre le plan de ce grand ouvrage dont j'ai toutes les notes; j'écrirai les sommaires des chapitres, afin que mon idée apparaisse clairement rien que par les titres, et je ferai prévenir mon éditeur de passer dans la journée. Il comprendra la portée de ce livre : quand même, son instinct de marchand le fera souscrire à mes conditions, grâce aux verrous de la prison qui me servent de décoration. Le livre sera daté de la Conciergerie; la préface est prête depuis longtemps... Nos amis la lanceront dans leurs journaux ; ce seul mot de *Conciergerie* nous vaut dix mille souscripteurs... à dix francs, c'est une affaire de cent mille francs... j'en aurai une cinquantaine pour ma part. Cinquante mille francs en trois mois de travail ! C'est à Soubise que je les devrai... Ne vous plaignez pas de votre mari, mon amie, il a bien fait de vous rendre malheureuse, puisque ce malheur nous a réunis... Si vous n'aviez pas eu besoin d'affection, vous aurais-je rencontrée ? Il vous ruine par ses dettes de jeu, et cette ruine fera notre fortune... Ah ! combien je vous aime, Soubise !

Soubise se défendit longuement d'accepter les nouvelles preuves de libéralité de son amant ; elle s'en doutait, et cette raison seule l'empêchait de confier à Richard la fâcheuse position de son mari : sans les instances pressantes du prisonnier, sans les doutes qu'il avait manifestés sur son affection, jamais elle n'eût parlé de cette situation qui la faisait rougir. A cela Richard répondit par de nouvelles preuves de tendresse, dont la petite cellule fut teintée comme l'horizon la veille d'un beau jour de printemps. Ce fut un des plus beaux moments de la vie de Richard, que sa situation actuelle rendait encore plus propre à rêver le bonheur. Sa détention lui montrait combien il était chéri de ses amis, de sa maîtresse ; les égards dont chacun l'entourait, les priviléges que le préfet lui accordait libéralement, n'étaient-ils pas une preuve de sa valeur et du respect qu'il inspirait aux hommes du gouvernement ? Et, maintenant, grâce à la vie calme qu'il menait, il allait pouvoir exécuter cet ouvrage longtemps rêvé qu'il reculait sans cesse par suite des entraînements de la vie de polémiste. Richard laisserait un livre pour donner la mesure de ses forces; il prouverait à tous que le journaliste était un homme réfléchi, ne se contentant pas de l'improvisation de la brochure, cachant sous un style imagé des pensées profondes.

La nuit ne fit qu'ajouter à ces impressions heureuses : de dix heures du soir à trois heures du matin, dans un profond silence, Richard mit en ordre les notes qu'il préparait depuis longtemps. C'est là le meilleur moment de la vie d'écrivain, que cette demi-exécution : la fatigue du travail n'est pas encore venue plier le corps sous ses élans nerveux; la pensée brillante flotte au-dessous de chacun des titres de chapitre et éclate en petites fusées lumineuses, qui donnent à l'artiste une sorte d'éblouissement produit par l'idée du feu d'artifice solennel qui éclatera plus tard. La préparation de ces sortes de livres ressemble aux ébauches de grands maîtres dont les grands partis pris d'ombre et de lumière offrent un tel rayonnement à l'œil du curieux. Le cortége des inquiétudes, des doutes ne vient qu'à l'exécution : dans un plan tout marche à souhait ; les idées se croisent abondantes, vaillantes, impétueuses, sans redouter d'être enfermées sous la serrure de la phrase. La phrase n'est-elle pas un tuteur jaloux, qui craint que l'idée ne prenne sa volée en Rosine vagabonde ?

De ce travail nocturne, il résulta un demi-sommeil agité pendant lequel Richard récita, d'une façon entrecoupée, une bonne moitié de son livre : il n'avait pas la conscience de ses paroles, mais il sentait les idées courir dans son cerveau, frapper contre le crâne et crier : Paresseux, lève-toi. Aussi, quelques heures de sommeil léger lui suffirent et il sauta dispos de son lit à sa table de travail, la main d'accord avec le cerveau, toute prête à écrire sous la dictée de l'homme intérieur.

Cette disposition est trop rare, dans la vie de l'écrivain, pour qu'il ne la saisisse pas avec empressement. Alors le travail est chose facile, la pensée sort de l'esprit comme l'eau d'un vase trop plein. Bien différente est l'action de s'asseoir devant une table, de prendre une plume, de fouiller dans l'encrier, de se *creuser* et d'arriver aux efforts infructueux d'ingénieurs qui font sonder la terre pour arriver à des puits artésiens infertiles ! Richard avait passé par l'un et l'autre cas. Souvent, l'imagination fatiguée, le corps plus abattu que l'imagination, il lui avait fallu terminer, en grimaçant, en se frappant la tête, en froissant le poing, les travaux *commandés* par un éditeur qui ne connaissait rien aux fatigues de l'intelligence. Mais aujourd'hui il travaillait pour lui, pour sa jouissance, pour la gloire, pour l'avenir. De ce livre, il pouvait dire : c'est *mon* livre ! Longtemps, il l'avait porté en lui et il en avait ressenti ces doux piétinements qui amènent le sourire chez les femmes avant l'enfantement. Il le rêvait beau, fort, masculin et vigoureux. Il lui prêtait toutes les qualités que les fées prédisaient jadis aux jeunes princes, et, si dans un coin apparaissait la figure ridée, le menton de galoche, la tête branlante, une canne à bec de corbin à la main, une vieille Carabosse, ce ne pouvait être que la critique, séduite elle-même par les qualités et la beauté du nouveau-né.

Quand vint le libraire, il trouva Richard dans un état d'heureuse surexcitation qui le faisait tenir debout, marchant à grands pas dans sa cellule, voyant l'humanité et la nature sous un jour plus gai que de coutume. Ce petit libraire, nommé Bazouche, fut une des figures les plus singulières de la Restauration ; il allait de pair avec les plus fortes têtes de l'opposition, car il était honorable d'avoir un livre édité par lui. Il n'était pas facile de faire imprimer son nom sur le catalogue du libraire Bazouche, et plus d'un illustre carbonaro brigua longtemps la faveur d'être étalé sous les Galeries de Bois, aux vitrines de ce petit vieillard sale, à la mine sordide, qu'on voyait tous les matins faire sa montre lui-même en mangeant du pain et du fromage.

On disait vaguement que l'énorme fortune de Bazouche provenait d'un fonds d'estampes et de livres scandaleux dont le débit s'adressait merveilleusement aux goûts des débauchés de la Galerie de Bois ; mais c'était un de ces *on dit* si fréquents dans Paris, où tout homme en réputation ne peut sortir sans un joueur de flûte par devant et cinquante insulteurs par derrière. Bazouche répondait triomphalement à ses détracteurs par la vente perpétuelle du *Manuel des Braves*, qui était alors à sa dix-neuvième édition. Pour ce qui était de la librairie anonyme, les fortes têtes du parti libéral n'ignoraient pas que les livres, portant sur la couverture *A la librairie clandestine*, telles que les œuvres philosophiques de Diderot, sortaient des presses de Bazouche. Le parti ne lui en demandait pas davantage.

— Eh bien! mon cher Richard, dit-il (car les libraires

aiment à appeler *cher* ceux qu'ils payent peu), comment vous trouvez-vous de la prison?

— Parfaitement, mon maître, je suis au comble de la joie.

— Moi aussi, si vous l'êtes, dit le libraire, ne se piquant pas de suivre au pied de la lettre les préceptes du bon style. Pourtant, le commerce va doucement, doucement.

Richard ne fit pas grande attention à la *douceur* de situation d'un commerce dont il connaissait les ressources vivaces. Son humeur était tout entière tournée vers son livre, et dans cette situation, il ne connaissait, ne voyait que son œuvre. La création amène fatalement chez les artistes des égoïsmes immenses, devant lesquels toute l'humanité disparaît. On a vu souvent des œuvres calmes et tranquilles, composées par un songeur enfermé pendant l'agitation des guerres civiles.

— Oui, le commerce va doucement, reprit Bazouche, qui connaissait à fond *ses* auteurs et qui n'ignorait aucune des manies et des habitudes qu'apporte la littérature dans les esprits les plus réguliers. Richard se promenait toujours à grands pas, conversant avec sa propre pensée. Bazouche, pour l'arrêter, s'accrocha à un bouton de sa redingote.

— Oui, mon cher Richard, reprit-il, le commerce va doucement.

— J'ai de quoi le relever, dit l'écrivain, dont l'œil s'enflamma. Bazouche prit une mine mélancolique et ricana sur l'air du doute.

— Si vous pouviez dire vrai! Mais l'esprit public

s'endort, la dix-neuvième édition du *Manuel des Braves* est d'un tirage...

Et le libraire poussa un gémissement, comme s'il avait été chargé de faire manœuvrer le cabestan d'un navire.

— Il ne s'agit pas du *Manuel des 'Braves,* dit Richard ironiquement; que m'importe que vous vendiez cette sottise...

— Les auteurs, dit Bazouche, raisonnent toujours à leur point de vue et ne s'inquiètent guère si le libraire vend ou non son papier imprimé... Certainement, j'ai de la considération pour quelques noms; j'aime à rendre service à nos bons écrivains, mais, enfin, je ne veux pas qu'une édition entière reste en ballot dans mon magasin.

Richard commençait à s'impatienter; il n'avait pu encore placer un mot de son livre, et déjà par avance Bazouche se plaisait à jeter de l'eau sur le feu de son enthousiasme.

— Vous voyez ceci? dit-il au libraire, en lui montrant un paquet volumineux de feuillets d'écriture. Voilà de quoi faire votre fortune.

A ce mot de *fortune,* Bazouche se leva, alla jeter un coup d'œil sur le manuscrit et vint se rasseoir prudemment.

— Qu'est-ce que cette fortune? dit-il.

— Un grand livre que je prépare depuis longues années et que je vais terminer en paix dans cette prison. Nous aurons cinq volumes, du prix de trente francs; dix mille à trente francs font trois cent mille francs; mettons cent mille francs de frais, il nous reste à chacun cent mille francs de bénéfices, car cette fois nous ferons l'affaire en commun. C'est un immense succès qui me pose en homme nouveau, et qui vous fera le plus grand honneur, mon cher Bazouche. Si l'on savait que cet ouvrage est en préparation, j'aurais déjà dix éditeurs à la porte de ma cellule, mais nous n'avons eu jusqu'ici que de bonnes relations : quoique vous m'ayez payé chichement, j'ai voulu faire l'affaire avec vous. Est-ce convenu ?

Richard parlait pour lui et ne regardait pas son éditeur, qui semblait atterré.

— Réellement, dit le père Bazouche, parlez-vous de sang-froid... Mais, *monsieur* Richard, vous remuez les cent mille francs comme avec une pelle... J'avais déjà remarqué combien le séjour de la prison peut influencer les têtes les mieux organisées... Vous faites de gros livres, en cinq volumes, au prix de trente francs, quand nous ne vendons pas nos brochures politiques à trois francs... Voilà ce que c'est que d'être séparé de Paris seulement depuis un mois; si vous vous promeniez tous les soirs aux Galeries de Bois, vous respireriez l'air de la librairie, et jamais une pareille idée ne vous serait venue en tête... Dites-moi que ces cinq volumes ne sont pas une invention, monsieur Richard, dites-moi qu'il y a là-dedans l'étoffe de dix petits pamphlets, de ces admirables morceaux d'éloquence, comme tout ce qui sort de votre plume, et je vous les achète tous les dix, non plus six cents francs, mais mille francs pièce, à cause de votre condamnation et de votre triste séjour en prison... Oui, je vous donne dix mille francs, dont cinq mille comptant : je veux que vous n'ayez pas d'inquiétudes à la Conciergerie, que vous preniez vos aises; mais un gros livre en cinq volumes, vous n'y pensez pas, c'est ma ruine que vous demandez... Les libéraux, vous le savez mieux que moi, n'achètent pas de ces gros ouvrages du prix de trente francs, quand j'ai déjà tant de peine à épuiser ma dix-neuvième édition du *Manuel des Braves*...

— Encore ce Manuel, s'écria Richard.

— Oh! monsieur Richard, pensez à la *Gaule poétique* de M. de Marchangy, qui remplit les ateliers de mon brocheur de la rue Poupée! Si vous étiez libre, je vous y mènerais; on a tout fait pour ce livre; le malheureux éditeur y a dépensé les yeux de la tête, gravures sur Chine, papier de fil, caractères de Didot l'aîné.

Richard en se promenant, s'écriait :

— Me comparer à un Marchangy?

— Non, monsieur Richard, je ne vous compare pas à un procureur général, vous n'avez pas ses idées politiques, et je vous reconnais plus de style; mais M. Marchangy a pour lui le pouvoir, des gens riches, son livre s'adressait à tous les partis, et, cependant, il ne s'est pas vendu... Je ne connais pas l'ouvrage que vous me proposez; d'avance je sais qu'il contient des idées généreuses; personne n'en saurait douter, et pourtant vous préparez un fameux bouillon à l'imprudent qui tenterait de le fabriquer.

— Bouillon! fabriquer! Quel langage! s'écriait Richard. C'est bien, monsieur, en voilà assez.

— Je vous offre quatre cents francs de plus par brochure, plus du tiers de nos anciens traités, et je cours dix fois plus de risques... Une condamnation en appelle une autre... Rien n'est plus dangereux qu'une saisie en librairie ; la première fois, le ministère hésite à saisir un écrivain, à la seconde, il envoie tout droit ses agents.

— Monsieur Bazouche, c'est trop.

— Je risque donc mille francs de droits d'auteur, autant de frais d'impression, c'est-à-dire deux mille francs de jetés à l'eau, car votre prison va vous donner du nerf, de la colère.

— Assez, monsieur, dit Richard, en ouvrant la porte.

— Non, je ne m'en irai pas, dit le petit libraire en se cramponnant à sa chaise ; j'ai apporté de l'argent (il tira un vieux portefeuille) pour vous montrer que je ne vous oubliais pas, et vous me ferez vos dix brochures quand il vous plaira.

— Demain, dit Richard, vous vous repentirez, quand j'aurai traité avec un autre.

— Voulez-vous parler de Potel et Chaumont ? Mon cher monsieur Richard, traitez avec Potel et Chaumont, je ne leur souhaite pas de mal, mais je ne voudrais pas voir un tel livre fabriqué par mon plus plus cruel ennemi, parce que je sais qu'il s'y ruinerait... Mais, qu'importe, je tiens à mes pamphlets, et je vous laisse les cinq mille francs.

— Gardez votre argent, dit Richard. Je ne veux plus faire de pamphlets ; cet ouvrage important dont vous ne voyez que le commencement va me demander près de deux ans de travail.

— Mais vous serez oublié alors.

— Qu'importe un oubli momentané, si l'apparition de mon livre me rend pour toujours une réputation sérieuse.

— Allons, vous êtes un homme incorrigible, dit Bazouche; je m'en vais, mais vous me rappellerez; les Potel et Chaumont ne feront pas l'affaire; ils connaissent trop la place... Ce sont des fabricants plus rusés que vous ne le croyez...

— Ils m'ont fait des offres de service jadis, et j'ai été assez niais pour croire en vous.

— Ah ! je comprends qu'ils aient voulu vous éditer une brochure, mais un livre en cinq volumes, jamais.

— C'est ce que nous verrons.

— Un dernier conseil, dit Bazouche, si vous vous avisiez de traiter avec eux, ils vous payeront en billets, et je vous avertis que leur papier est mal vu dans Paris.

Là-dessus Bazouche se retira, laissant Richard dans un état d'accablement d'autant plus grand que ses projets avaient été plus élevés. Pendant une heure, le crasseux libraire fit naître un doute amer dans l'esprit de Richard au lieu de cette auréole de gloire dont les rayons doraient sa prison. Il osait à peine jeter les yeux sur les feuillets de son manuscrit, qui lui faisait horreur. La librairie apparut alors à l'écrivain comme un antre où l'on vendait à la livre du papier noirci, sans que les marchands s'inquiétassent si une main intelligente avait couvert ces pages de caractères exprimant des pensées profondes. A quoi bon la méditation, les nuits sans sommeil, les fatigues de la pensée, les tourmentes du cerveau, si un esprit médiocre pouvait entrer en lutte avec ces qualités ? Ce stupide *Manuel des Braves*, que Bazouche jetait sans cesse à la tête des écrivains, et qui était un livre fait par un ignorant, flattant les idées populaires, donnait envie à Richard de déchirer ses feuillets et de s'endormir dans une inaction absolue.

Le premier moment de dépit passé, il songea à Soubise, envers qui il s'était engagé, et il écrivit aussitôt un billet aux éditeurs Potel et Chaumont, les concurrents de Bazouche, pour les engager à venir le trouver. L'après-midi qui suivit cette matinée fut éclairée par l'arrivée de Soubise, qui n'eut pas de peine à s'apercevoir des inquiétudes peintes sur la figure de son amant. Richard s'était promis de ne pas parler des mécomptes de la matinée, mais il était faible; d'habitude, il confiait à sa maîtresse ses pensées les plus cachées, et il ne put lui taire la chute de ses espérances. Soubise mit du baume sur la plaie de l'écrivain; elle réconforta son amour-propre endolori. Loin de partager les doutes de Richard, elle voyait dans l'ignorance du libraire une preuve de la hauteur du travail nouveau entrepris par l'ancien pamphlétaire; il s'élançait dans les nues, et les esprits médiocres ne pouvaient l'y suivre. Mais elle blâma Richard de n'avoir pas accepté l'argent de Bazouche, qui avait gagné des sommes considérables depuis l'emprisonnement de l'écrivain. Les cinq mille francs qu'il offrait, à titre d'avance, n'étaient autre chose qu'une restitution sur la part des gains énormes des derniers pamphlets. Richard avait vendu chacune de ses brochures six cents francs à *toujours*, suivant la mode du commerce d'alors, et chacun de ces pamphlets n'avait pas rapporté moins de quinze mille francs de bénéfices. Depuis la condamnation de l'écrivain, le débit de ces brochures s'était accru sensiblement ; si la dernière était saisie et empêchée par le parquet, le public recourait aux précédentes, certain d'y trouver, en germe, l'esprit d'opposition qui s'était heurté tout d'un coup au gouvernement et qui, loin d'être brisé par l'emprisonnement, y puisait un nouveau relief. Soubise avait pu constater par elle-même, dans Paris, la vogue des anciens écrits de Richard ; elle ne mettait pas en doute que le libraire Bazouche, poussé par un certain remords, était venu offrir à l'écrivain emprisonné une faible partie des gains dont on l'accusait peut-être déjà dans le parti d'avoir pris une part de lion.

Quoiqu'il comprît la justesse de ces raisons, Richard en souffrait d'autant plus que son amour-propre lui interdisait de faire appeler Bazouche de nouveau.

— Il reviendra, lui dit Soubise. Au besoin, je ferai connaître la honteuse exploitation dans laquelle vous a tenu cet homme, et pour s'excuser aux yeux du parti, il vous fera les mêmes offres.

Richard fut rasséréné par cette visite, qui lui montrait une femme aimante prenant chaudement ses intérêts, sachant descendre des sommets de la passion dans les tristes vallées où s'agitent les vulgaires intérêts de la vie. Un moment, il craignit de perdre son auréole en accusant la triste situation dans laquelle l'avait laissé Bazouche, mais Soubise elle-même s'était plu à

faire reluire les rayons de gloire sans lesquels Richard
ne pouvait existor. Il pensait qu'il n'existait pas deux
femmes plus dévouées dans Paris : combien sa détention
eût été dure et pénible sans les consolations et les tendresses de Soubise ? En même temps, il fondait quelque
espoir sur la visite de MM. Potel et Chaumont qui vinrent
en effet le lendemain, mais qui jouèrent, à propos du
livre de Richard, la même comédie de Bazouche, sous
un autre déguisement. MM. Potel et Chaumont, payant
patente de libraires-éditeurs au quai des Augustins,
étaient des vermisseaux pour l'intelligence à côté de Bazouche. Tous deux jeunes, habillés comme des premiers
commis de *Malvina*, MM. Potel et Chaumont avaient
manqué leur vocation en n'entrant pas dans un magasin
de nouveautés. Potel était blond, Chaumont brun et mé-
ridional, en cette dernière qualité très-abondant en paroles. De la littérature, ils n'en savaient pas un mot, n'en
montraient que plus de vanité, et éditaient, à force de
crédit, toutes les médiocrités chassées des comptoirs de
la haute librairie. Un homme de lettres, pourvu qu'il
fût convenablement ganté, verni et frisé, représentait
leur idéal ; ils n'eussent pas donné un sou aux hommes
qui, la tête chargée de pensées, le corps ployant
sous le cerveau, oublient de soigner leur toilette.
Aussi s'entendaient-ils merveilleusement avec les médiocrités et en étaient-ils constamment victimes. La
maison Potel et Chaumont fut la première qui fonda la
fortune des frères Lebigre, dont la librairie au rabais
causa jadis une sorte de révolution en librairie. Le magasin Potel et Chaumont, encombré d'ouvrages dits *ros-*

signols peut-être parce qu'ils ne chantaient pas, honteusement couverts de poussière, fut vendu tout entier au poids du papier aux fameux Lebigre de la rue de la Harpe, qui trouvèrent le secret d'écouler toutes ces médiocrités en vendant à moitié prix des livres qui leur avaient à peine coûté quatre pour cent.

Les Potel et Chaumont n'ayant pas dix mille francs de crédit chez les imprimeurs et les papetiers, jugèrent insensé d'éditer le grand ouvrage de Richard, quand celui-ci leur eut démontré la nécessité de cent mille francs de frais. En ce moment, Bazouche devenait un aigle, le vieux Bazouche avec ses habits sordides, l'homme qui se nourrissait de pain et de fromage. Potel et Chaumont étaient de vulgaires *calicots*, dans l'acception que venait de leur donner un vaudeville à succès du théâtre des Variétés. Aussi Richard, profondément humilié d'avoir écrit à des êtres si vulgaires, les traita de haut, surtout quand ceux-ci lui offrirent un règlement de cinq cent francs à trois mois, pour la livraison d'un pamphlet. Ni argent, ni intelligence, ni relief, tel était le fonds sur lequel reposait la maison Potel et Chaumont.

Les dures nécessités de la vie d'écrivain apparurent alors dans leur triste nudité aux yeux de Richard, qui, de nature faible, se sentit terrassé par la réalité d'une profession qu'il s'était plu à rêver purement poétique. Il n'était pas de ces hommes que les obstacles grandissent, qui ne trouvent de puissance que dans la lutte; son cœur saignait des moindres blessures, et ses aspirations généreuses s'alanguissaient par le manque de pilotis solides. Si Richard n'avait pas eu Soubise pour lui faire oublier ce qu'il regardait comme une vive humiliation, la prison lui eût paru insupportable; mais un grand dîner que donna en son honneur le libraire Bazouche lui démontra que, si l'éditeur était sincère en refusant d'entrer dans l'entreprise de son grand ouvrage, il conservait de l'admiration pour l'homme dont les pamphlets s'enlevaient comme du pain, disait-il. A ce repas où Richard fut fêté et traité en grand génie par les plus fortes têtes de la démocratie, il y eut un concert unanime pour engager l'écrivain à reprendre sa plume et à continuer de marcher dans la route glorieuse qu'il avait suivie jusque-là. Journalistes, avocats, militaires, semblaient avoir reçu le mot de Bazouche et insistaient sur la nécessité d'un nouveau pamphlet. A la fin du repas, Bazouche lui-même, en trinquant avec l'illustre prisonnier, lui glissa dans la main cinq billets de mille francs, que Richard ému ne put refuser. Tous ces hommes semblaient compter sur lui, l'idolâtraient, le posaient en sauveur des libertés nationales; Richard fut vaincu. Il est rare de rencontrer de ces caractères de fer qui, n'obéissant qu'à leurs propres instincts, savent sacrifier fortune, honneurs, popularité, pour s'atteler à un travail long, pénible, dont le placement est incertain et l'avenir douteux. Richard crut aux autres et non à lui-même; il se laissa prendre au mot d'ordre politique qu'on lui coula dans l'oreille, et redevint le soldat obéissant d'un parti, quand il eût dû le commander. La politique est pleine de ces exigences; les partis les plus avancés n'existent que dominés par une sorte d'autocratie qui enlève aux hommes leur libre examen, sans leur permettre d'agir suivant les instincts de leur conscience. L'homme qui s'écarte tout à coup, qui veut marcher en avant, librement, en agissant d'après sa propre volonté, est un homme déclassé que les partis abandonnent, le jugeant plus dangereux isolé que s'il faisait partie d'un camp opposé; au contraire, un esprit rangé, qui ne souffre pas de cette domination, fût-il médiocre, sera mis en avant, acclamé et posé en homme de la plus haute intelligence, à cause de sa médiocrité, qui n'inspire aucune crainte, et à cause de son asservissement. A ce dîner politique se trouvait un jeune Genevois blond et rose, âgé seulement de vingt-quatre ans, qui venait de débuter par un éloge de Voltaire : sans vues nouvelles, sans aspirations éclatantes, ce livre obtint un certain succès par la raison que le Genevois répondait par cet éloge à des attaques violentes. Le parti récompensait le jeune écrivain de cette défense imprévue en faisant louer le livre dans tous ses journaux, en posant le Genevois en homme du plus grand avenir, et en appuyant fortement sur le génie de cet enfant sublime et destructeur pour lequel on se servait du procédé qu'emploient seulement les femmes. Rose, blond, l'œil bleu, la figure sans intelligence, sans angles, parlant peu, souriant niaisement, ce Genevois passait pour n'avoir que dix-neuf ans, et il jouait son rôle en conséquence. Déjà on parlait de ses bonnes fortunes. Une dame maigre, qui n'avait pas plus de cinquante et un ans, l'avait fait le roi de son salon politique: c'était un brevet de capacité auquel il était difficile d'échapper.

Richard avait fui les charmes de cette personne, qui, par sa fortune, disposait d'une grande puissance dans les journaux : de son alcôve sortaient des réputations toutes faites, que ses salons confirmaient; Richard lui-même, longtemps poursuivi par les rancunes de cette même dame, qu'il traita simplement avec politesse, eut à lutter contre la défaveur que savait répandre cette puissante créature, mais il oubliait ces misères de la vie parisienne en se retrouvant avec Soubise, et le concours de sa plume était trop réellement puissant pour que des amis officieux n'intervinssent entre lui et l'ennemie qu'il s'était faite par un manque de courtoisie.

Les besoins de Soubise, l'invention du Genevois, l'unanimité des hommes de son parti firent que, le soir même après le dîner, Richard s'engagea vis-à-vis de Bazouche à lui livrer le pamphlet que chacun attendait de lui. Grâce à la somme que lui avait glissée le libraire, il pouvait satisfaire aux premières nécessités de la belle Soubise dans l'embarras; elle remercia Richard d'un de ce regards qui feraient fondre les millions dans la main d'un homme pauvre : dans ce regard se lisait l'émotion d'une femme qui a honte d'entremêler l'amour et l'argent, et qui rougit d'accepter des preuves matérielles de l'homme qu'elle idolâtre. Une vive rougeur, des yeux attendris, un serrement de main particulier, payèrent Richard bien au delà du service qu'il venait de rendre à sa maîtresse; car l'argent n'entrait que pour une faible part dans ce service. N'ayant pas de besoins, vivant sobrement, Richard, sans cet accident, eût refusé les offres de Bazouche, se fût plongé dans le travail d'où devait sortir son grand livre; mais pouvait-il laisser dans une situation embarrassée une femme aimée, coupable d'avoir épousé un mari joueur? Aussi passa-t-il la nuit à mettre d'accord sa conscience littéraire et sa passion. Toutes choses peuvent se dresser dans le cerveau quand le levier est trouvé. Le levier, c'est la conscience. Pour son repos et son avenir, Richard se plut à chercher des motifs dans un ordre de raisons sophistiques; c'est par là que sont gangrenées souvent les plus belles intelligences. *Je dois faire ceci* ou *je ne dois pas faire cela.* Quand l'homme arrive à composer avec lui-même pour faire ce qu'il *ne doit pas faire*, quand il *ne fait pas* ce qu'il *doit faire*, la meilleure partie de son intelligence native s'enfuit en gémissant et ne revient plus au logis. Richard trouva mille raisons suffisantes pour écrire le pamphlet commandé, mais il perdit du même coup la force, le courage, la volonté, pour se remettre plus tard au grand livre qui avait germé un moment en lui.

On a observé que plus un homme se sacrifie pour une femme, plus il l'aime. C'est ce qui explique la passion qui s'empare à de certains moments d'êtres sans passions. Un banquier entretient une fille d'opéra; il ne l'aime pas d'abord; il y trouve seulement des caresses à son orgueil. Qu'elle le trompe ouvertement, peu lui importe, mais comme il arrive souvent, si la femme est forte, elle s'empare peu à peu de la confiance de l'homme d'argent, elle le mine, elle le dévore. C'est alors seulement, quand il se sent sur une pente fatale, que cet être, qui ne demandait que des plaisirs matériels, sent palpiter en lui d'autres instincts plus délicats. Il commence à aimer la femme qui le trompe, qui le ruine, il l'aime parce qu'elle lui coûte trop; il se sent battu par le naufrage de sa fortune; il adore la femme qui a été plus forte que les spéculations, que le jeu de Bourse.

Il en fut ainsi de Richard, qui, le lendemain, vit entrer Soubise dans sa cellule, avec l'émotion première de ses premiers rendez-vous. Un léger tremblement s'empara de tout son être, des frissons parcoururent son corps; il se sentait redevenu timide en présence de cette belle créature pleine de nouveaux charmes. Après une liaison de deux années, le renouveau se faisait sentir; Richard se trouvait en présence d'une femme qu'il aimait encore plus que par le passé. Quand Soubise voulut remercier l'écrivain du service qu'il lui avait rendu, celui-ci l'arrêta dès les premières paroles, et ses regards semblaient dire: Ne suis-je pas trop heureux d'avoir effacé une partie de tes ennuis? En ce moment, Soubise était si séduisante, que pour elle Richard se fût condamné à rester un homme obscur; il eût sacrifié sa réputation, son avenir. Soubise eût ordonné un crime, Richard l'aurait exécuté; il était tout entier livré à sa passion, l'humanité se résumait dans Soubise. Liberté, emprisonnement se confondaient quand Soubise était présente.

Ivre de bonheur, Richard, aussitôt que sa maîtresse fut partie, se mit immédiatement à sa table de travail; il avait hâte de commencer le pamphlet promis au libraire Bazouche. A l'heure présente, ce n'étaient plus cinq brochures qu'il voulait livrer, mais dix, vingt, cent, afin de pouvoir satisfaire les besoins de Soubise. La tête en feu, il rêvait une réputation égale à son amour, afin de la faire partager à la femme qu'il adorait. Aussi, les premières pages qu'il écrivit se ressentirent-elles de la flamme qui l'animait : un feu singulier brûlait sous ces lignes qui s'alignaient trop lentement au gré de sa pensée ; sa phrase, d'ordinaire large et majestueuse, se ressentait de cette situation, en sortant du moule plus impétueuse et en brisant les obstacles. Quand Richard relut ce début le lendemain, il fut tout étonné des révolutions de son esprit ; à peine reconnaissait-il ces lignes sorties de sa plume, et il fallait que l'écriture matérielle fût là pour le confirmer que lui et non pas un autre avait pensé de la sorte la veille. Jugeant plus froidement, il semblait un médecin qui consulte le pouls du malade : sa phrase avait la fièvre. La passion nouvelle qui courait en lui descendait jusque dans sa plume, et produisit des agitations qui se remarquaient sur la table de bois blanc où il écrivait, couverte de taches d'encre irrégulières, produites par une trop grande vivacité de l'écriture emportée par la pensée. Une nouvelle vie circulait dans son sang et ses écrits, et il comprit pour la première fois de sa vie la puissance de la phrase vivante, courant sans s'arrêter jusqu'à ce qu'elle tombe haletante : en effet, à la suite de ce travail, Richard s'était senti rompu, fatigué, et il lui avait fallu s'étendre sur son lit, non pas dans un état de douloureuse fatigue, mais avec la jouissance secrète d'un homme qui a accompli une tâche difficile, qui s'y est donné tout entier et qui en sort pour ainsi dire immatériellement. Après avoir fortement appliqué sa pensée, Richard était resté sans pensées, étendu, les sens assoupis, le cerveau ensommeillé. Un arc qui a lancé au loin de glorieuses flèches et qu'on accroche à un clou n'est pas plus calme.

Mais pour reprendre le ton de la veille, il fallait la visite de Soubise : elle vint à son heure accoutumée. Richard entendit de loin des pas et se précipita à sa rencontre. Quel ne fut pas son désappointement de la voir arriver, suivie du jeune Genevois qui avait assisté au banquet des jours précédents ! Sans remarquer la mauvaise impression qu'il produisait sur Richard, Soubise présenta le jeune homme, qui, dit-elle, manifestait le plus vif désir d'être mis en rapport avec un homme qu'il admirait. Cette présentation fut d'autant plus pénible pour Richard, qu'il comprenait que, sous le prétexte de rendre visite à un écrivain emprisonné, ce Genevois venait chercher des compliments. Richard n'avait aucune sympathie pour le livre du débutant, livre froid et raisonneur, plein d'un matérialisme étroit, puisé dans les nombreux écrits du dix-huitième siècle. A force de lecture, le Genevois s'était approprié certaines idées des encyclopédistes, qu'il connaissait bien, mais il n'avait pris que leur lanterne, sans pouvoir rallumer la flamme expirée depuis longtemps. Si à vingt-deux ans, le Genevois promettait pour l'avenir un pédant philosophe entêté, sa liaison avec la vieille marquise de Vandœuvre montrait un homme désireux d'arriver par n'importe quel moyen. Dès l'abord, il avait inspiré de l'antipathie à Richard : maintenant c'était presque de la haine; cependant la politesse ne permettait pas de lui manifester du mépris; Richard cherchait à faire partager ses secrets sentiments à Soubise par des regards d'intelligence; mais Soubise, loin de s'associer à la froideur de réception de son amant, faisait les honneurs de la cellule comme si elle eût été dans son salon. Elle activait la conversation entre les deux écrivains, et ne semblait pas remarquer le désir de Richard, dont les coups d'œil expressifs se perdaient sans être remarqués.

Après une heure de conversation, qui roula presque exclusivement sur la politique, le Genevois se leva, et Richard espéra que Soubise resterait; mais elle pria le jeune homme de la reconduire, et ce fut en vain que le prisonnier tenta de lui faire des signes d'intelligence pour pouvoir lui parler tête à tête. Au lieu de la douce après-midi qu'il attendait et de la laborieuse soirée qui devait lui succéder, Richard fut pris d'une sorte de jalousie que comprendront ceux qui ont aimé réellement, à ces premiers moments où l'on souffre même de la présence d'une femme amie qui s'empare de la personne d'un être cher, où l'on rêve une solitude éternelle à deux, un échange continuel de pensées et de paroles. Inquiet, mécontent de lui-même, Richard cherchait à oublier dans le travail cette visite malencontreuse, mais l'image du Genevois ne pouvait le quitter, et la figure rose et le sourire niaisement enfantin de l'écrivain qu'on s'efforçait d'inventer étaient tout ce qu'il pouvait tirer de son cerveau; les quelques pages qu'il produisit en se forçant portaient l'empreinte de l'état d'agacement produit par cette visite. L'idée s'enchaînait aussi mal que les phrases, les phrases se déroulaient péniblement, sèches comme le gosier d'un voyageur dans le désert : entre l'improvisation ardente de la veille et la tension maussade de ces dernières pages, il y avait la différence d'un brillant cheval arabe dans une fantasia et l'essoufflement d'un cheval poussif attelé à une charrette dans un mauvais chemin.

Le lendemain, Soubise fut frappée de l'air de mécontentement empreint sur la physionomie du prisonnier, qui resta froid devant les marques d'affection de son amie.

— Souffrez-vous? dit-elle, ne comprenant rien à son silence.

Après quelques minutes :

— Le Genevois! s'écria Richard.

— Ai-je eu tort de vous l'amener?

— Pouvez-vous le demander?

— Il m'avait tant prié de me faire faire votre connaissance; il vous admire tellement !

Richard haussa les épaules en signe de doute.

— Vous croyez sérieusement qu'il m'admire; ah ! Soubise, vous ne connaissez guère les gens de notre profession... Ce petit bonhomme est infatué d'amour-propre sous une apparence modeste. Ne l'avez-vous pas remarqué à ce dîner où il recevait les compliments les plus exagérés ? On eût dit un saint d'église qui reste calme devant les prières des fidèles... Sa fausse modestie me faisait pitié... Mais il ne s'agit pas d'admiration feinte ou réelle : en entrant ici, j'ai laissé à la porte de la Conciergerie tous ces mensonges de la vie d'écrivain; c'est vous que je veux, c'est votre présence, c'est votre affection... Le reste m'est indifférent. J'ai si peu de temps à vous voir, à vous entendre, et vous m'amenez un étranger qui empêche toute intimité entre nous, qui me glace, qui m'irrite.

— La prison vous affecte, dit Soubise; n'est-ce pas dans votre intérêt que j'amenais ce jeune homme? Il envoie tous les huit jours une correspondance en Suisse; il rendra compte de la conversation qu'il a eu l'honneur d'avoir avec vous, à la Conciergerie. Qu'il vous admire ou non, qu'importe! la position qu'il occupe dans le parti libéral lui fait un devoir de paraître sympathiser avec vous et vos idées. Je travaillais pour vous: vous êtes un ingrat, avouez-le, méchant homme!

Richard reconnut que Soubise avait un sentiment droit de la vie; désormais il se laisserait guider par elle et obéirait aveuglément à sa direction. C'est ainsi que peu à peu l'écrivain arrivait à n'agir que d'après une influence étrangère, qui, toute douce qu'elle fût, l'empêchait de mettre en activité les rouages de sa volonté. Cependant, au bout d'une huitaine de jours, le pamphlet, arrivé à bonne fin, fut livré au libraire Bazouche, qui promit de le faire imprimer avec toute la rapidité désirable. Le lendemain qui suivit la livraison du manuscrit, alors que Richard se délassait par avance à l'idée de revoir Soubise, elle ne vint pas. Richard s'était fait une fête, maintenant l'esprit libre et dégagé de toute préoccupation, de la venue de Soubise, et cette privation lui fut d'autant plus sensible, qu'il ne pouvait plus vaincre son ennui par le travail. Que pouvait-il être arrivé à Soubise? Chaque minute qui éloignait l'espoir de la voir entrer amenait une nouvelle interprétation de son absence; à la place de Soubise, entrèrent les premières ombres du crépuscule, qui trouva Richard livré à ses tristes pensées, comme un homme abattu par le pressentiment d'un grand malheur. Un petit mot de billet de Soubise annonçait qu'elle était prise d'une indisposition qui ne lui permettrait peut-être pas de venir le lendemain ; par ce mot, Soubise priait Richard de ne point s'inquiéter d'une indisposition sans gravité, quoiqu'elle souffrît beaucoup de névralgies. Loin de calmer l'écrivain, le billet fit paraître dans tout son jour la séparation forcée qui existait entre les amants : libre, Richard eût volé à la maison de Soubise, à toute heure, sans choquer M. de Pontlevoy, qui restait momentanément une partie de la nuit à jouer hors de chez lui. Aussi Richard fit-il prier le préfet de police de lui accorder une sortie extraordinaire, permission qui lui fut accordée immédiatement.

Au moment où il allait entrer dans la maison de Soubise, celle-ci parut, belle, fraîche, en grande toilette. Richard fit un mouvement de surprise.

— J'allais vous voir, dit Soubise.

— Comme vous êtes belle ! s'écria Richard d'un ton jaloux.

— Ne vous étonnez pas que la maladie pousse à la toilette ; ennuyée d'avoir été renfermée hier tout le jour, je voulais aller au bois...

— Et moi ? dit Richard.

— Oh ! je vous aurais rendu une petite visite et je suis heureuse de vous avoir rencontré, je vous emmène.

— C'est une bonne idée que vous avez, Soubise ; il y a si longtemps que nous ne nous sommes promenés ensemble, seuls...

Soubise parut embarrassée.

— Nous ne serons pas seuls, dit-elle, Mme la marquise de Vandœuvre m'a offert une place dans sa voiture.

— La marquise de Vandœuvre, s'écria Richard, vous la connaissez?..

— Elle est venue hier me rendre visite et m'a trouvée maladive; aussi m'a-t-elle engagée à l'accompagner au bois pour me distraire.

— Vous voyez cette femme, dit Richard; elle ne peut que me vouloir du mal.

— A vous? mon cher Richard; vraiment, la prison vous rend injuste. La marquise n'est venue chez moi que pour vous; elle n'a pas cessé de me parler de vous; votre nom était sans cesse sur ses lèvres; j'en étais presque jalouse. Mme de Vandœuvre vous aime encore, malgré que vous l'ayez traitée froidement... Si elle n'accourt pas à la Conciergerie, c'est qu'elle n'ose; elle craint d'être mal reçue... Elle me l'a laissé entrevoir, en déguisant l'amour qu'elle vous porte sous une admiration politique qui cache bien des flammes.

— Je n'ai que du mépris pour cette femme, disait Richard, et je ne comprends pas qu'elle puisse mener les hommes distingués qui vont chez elle. Tous ont la même opinion que moi et ils la fréquentent : ils la savent hautaine, aristocrate, et des républicains consentent à lui donner de la puissance en faisant cercle chez elle!

— Comme vous la jugez mal! Est-ce sa faute si elle vous admire?

— Vous croyez à son enthousiasme. Pauvre Soubise, que vous êtes naïve! Elle m'admire comme le Genevois m'admirait: elle est encore plus froide que lui; tous deux peuvent s'entendre; ils n'ont pas chacun la moitié d'un cœur, mais à la place une ambition aiguë qui les dévore. Mme de Vandœuvre a voulu jouer un rôle en politique; dans ce but, elle s'est jetée à la tête de tous les hommes marquants de notre parti. Beaucoup s'y sont laissé prendre et sont restés ses amis; il faut croire qu'elle a surpris quelques-uns de leurs secrets. Pour moi, je vous ai dit quelle avait été ma conduite avec elle, et c'est vous, Soubise, qui me poussez à la revoir.

— Vraiment, peut-on être jalouse de la marquise! Pouvais-je refuser l'invitation d'une femme haut placée, qui a eu la politesse de venir me rendre visite, et qui, pendant que j'étais malade, séparée de vous, m'a fait oublier votre absence en ne me parlant que de mon Richard?

— Ainsi, vous êtes décidée à y aller?
— Si vous m'y accompagnez.
— Si je refusais!...
Soubise ne répondait pas.
— Allons, dit Richard, puisque vous l'exigez.
— Ai-je une volonté, Richard! Vous savez le contraire; mais il serait inconvenant de prévenir à cette heure Mme de Vandœuvre de mon refus... que lui dirai-je?

Cette conversation se tenait en marchant dans la rue de Rivoli.

— Voici la marquise à son balcon, dit Soubise, elle nous a vus. Il faut monter.

Richard suivit Soubise avec résignation et entra mélancoliquement dans les appartements de Mme de Vandœuvre, qui s'élança hors de son salon pour se précipiter au-devant de l'écrivain et lui serrer vivement la main. Tout ce que la conversation parisienne renferme d'artifices fut employé par la marquise, reconnaissante de la rentrée de Richard ; à diverses reprises, l'écrivain avait été amené chez elle, mais il n'y faisait que de courtes apparitions et ne revenait que selon les lois de la plus stricte politesse. Après avoir complimenté Richard sur tous les tons, Mᵐᵉ de Vandœuvre embrassa Soubise pour la récompenser d'avoir amené ce *sauvage* qu'on voyait si rarement. Richard ne savait quelle contenance tenir en présence de ces flatteries, de ces adulations mensongères. En face de la marquise, il se sentait devenir misanthrope, tant il lisait au fond de ces paroles caressantes, démenties par une voix froide, que l'usage du monde n'avait pu assouplir entièrement.

— A quoi bon tant de paroles inutiles ? se demandait l'écrivain cuirassé contre des éloges exagérés qui le gênaient plus qu'une haine sincère. Jugeant la marquise profonde en méchanceté, Richard eût voulu la voir s'abandonner à ses instincts, à son dépit, à sa rancune : alors elle eût été une femme naturelle, montrant ses passions ; mais le masque qu'elle portait constamment, la comédie qu'elle jouait, la rendait odieuse aux yeux de Richard, qui comparait Soubise à la marquise, et qui jugeait d'autant plus favorablement la sincérité jusqu'alors attachée aux moindres actes de celle qu'il aimait.

Un laquais vint annoncer le Genevois, et Richard fut obligé d'accueillir cordialement celui qui était venu lui rendre visite en prison ; mais ce fut un nouveau sujet de dépit. Richard se trouvait en présence, pour quelques heures, de deux êtres antipathiques. Pour Soubise, elle se laissa emmener au bois dans la voiture de la marquise, avec une joie qui se lisait dans ses yeux. Un léger sentiment de vanité perçait dans son contentement : elle, la femme d'un chef de bureau, traitée en égale par la marquise de Vandœuvre, peu accoutumée à montrer de l'amabilité aux femmes et qui semblait oublier tout amour-propre pour vanter la grâce et la beauté de la maîtresse de Richard : de temps en temps, celui-ci se demandait s'il ne rêvait pas, s'il se trouvait réellement en voiture à côté de Soubise et en face de la marquise. Mme de Vandœuvre, comme toutes les femmes intelligentes, affectait un profond mépris pour les personnes de son sexe : les relations qu'elle entretenait avec les hommes les plus distingués de Paris, l'effort qu'elle faisait pour se mettre à leur niveau, l'étude, la lecture, la préoccupation des idées d'avenir lui faisaient tenir en pitié de pauvres êtres dont la vie se passait en coquetteries, en toilettes et en propos insignifiants. Aussi le salon de la marquise était-il presque entièrement composé d'hommes ; le peu de femmes qui s'y voyaient montraient une insignifiance d'intelligence et de beauté : la marquise ne pardonnait pas à ces deux qualités. Elle voulait être la première femme intelligente de Paris, et en même temps son instinct se révoltait de rencontrer la grâce et le charme chez d'autres femmes.

Richard, qui connaissait à fond la marquise, ne put s'empêcher d'être séduit par l'affection qu'elle semblait porter à Soubise : elle reniait tout son passé et se faisait bonne et aimante pour une jeune femme, parce que cette femme appartenait à l'homme dont elle désirait l'amitié. La froideur, la contrainte se fondirent comme par enchantement en face du raisonnement suivant: Peut-être la marquise n'est-elle pas si mauvaise que je me la suis faite! Même le Genevois était oublié, et Richard se plut à voir froissé l'amour-propre du jeune homme, à qui Mme de Vandœuvre adressa rarement la parole.

— Pour vous refaire de votre prison, dit la marquise, que vous seriez aimable, monsieur Richard, de venir passer un mois à ma maison de campagne!

Et comme Richard, étonné de cette nouvelle preuve d'affection, ne répondit rien sur l'instant.

— Tous vos amis y seront, continua Mme de Vandœuvre; je me fais forte d'obtenir un congé pour M. de Pontlevoy.

Soubise remercia la marquise d'un coup d'œil, et Richard, désormais, se laissa aller à une expression de reconnaissance d'autant plus vive, qu'il voulait faire oublier par là à la marquise les mauvais sentiments dont il l'avait crue coupable.

Ainsi Richard jugeait de son importance politique. Une femme qu'il avait blessée mortellement oubliait ses rancunes pour se dévouer entièrement à lui; elle ne conservait même pas de jalousie contre une rivale jeune et belle. Était-ce indifférence ou ligne de conduite? c'est ce que l'écrivain put constater le soir, après un charmant dîner improvisé dans un cabaret à la mode du bois de Boulogne. La nuit venait; la marquise proposa un tour à pied sous les ombrages frais, pendant que la voiture suivrait. Richard prit par politesse le bras de Mme de Vandœuvre.

— Je suis heureuse maintenant, lui dit-elle, et je voudrais voir tout le monde heureux autour de moi.

Cette confidence fit connaître d'un mot la conduite de la marquise, qui parla longuement de son affection pour le Genevois; son cœur était rempli, et Richard, qui aimait, jugeait que l'amour avait changé le caractère de la femme politique. Une après-midi suffit pour faire fondre les nuages qui existaient entre Richard et la marquise; maintenant, confiant, expansif, l'écrivain répondait aux confidences de Mme de Vandœuvre par les siennes propres. Il ouvrait son cœur à une amie en lui en étalant tous les trésors, comme un collectionneur avide de décrocher ses tableaux pour les montrer à un connaisseur. Richard parlait de Soubise à une amie et se trouvait aussi heureux que de lui donner le bras. Qui peut bien comprendre la confidence d'un amour sinon une femme aimée? Le cœur de la marquise était plein, elle l'avait avoué, et Richard ne risquait pas de le faire tressaillir en lui confiant les propres tendresses dont le sien débordait.

Quand la marquise, après être arrivée à son hôtel, donna l'ordre à son cocher de conduire Richard à la Conciergerie en compagnie de Soubise, qui devait terminer la soirée chez elle, Richard jura une amitié profonde à Mme de Vandœuvre, pour la confiance qu'elle lui avait témoignée.

— Maintenant je commence à être jalouse, dit Soubise, étonnée d'entendre de la bouche de son amant l'éloge de la femme qu'il avait peinte sous des couleurs si dures quelques heures auparavant.

Cette réaction produisit un excellent effet sur les idées de Richard, qui se remit au travail le cœur satisfait, en ressentant de cette nouvelle amitié une douce émotion, dont sa veille profita. Le lendemain, à la pointe du jour, Richard reçut un petit billet parfumé, dont l'enveloppe, l'écriture, le cachet, annonçaient un pli de bonne compagnie. Mme de Vandœuvre, sous le coup de la soirée de la veille, ne s'était pas mise au lit avant d'envoyer au prisonnier le trop plein d'affection que cette soirée avait fait déborder en elle : il n'y avait que quelques mots, mais délicats, affectueux, amicaux, devant lesquels s'effaçaient les anciennes poursuites de la femme politique. La marquise donnait à entendre son bonheur d'avoir conquis une amitié si haut placée que celle de l'écrivain, amitié que rien ne pouvait désormais briser. Quelques phrases sur la fragilité de l'amour terminaient le billet. Richard fut complétement heureux entre l'amitié aimante de Soubise et l'amitié amicale de Mme de Vandœuvre, l'amitié d'une femme étant remplie de délicatesses inconnues aux hommes les mieux élevés. Richard se dit que, quand les femmes voulaient être raisonnables, elles possèdent cette qualité à un bien plus haut degré que les hommes. La marquise préférait une amitié solide à une liaison passagère très courte, assez longue pour faire naître des chagrins, des haines que rien ne saurait éteindre. S'il lui restait quelque charbon mal éteint de son ancienne passion, elle en avait fait courageusement le sacrifice, comme dans un incendie il est d'usage de couper le feu en abattant une maison encore intacte, voisine de la flamme.

Soubise arriva, qui ne tarit pas en éloges sur le compte de la généreuse marquise, dont elle s'était séparée la veille dans les meilleurs termes.

— Voici pour vous attacher à moi, avait dit Mme de Vandœuvre, en lui passant au bras un bracelet élégant en fer sculpté.

Rien de plus délicat que ce cadeau, œuvre d'art et de luxe, dû à l'un des plus fameux ornemanistes de Paris ; les matières précieuses en étaient exclues, tels que l'or, les pierreries ; mais ce morceau de fer curieusement ouvragé, dont la matière première était sans valeur, avait dû coûter plus qu'un bracelet en diamants par le fini du travail et le goût de l'artiste. Pour mettre Soubise à son aise, Mme de Vandœuvre s'était engagée à dîner sans façon chez elle ; aussi Mme de Pontlevoy, dont la table était d'ordinaire médiocrement servie, courait-elle Paris pour offrir à la marquise un repas digne d'elle. Elle n'avait fait qu'entrer à la Conciergerie, étant fort pressée, afin de ne pas laisser Richard dans l'inquiétude, et celui-ci pressa lui-même Soubise de ne rien négliger pour recevoir sa nouvelle amie.

— Nous serons bien heureux dans ce château l'automne, dit Soubise.

— Vous avez accepté ?

— Ne faut-il pas que notre Richard oublie sa prison et qu'il prenne des bains de verdure ? a dit la marquise. J'ai consenti pour vous encore plus que pour moi.

Richard resta seul dans sa cellule, dont il ne voyait

plus les murs sales. Le mot de Soubise le transportait
dans des massifs d'arbres épais, à travers lesquels se
glissait sournoisement un rayon de soleil ; ses pas disparaissaient dans des tapis de verdure qui se faisaient
tendres pour porter les deux amants : le silence était
troublé seulement par des chants d'oiseaux invisibles,
qui s'éloignaient afin de ne pas froisser l'oreille par
leurs accents aigus. Tout était ombreux et silencieux
dans ce mirage que les yeux de Richard entrevoyaient.
Sous ces verdures tranquilles, l'amour puisait de nouvelles délicatesses; la bouche avait peur de parler,
l'oreille d'écouter; les battements du cœur étaient plus
distincts; il semblait que les âmes conversaient ensemble
et se reposaient de la brutalité des sensations de la ville.
La nature longtemps asservie reprenait ses droits ; elle
faisait entendre un langage mystérieux qui sortait des
herbes, des fleurs, de l'air, de la lumière : la moindre
brise était un incident dramatique, le jeu des rayons
dans le feuillage faisait oublier les meilleurs tableaux,
aucune symphonie ne pouvait rendre un battement
d'aile, un cri de cigale, une note de bouvreuil.

Ce rêve délicieux, dont Richard ne put déterminer la
durée, était dû à Mme de Vandœuvre. Ainsi peut-être,
cette personne maigre, hautaine, aux mœurs dissolues,
ambitieuse et sans cœur, avait-elle été douée par la civilisation de ces vices que l'écrivain haïssait. Il résolut de
se corriger dès lors de ses premières impressions, et de
chercher dans l'homme ce qu'il devait être loin du séjour des villes ; c'était comme une épaisse croûte de
glace à casser, sous laquelle coulait une eau pure et claire.

Qui sait, se demanda Richard, si la marquise n'est pas victime d'un premier amour, si elle n'a pas cherché, dans les excitations fiévreuses de nouveaux attachements, un oubli à ses dévorantes pensées? Autant jadis les réflexions de Richard étaient amères au souvenir de la marquise, autant aujourd'hui elles s'imprégnaient de nuances favorablement amicales. Soubise ne contribua pas peu à entretenir le prisonnier dans ces heureuses dispositions ; elle était devenue l'inséparable de Mme de Vandœuvre, qui la traitait en enfant gâté. La voiture de Mme de Vandœuvre appartenait pour ainsi dire à Soubise, qui en disposait presque chaque jour pour venir à la Conciergerie. Soubise dînait le plus souvent à l'hôtel de la marquise, et y restait en compagnie le soir ; chacun lui faisait fête, et comme Richard, un jour, laissa percer une pointe de jalousie, elle se récria vivement.

— Si vous saviez ce que j'ai fait pour vous, lui dit-elle.

Elle n'en dit pas plus, semblant émue et désireuse de se laisser surprendre son secret. Richard la pria tellement que son trouble augmenta ; pressée, elle se pencha à l'oreille du prisonnier et lui parla à voix basse.

— Ce sont des vers ! s'écria Richard étonné.

— Oui, je les ai composés depuis huit jours, et je n'osais vous les dire.

Richard paraissait embarrassé.

— Tout le monde m'en a fait des compliments chez Louise.

— Louise? dit Richard.

— La marquise... et vous ne m'en dites rien, ingrat !

Ainsi que beaucoup d'hommes, dont la vie pénible consiste à enchaîner des idées, Richard avait une admiration médiocre pour les femmes littéraires. La poésie est une couronne brillante qui laboure le front des poëtes. Si elle est garnie au dehors de pierres étincelantes, des pointes de fer sont au dedans, qui font souffrir sans relâche le malheureux que la foule acclame. Une fois posée sur la tête de l'imprudent qui s'est laissé prendre à ses richesses, cette couronne ne le quittera qu'au tombeau : les pierres brillantes pourront s'en détacher une à une, l'or se noircira, mais le cercle fatal restera toujours sur la tête du poëte, plus martyr que les saints couverts de cilices, que les illuminés qui se fustigent avec des lanières de fer. Devant cette couronne disparaissent les intérêts de l'humanité, les devoirs de la famille, l'amour pur; il faut chanter, et ne pas craindre des souffrances enfantées par des sensations trop délicates, inconnues au reste des hommes. Le poëte ne s'appartient plus, il est à sa couronne. Combien regrettent une existence tranquille les femmes qui se sont laissé entraîner vers la gloire de la publicité ? Quand elles aiment, ce sont des étrangetés de passions inquiètes que leur donne la poésie à laquelle elles sont asservies; elles contractent à ce métier de penser des aspirations fiévreuses, que rien ne peut satisfaire; elles en oublient leur caractère de femme; toujours elles restent inassouvies.

Telles furent les impressions douloureuses de Richard,

qui frémit à l'idée que la poésie s'était emparée de Soubise.

— Vous ne me dites rien, reprit-elle.

— Vos vers sont très-beaux, dit Richard, qui n'eut pas le courage de communiquer à sa maîtresse les réflexions qui se pressaient en lui.

— On dirait que vous n'êtes pas content, Richard, dit Soubise, étonnée d'entendre un compliment banal après les vives admirations qu'avaient soulevées ses vers dans les salons de Mme de Vandœuvre; Louise m'a fait les lui redire trois fois, c'est elle qui a vaincu mes scrupules en m'engageant à vous les réciter. Ces vers ne prouvent-ils pas que je pense à vous nuit et jour : car je les ai composés la nuit.

— Ils sont charmants, ma Soubise; mais je ne voudrais pas vous voir passer les nuits à vous livrer à des compositions fatigantes.

Le ton dont ces paroles étaient dites fit voir à Soubise que Richard ne partageait pas l'enthousiasme du salon de Mme de Vandœuvre : les vers étaient médiocres; c'est une raison de plus pour obtenir les louanges exagérées de la bonne compagnie, qui de temps en temps se donne la cruelle joie de jeter un poëte au milieu de l'arène, pour, derrière les éventails, le dévorer de remarques moqueuses et satiriques.

Une certaine froideur était résultée de cette confidence poétique : Soubise ne revint pas le lendemain, et Richard passa une nuit tellement agitée qu'il résolut d'obtenir son pardon. A cet effet, il écrivit une lettre, dans laquelle il disait à Soubise les inquiétudes qui le tenaient;

il se reprochait de n'avoir pas témoigné sa reconnaissance pour les quelques vers qui lui étaient dédiés ; il les trouvait admirables, et il comprenait que Soubise cherchât à hausser son intelligence. Dans le principe, Richard avait souri de cette poésie ;, maintenant, il y croyait, et Soubise lui paraissait une femme plus remarquable que par le passé. Mme de Pontlevoy revint en triomphatrice, un sourire légèrement dédaigneux sur les lèvres, et le faible Richard sentit une chaîne nouvelle s'accrocher à son cou. Cependant cette froideur s'éteignit peu à peu, et Soubise avoua à Richard qu'elle était jalouse de sa réputation et qu'elle espérait, dans l'avenir, des succès poétiques destinés à la rendre l'égale du pamphlétaire. Richard était loin de partager des illusions qu'il n'osait combattre; mais la marquise de Vandœuvre lui fit tant de compliments de l'intelligence de Soubise, qu'il crut n'avoir pas compris jusque-là la femme qu'il aimait. Ses lettres, qui furent publiées plus tard sous forme de roman par la belle Soubise, en font foi. On y voit un homme qui s'accuse d'avoir aimé une *femme,* et oublié la poésie latente qui est en elle. Il s'en veut de n'avoir pas découvert ce filon intelligent que l'amour lui cachait : ces lettres seraient fort curieuses si Soubise n'avait eu la malheureuse idée de leur donner une couleur romanesque, ce qui en a atténué le vif accent. Dès que Soubise vit son avenir littéraire bien constaté, elle rendit des visites moins fréquentes au prisonnier, qui s'en plaignait doucement; mais les raisons ne manquaient pas : le travail, les visites aux journalistes, la fréquentation du monde littéraire, les études, la lecture, la nécessité de se tenir au courant des nouveautés dramatiques. Richard souffrait en silence de ces raisons. Il voyait Soubise sur une pente fatale, et ne trouvait rien pour l'arrêter; d'ailleurs, Mᵐᵉ de Pontlevoy avait trouvé un motif impérieux pour se livrer à la littérature. Ses dettes augmentaient de jour en jour, de même que ses frais de toilette; le rang qu'elle occupait chez la marquise la forçait à des dépenses formidables; l'idée d'écrire lui vint naturellement, et elle avait été d'autant plus encouragée dans cette voie, que l'avocat qui fit condamner Richard à la prison lui procura un livre d'éducation, payé un prix raisonnable. Un libraire, dont la spécialité est d'éditer des livres pour la jeunesse, eut un procès pour une question de propriété littéraire, procès important, gagné par le même avocat, qui mit en relation Mᵐᵉ de Pontlevoy avec l'éditeur. En un mois, Soubise avait gagné six cents francs à écrire un livre léger sur l'éducation, sans soupçonner que les *Pestalozzi* ont passé des années de pratique avant d'oser traiter un tel sujet; mais la plume ne pèse guère aux mains des femmes! S'il en est quelques-unes qui, fatiguées de leurs propres souvenirs, ont fait déborder la passion dans des pages brûlantes, empreintes d'un sentiment réel, combien malheureusement ressemblent à une machine à vapeur de chemin de fer, dont les roues, portant des plumes de fer, traceraient des caractères sur la voie! La pensée et l'observation sont souvent absentes de ces lignes rapides auxquelles le cerveau semble n'avoir aucune part.

Richard fut heureux que Soubise écrivît pour les

librairies d'éducation ; il croyait que sa maîtresse obéissait à des principes certains et qu'elle avait développé en elle le sentiment de l'enfance. Aussi, au moment de cette bonne nouvelle, dédia-t-il à M™ de Pontlevoy sa brochure, dont il venait de recevoir les dernières épreuves. Dans cette dédicace, dont chaque ligne trahit la passion, se lisait un encouragement pour Soubise dans la voie pénible de la publicité. Cependant le prisonnier tenta un dernier effort. Par un travail de nuit et de jour, il arriva à écrire deux nouvelles brochures avant que la première fût publiée, il les envoya au libraire Bazouche, en lui faisant une demande d'avances. Bazouche vint en grommelant ; le commerce allait encore plus doucement que par le passé : il n'était pas en fonds ; il avait prêté mille francs à celui-ci, deux mille francs à celui-là, les auteurs s'entendaient pour le ruiner; ils n'étaient pas raisonnables, ne vivaient que d'avances, le remboursaient rarement, et mille autres raisons qui démontrèrent à Richard que sa demande était à peu près rejetée. Cependant, après de longs pourparlers, Bazouche souscrivit à l'écrivain pour cinq mille francs de billets à des échéances dérisoires et sans valeur dans le commerce. Richard, ignorant en matières de banque, serra affectueusement la main du vieux libraire, se croyant à la tête d'une somme réelle de cinq mille francs ; mais son illusion ne fut pas longue, lorsqu'il s'agit de négocier les billets, échelonnés de trois mois en trois mois, et dont la dernière échéance allait à plus d'un an : nul banquier ne voulut se charger d'escompter un papier de librairie si lourd. Appelé de nouveau, Bazouche rejeta la faute sur les écrivains, qui par leurs dettes discréditaient la librairie; mais comme il était *bon* sur la place, il pouvait indiquer à Richard un commissionnaire du quai des Augustins, qui accepterait son papier à un taux raisonnable. Les cinq mille francs produisirent net trois mille deux cents francs, chez l'honnête commissionnaire, qui était un compère du rusé Bazouche. Le célèbre libraire de la Galerie de bois spéculait sur le besoin d'argent des écrivains, en les payant autant que possible en billets, lesquels billets étaient acceptés par un de ses anciens commis, devenu commissionnaire en librairie, et ils se partageaient les bénéfices usuraires.

Qu'importait à Richard? Il avait trois mille francs, dont il envoya aussitôt les deux tiers à Soubise, qu'il savait dans la gêne. Peut-être cette somme pouvait-elle l'arrêter dans ses idées littéraires ! Peut-être reviendrait-elle à cette aimable simplicité de sentiments qu'il lui connut dans l'origine de leur liaison. Richard attendait avec anxiété sa maîtresse, le lendemain de cet envoi; elle ne vint pas, et envoya un simple mot:

— Ami, merci de ce nouveau sacrifice; je pars pour quelques jours en voyage pour faire des études, ne soyez pas inquiet ! Je ne manquerai pas de vous donner bientôt de mes nouvelles.

La chute d'une poutre sur la tête n'eût pas produit un effet plus douloureux et plus sourd que les quelques mots du billet, car Richard resta quelques minutes sans autres sentiments que celui d'un coup brutal qui l'atteignait subitement.

— Elle est partie ! s'écriait-il, en voyant alors pour la première fois les murs de sa prison dans toute leur horreur. Pourquoi partie ? Pour où aller ! Soubise ne le disait pas ; elle ne voulait donc recevoir aucune lettre du prisonnier. Elle mettait en avant des études.

— Des études ! s'écriait avec un rire amer le malheureux Richard. Quelles études?

Il souffrait d'autant plus qu'il avait pensé que l'envoi des deux mille francs arrêterait Mme de Pontlevoy dans ses aspirations littéraires, et qu'elle arriverait le lendemain joyeuse, débarrassée de ses soucis d'argent. Et à sa place étaient venus une dizaine de mots froids, un simple avis, tel qu'une personne pressée en écrit à un indifférent. En ce moment la jaune jalousie entra en rampant dans la prison et se glissa sans être vue jusque dans le cœur du prisonnier; Richard essaya de lutter contre elle; mais c'était comme l'hydre aux mille têtes, dont on arrache avec peine quelques-unes et qui repoussent encore plus nombreuses; c'était un de ces polypes dont la vie est partout, qu'on taille, qu'on rogne, et dont chaque fragment constitue toujours un polype. Pour échapper à ce cruel ennemi, Richard se mit au lit, et reconnut que la chaleur lui était encore plus insupportable que le froid de la cellule. Partout où il tournait ses regards, des voix lui criaient le nom de Soubise, qu'il eût voulu oublier, et il semblait que le mot *partie!* était inscrit en lettres ardentes sur les murs de la prison.

En liberté il eût couru la ville pour avoir des nouvelles de Soubise, il eût rafraîchi son front brûlant à l'air de la campagne; il eût tué son corps de fatigues, de courses;

mais en prison! Que lui ai-je donc fait? s'écriait-il en mesurant avec terreur la grandeur de son affection. Plus il aimait, et plus il se sentait terrifié! Sa vie, son sang, son corps et son âme, il avait tout donné à Soubise; il n'existait que pour elle, et elle avait fui emportant ce précieux dépôt, laissant à la Conciergerie un pauvre être abandonné, désormais sans volonté, sans pensée. Alors il s'apercevait des barreaux de fer de sa fenêtre qu'il secouait et qui restaient immobiles dans le mur. De temps en temps, il rallumait sa lampe pour relire ce fatal billet, qu'il épelait, n'y croyant pas, et la réalité de caractères bien connus lui faisait souffler convulsivement la faible flamme qui éclairait la trahison de Soubise; ou bien il ouvrait son portefeuille et en tirait les dernières lettres de sa maîtresse, afin d'en confronter la forme et le fond. La forme en était la même, des caractères maigres qu'il avait baisés plus d'une fois, mais le fond! A quatre jours de là il avait reçu un petit billet spirituel et amical, huit jours auparavant un mot amoureux, un mois en arrière une lettre pleine de passion. La transition n'était que trop palpable : l'amour avait cédé la place à l'indifférence, puis à la sécheresse du dernier billet. C'en était fait. Soubise n'aimait plus. La manie de la publicité en avait fait une autre femme : elle aimait la gloire, elle n'aimait plus son amant.

Cette nuit suffit pour creuser des sillons sous les yeux de Richard, qui compta les heures une à une et les trouva plus longues que des siècles. La lune l'irritait par sa froide et blanche tranquillité : dans son calme éternel, elle semblait prendre en pitié les misérables passions de l'humanité; elle semblait devoir toujours éclairer cette nuit sans fin, et Richard oubliait qu'autrefois, au bois de Boulogne, tenant la main de Soubise dans la sienne, il avait trouvé douce la lumière de cette lune attendrie, qui sait disparaître avec complaisance derrière un nuage pour voiler les transports de l'amour.

Richard attendait le jour avec impatience, espérant qu'il adoucirait la rage de ses tourments. Au moins, il atteindrait plus facilement l'heure de midi, qui est l'époque de permission de sortie. Vers les dix heures du matin, le libraire Bazouche apparut :

— Grand succès, mon cher Richard, s'écria-t-il, grand succès ! Nous avons mis votre brochure en vente avant-hier, pardonnez-moi de ne vous l'avoir pas envoyée plus tôt, mais mon magasin a été mis comme au pillage; c'est à grand'peine que j'ai pu sauver deux exemplaires, un pour l'imprimerie et un pour vous.

— Que m'importe cette brochure? disait Richard.

— Vous êtes le premier auteur indifférent à un succès; mais j'y prends le plus grand plaisir, soyez-en certain, c'est un fameux succès de librairie, pour lequel je ne regrette pas mon argent.

— L'argent ! s'écria le prisonnier d'un ton d'amertume.

— Vous faites fi de l'argent, de la réputation ! je ne vous reconnais plus; vous êtes un singulier homme, que vous faut-il ?

— La liberté, dit Richard.

— La liberté ! vous n'avez plus que vingt jours de prison; vos amis me l'ont dit, vous sortez à peu près à votre fantaisie, plaignez-vous !

— Je donnerais la moitié de ma vie pour être dehors à l'heure qu'il est, entendez-vous? A midi, je sortirai d'ici, eh bien, si je pouvais passer la porte de la Conciergerie à ce moment même, je donnerais la moitié de ma vie.

— Oui, mon cher Richard, la prison vous irrite; avouez cependant que vous y avez été bien heureux.

— Heureux! s'écria l'écrivain d'une voix qui aurait fait supposer qu'il avait été enfermé dix ans sous les plombs de Venise.

— Vous avez beaucoup travaillé, dit Bazouche.

— Malheureusement.

— Non, non, très-heureusement; si j'étais le maître, je ferais coffrer quelques-uns de mes auteurs, dont je ne peux pas tirer une ligne de copie.

Richard n'entendait pas un mot de ce bavardage de libraire, dont le son l'irritait malgré tout.

— Vous avez eu une singulière idée, dit Bazouche sans faire attention aux tortures morales du prisonnier, en écrivant cette dédicace.

— La dédicace! s'écria Richard, qui saisit convulsivement sa brochure et qui coupa du plat de la main le nom de la première feuille.

— Que faites-vous là? dit le libraire en voyant traiter avec si peu de respect son papier imprimé. En effet le feuillet s'était déchiré inégalement et formait comme des dents de scie. Richard lisait les premières pages, le front en sueur, l'œil enfoncé, et ses poings se serraient de rage!

— Ah! cette dédicace! reprenait Richard, qui avait

jeté de colère la brochure dans un coin de la cellule.

— Oui, continua Bazouche, on a trouvé original de dédier une brochure politique à une femme ; moi-même...

— Eh bien ! quoi, que vous importe ? s'écria Richard en poussant hors de sa chambre le libraire, qui ne comprenait pas l'irritation subite de l'écrivain.

Cette dédicace, écrite avec amour, venait de rappeler cruellement la fuite de Soubise. Ainsi, à cette heure où tout Paris s'entretenait de la publique marque d'affection passionnée que lui avait donnée le prisonnier, c'était de la sorte que Soubise récompensait Richard de ces quelques lignes, dont chaque mot trahissait le secret. Aux souffrances de la passion s'ajoutaient celles de l'amour-propre blessé. Jusque-là, la liaison de Soubise et de Richard n'était connue que d'un petit groupe ; maintenant elle était affichée, répandue à un nombre immense par la voie de la librairie. Bazouche l'avait dit : une telle innovation en matières politiques étonnait chacun et en faisait déduire l'aveu d'une passion que Richard aurait voulu garder pour lui seul dans la circonstance actuelle. L'heure avançait et il craignait de sortir dans Paris, où le plus simple fait prend souvent la forme d'un événement : combien rencontrerait-il de gens de connaissance qui lui parleraient de sa dédicace à Mme de Pontlevoy ? Autant il avait été heureux d'associer le nom de sa maîtresse au succès de la brochure, autant, dans ce moment, il eût désiré anéantir la brochure elle-même, le succès, pour faire disparaître ce nom de Soubise qui le faisait souffrir comme un moxa. Cependant il fit sa toilette et se prépara à sortir. Il se cacherait au fond d'un fiacre, courrait chez Mme de Vandœuvre et ne manquerait pas d'avoir des nouvelles de celle qui s'était enfuie si précipitamment, sans crainte d'ouvrir un abîme dans le cœur du prisonnier.

Comme Richard allait sortir, le guichetier entra :

— Monsieur, dit-il, j'ai des ordres de la Préfecture de police à vous communiquer.

— Qu'est-ce encore? s'écrie Richard, dites, je suis pressé.

— La permission que vous aviez obtenue de sortir une fois par semaine vous est retirée.

— Retirée !

— Oui, monsieur.

— Pourquoi?

— La décision de M. le préfet ne donne aucuns motifs.

— C'en est trop, dit Richard, je vais écrire immédiatement au préfet.

Dans le premier moment de sa colère, il se laissa aller à un emportement d'indignation qui laissait à supposer qu'on avait porté atteinte à un de ses droits.

— Envoyez ceci au secrétariat, dit-il au guichetier, et dépêchez-vous, j'attends la réponse.

Richard oubliait tout à coup sa prison : il écrivait à un chef d'administration comme s'il eût été en liberté; il regardait le guichetier comme un commissionnaire, et il s'imaginait avoir une réponse immédiate. Le guichetier revint sans réponse ; le préfet était absent, ainsi que son secrétaire particulier, et le chef de bureau, après avoir pris connaissance de la lettre, avait dit qu'il en référerait à l'autorité supérieure.

— Il faut que je sorte, pourtant! s'écria Richard qui bondissait dans sa cellule comme un lion en cage.

Lassé d'attendre, il écrivit un mot à la marquise de Vandœuvre, et la supplia, au nom de l'amitié, de lui répondre immédiatement. Deux heures atroces se passèrent ainsi, à la suite desquelles le commissionnaire revint sans réponse : Mme de Vandœuvre était absente, et il avait laissé le billet de Richard.

Il fallait attendre une grande partie de l'après-midi, le préfet pouvait être occupé au ministère, Mme de Vandœuvre ne rentrait que pour dîner quand elle sortait, et les deux réponses pouvaient tarder jusqu'au soir. Richard ne tenait plus en place ; il avait maudit la nuit, il maudissait le jour ; le soleil brillant l'irritait peut-être encore plus que la froide lune. Dans le préau qui donne au-dessus des fenêtres de Richard, il pouvait voir les prisonniers chanter, crier, jouer, se chauffer dans un des angles du mur, étendus, caressés par les rayons de ce soleil qui accompagnait Soubise... dans quelle partie de la France? Que faisait-elle à cette heure? que pensait-elle? avait-elle quelque repentir d'avoir abandonné l'homme qu'elle devait tant aimer? qui sait si, en appliquant fortement sa pensée sur ces rayons de soleil, ils n'iraient pas transmettre à Soubise les agitations d'un cœur souffrant! L'amour s'empare de toutes les idées folles et s'attache à les croire possibles. Richard chargea les rayons de soleil de son message, comme il l'eût confié à un fil électrique, et il attendit longtemps une réponse qui ne vint pas, car le temps s'était obscurci tout à coup, et il semblait qu'impatients de porter ce message, les rayons brillants s'étaient enfuis de la cour de la prison.

Malgré tout, le calme ne revenait pas dans cette âme brisée. Richard sortit de sa cellule et se dirigea vers le parloir; de là, il espérait recevoir plus tôt les réponses qu'il attendait, en même temps qu'échapper aux tortures de la solitude. Le parloir de la Conciergerie est sombre, froid et élevé; ses voûtes en arceaux, qui rappellent d'anciens caveaux, donnent à ce lieu une physionomie telle qu'on se la figure des prisons de l'inquisition. Dans cette ancienne prison, on se sent plus prisonnier qu'ailleurs; partout voltigent de tristes souvenirs des guerres civiles : chaque porte rappelle un nom illustre qui en est sorti sans espérance. Quoique le parloir fût plein d'une foule inquiète, cherchant à communiquer aux prévenus quelque parcelle de la liberté du dehors, Richard n'en fut pas moins douloureusement ému en voyant cette grille qui séparait les uns des autres. A l'ordinaire, c'était le cœur palpitant, le pied léger qu'il traversait ce parloir pour sortir de la Conciergerie; il allait retrouver Soubise! Mais aujourd'hui, confondu avec la foule de prévenus et de condamnés à qui il était défendu de franchir la fatale grille, il se trouvait parmi tous le seul sans un visiteur, sans un ami! Ceux qui ont visité un hôpital le dimanche, auront pu remarquer l'amertume inscrite sur les traits des malades abandonnés : ces jours privilégiés, l'hôpital semble en fête; les femmes vont visiter leurs maris, les enfants leurs pères, les maîtresses leurs amants. Chacun apporte un cadeau comme au premier jour de l'année, un modeste cadeau, des oranges, des biscuits, des confitures ; mais le malade, à la vue de ces souvenirs, se sent rappeler à la vie : il entend des voix amies, l'affection lui va jusqu'au cœur. Tandis qu'à côté est étendu sur un lit de douleurs un malheureux, un vieillard sans famille, un orphelin qui n'espèrent nulle visite du dehors, nul cadeau, nulle attention. Celui-là, sans être jaloux, souffre de cette fête d'hôpital; les embrassements lui rappellent qu'il n'en attend plus depuis longtemps : s'il guérit, il reviendra à la vie plus lentement, et il cache ses yeux brûlants dans l'oreiller pour échapper à la vue des tendresses qui éclatent de toutes parts. Richard était semblable à ces malheureux abandonnés; plus malheureux encore, car il avait goûté longtemps aux fruits de la liberté et de l'amour, et tout à coup une main sauvage avait coupé brutalement les deux arbres qui servaient à le rafraîchir.

Dans un coin du parloir se tenait un forçat libéré, la terreur des voleurs de la Conciergerie sur lesquels il exerçait une sorte de domination. Cet homme redoutable par son caractère brutal avait donné des coups de couteau à sa maîtresse, dans un accès de jalousie. La première personne qui le fit demander au parloir fut cette même femme, qui pleurait de voir son amant renfermé. Richard ne pouvait entendre ce qu'elle disait à son meurtrier, mais à sa physionomie, à son regard, à l'attendrissement empreint sur sa figure, il était facile de voir qu'elle semblait demander grâce au forçat de lui avoir donné sujet de la frapper. Ce spectacle attendrit profondément Richard :

— Ainsi veulent être aimées les femmes, pensa-t-il. Si je n'avais pas obéi aux moindres désirs de Soubise, si je ne lui avais pas sacrifié ma vie, mon avenir, à cette heure, elle serait ici. Plus il réfléchissait et plus il découvrait à son amour des développements immenses, dont il pouvait à peine voir les horizons. Cette visite au parloir lui fit encore plus de mal que la solitude, et il retourna dans sa cellule, espérant que peut-être une lettre était venue pendant son absence; mais la soirée se passa sans réponse, et la nuit du prisonnier fut encore plus cruelle que la précédente. Il eut un instant de sommeil lourd, maladif, et ce repos malsain fut troublé par un cauchemar tel qu'il se releva en sueur, effrayé, ne sachant s'il était victime de la réalité ou d'un rêve. Les murs de la prison se rapprochaient insensiblement, le plafond s'abaissait, Richard se trouvait pris entre quatre pierres polies et froides comme dans un tombeau dont il ne pouvait plus sortir; il respirait à peine. La voix lui manquait, et il lui restait juste assez d'intelligence pour avoir une idée nette de cette horible situation; cependant ses yeux acquéraient une puissance singulière qui lui permettait de voir au delà de son tombeau. Tout était plaisirs et fêtes au dehors : Soubise, en habit de bal, dans un cercle d'adorateurs, souriait, laissait échapper de doux regards à chacun des hommes qui l'entouraient. Elle pouvait voir dans la terre, bien au-dessous d'elle, le malheureux entre quatre murs, mais elle semblait ne pas le reconnaître, et, dans un coin du salon, la marquise de Vandœuvre souriait perfidement.

— Je me suis vengée, disait-elle.

Une telle alliance de la réalité et de l'impossible jeta Richard dans une terreur profonde. Il n'y voyait que la réalité. Cette prison, qui se changeait petit à petit en un tombeau où il était oublié, ne pouvait-elle pas devenir perpétuelle? Recouvrerait-il cette liberté que la police de la Restauration pouvait rendre illusoire? N'existait-il pas d'exemples de gens disparus tout à coup sans laisser de traces? Le cerveau du prisonnier bouillonnait; d'étranges idées se pressaient les unes contre les autres, en tas, sans suite. Richard eut peur un instant de perdre la raison. Il avait bien perdu Soubise, en qui il croyait aveuglément! A cette heure, il ne répondait plus de sa raison, qui semblait se heurter contre toutes les parois de son crâne, comme si elle eût cherché une fissure pour s'enfuir. En ouvrant la fenêtre et en laissant pénétrer un peu d'air, Richard put reprendre ses esprits; la confiance revint avec le calme. Le lendemain, il recevrait certainement une lettre de Mme Vandœuvre, sans doute, une explication du préfet de police, peut-être un mot de Soubise. La marquise de Vandœuvre n'était rentrée que fort tard chez elle: un malentendu dans les bureaux avait privé le prisonnier de sa sortie; Soubise se justifierait par une lettre aimante. Ce cauchemar, cette vision du mal étaient dus évidemment à la fatigue produite par des excès de travail.

Richard rougit de s'être laissé aller à des exagérations fiévreuses et chercha à se représenter l'humanité sous le jour le plus favorable. Il essaya de lire et prit au hasard un livre qui lui tomba sous la main. C'était la vie de Diderot, publiée par sa fille ; mais il n'en lut pas plus de dix lignes : le volume lui tomba des mains et des sanglots s'échappèrent de sa poitrine. Diderot, lui aussi emprisonné, avait été trompé par sa maîtresse : Jean-Jacques, trompé par sa maîtresse, Voltaire, trompé par sa maîtresse! Ainsi, le génie ne mettait pas en garde contre les trahisons de la femme. Nul ne pouvait y échapper. Les poëtes, les philosophes, les moralistes étaient tous d'accord : une femme inférieure a toujours trahi l'homme supérieur. La supériorité des hommes n'avait fait qu'augmenter leurs souffrances. Tous ils avaient passé par ces landes mornes et désolées qu'on appelle une passion éteinte ; chez tous, le cœur s'était racorni convulsivement comme un parchemin sur le feu, tous avaient pleuré en secret des larmes brûlantes : aussi Richard se laissait-il aller à des flots de larmes qui rafraîchissaient momentanément ses vives blessures.

Cependant l'heure avançait, Richard prêtait une oreille attentive aux moindres bruits de la prison, espérant distinguer les pas du geôlier apportant une lettre. A dix heures, qui est le moment habituel de la distribution, le geôlier entra et Richard se précipita vers lui, mais pour reculer aussitôt. C'était le déjeuner que l'homme apportait ; et comme il était bien payé par Richard, qu'il connaissait son inquiétude, il n'eût pas manqué de porter sur sa physionomie l'annonce d'une bonne nouvelle. Richard ne dit pas une parole, et le guichetier eut un instinct de délicatesse en ne parlant pas de ce qu'il savait remplir la pensée du prisonnier. Il déposa le déjeuner sur la table et s'en retournait sans mot dire.

— Rien des bureaux? s'écria Richard.

— Rien, monsieur.

— Il n'est pas possible, ma lettre ne sera pas parvenue au préfet... Je vais lui écrire.

Et Richard, maîtrisé par la douleur, qui, la veille, avait fait explosion dans sa lettre, supplia le préfet de police de lui accorder une audience. Il s'adressait à l'homme et non pas à l'administrateur; les rapports qu'il avait eus avec le préfet, au début de sa détention, autorisaient Richard à solliciter une audience presque immédiate, des affaires d'une nature grave réclamant sa présence dans Paris.

Le préfet vint l'après-midi, et Richard ne put retenir une exclamation de joie ; il lui offrit une chaise, mais le préfet, d'un geste de refus :

— Monsieur, j'ai peu de temps à vous donner; ma présence est réclamée au ministère.

Richard s'était persuadé que le préfet de police s'excuserait des obstacles mis à sa sortie; aussi attendait-il avec impatience que celui-ci s'expliquât. Le préfet regardait son prisonnier comme pour l'inviter à parler. Ce fut au tour de l'écrivain d'être embarrassé.

— Monsieur le préfet, j'ai eu l'honneur de vous écrire hier, pour réclamer...

— Un permis de sortie; malheureusement ce permis est suspendu.

— Suspendu! s'écria Richard.

— Complétement.

les lèvres du prisonnier faisaient écho et répétaient : complétement.

— Monsieur le préfet, oserais-je vous en demander le motif?

— Écoutez-moi attentivement, monsieur : vous avez perdu cette faveur par votre faute... La justice vous condamne à la prison pour une brochure répréhensible; je rencontre un galant homme dans une mauvaise situation, je me mets entièrement à son service pour lui adoucir les ennuis de la captivité; je le garde à la Conciergerie; je lui accorde de recevoir autant de personnes qu'il lui plaît; il lui est permis de sortir une fois par quinzaine, j'élargis encore cette faveur, mes bureaux ont ordre de lui délivrer une passe quand il la demande; comment suis-je récompensé de ces services? Par une brochure nouvelle, datée de la Conciergerie, qui attaque le gouvernement avec un nouvel acharnement, et met en péril nos institutions. Le ministre de la justice me fait venir, me reproche ma tolérance, me taxe de faiblesse... Enfin, mon cher monsieur, pour vous avoir rendu service, j'ai été menacé d'une destitution. Voilà pourquoi monseigneur le ministre a décidé que vous ne sortiriez maintenant qu'avec un ordre signé de lui-même. Faites une demande, si vous le jugez convenable, quoique je craigne qu'elle reste sans effet.

— Mais il faut que je sorte absolument, s'écriait Richard.

— Hélas! je n'y puis rien.

— Aujourd'hui même.

— Vous feriez aujourd'hui une demande à monseigneur le ministre qu'elle arriverait trop tard.

— Maudite brochure! s'écria Richard.

— Ne pouviez-vous attendre d'être rendu à la liberté pour nous attaquer?

— Ah! je voudrais anéantir cette brochure.

Le préfet fit quelques pas dans la cellule, comme pour prendre congé du prisonnier.

— Ainsi, monsieur le préfet, je suis condamné à rester enfermé ici, dans ce lieu épouvantable?

— Vous n'avez pas à vous plaindre, monsieur; nous pouvions y mettre plus de rigueur. Dans une autre prison, après le scandale produit par votre dernier pamphlet, le directeur vous eût fait enlever immédiatement plume, encre et papier. Rien, sauf vos permissions de sortie, n'a été changé aux égards que je vous ai témoignés lors de votre entrée.

— Si je pouvais sortir! ah! monsieur le préfet, vous ne vous doutez pas de mes souffrances!

Richard alla vers un petit miroir et se regarda.

— Suis-je le même homme qu'il y a cinq mois! Depuis deux jours je souffre tellement que je me sens changer... Je ne m'étais pas regardé, mais je viens de voir sur cette glace les ravages...

— Voulez-vous, mon cher monsieur, que je fasse appeler un médecin?

— Un médecin! dit ironiquement le prisonnier; c'est la liberté qu'il me faut, un seul jour.

— Mais il ne vous reste plus qu'une quinzaine.

— Dix-huit jours! dans dix-huit jours je serais mort

s'il me fallait rester emprisonné... Vous ne me comprenez donc pas, monsieur le préfet?

— Homme imprudent! il vous était si facile de ne pas publier de brochure. Quinze jours de retard dans la publication de ce pamphlet ne mettaient pas en péril le parti libéral.

— Ah! les libéraux! s'écria Richard d'un ton de dédain... Ne pourrais-je faire une demande au ministre de la justice?

— Il est toujours permis de faire une demande, mais de là à la voir accueillie....

— En faisant valoir combien mes intérêts peuvent souffrir au dehors...

— Le ministre ne connaît et ne doit pas connaître d'intérêts particuliers: il veille aux intérêts publics; mais je dois vous avertir qu'il est mal disposé en votre faveur. Vous ne jouiriez pas au ministère des priviléges que je vous ai peut-être trop facilement accordés. Une demande adressée à monseigneur le ministre de la justice, en suivant la filière ordinaire des bureaux, ne recevrait pas de réponse avant un mois.

— Un mois! s'écria Richard.

— Et vous n'avez plus que dix-huit jours à faire.

Le préfet alla vers la porte.

— De grâce, monsieur le préfet, s'écria Richard, écoutez-moi; je suis perdu si je ne sors pas, il le faut; ayez pitié de moi; ne m'avez-vous pas dit que vous alliez au ministère?

— Oui, monsieur.

— Un seul mot de vous au ministre suffirait pour

l'émouvoir, pour le bien disposer en ma faveur.

— Que me demandez-vous là, monsieur !

— Eh bien, monsieur le préfet, écoutez ce que je vais vous dire, j'emploierai tous les moyens pour sortir d'ici, il le faut.... Il faut que je sorte à tout prix.

Là-dessus le préfet de police laissa Richard dans un profond accablement. La nuit qui suivit fut d'autant plus cruelle, que maintenant l'implacable réalité se montrait dans toute son âpre nudité. Mme de Vandœuvre n'avait pas répondu à la lettre de Richard, parce qu'elle se vengeait; son image, entrevue dans le songe de la veille, n'était que trop ressemblante. Par sa faute, le prisonnier avait perdu sa liberté, en même temps que la liberté s'était enfuie Soubise. Alors les remords vinrent se joindre aux chagrins: Richard payait par des souffrances inouïes les jouissances d'un amour illégitime. La morale de tous les peuples s'accordait sur le même point; toute passion illégitime recevra son châtiment sur la terre, quand même elle échapperait à la justice des hommes et de Dieu. Richard n'était-il pas coupable d'avoir le premier engagé Soubise à déserter ses devoirs conjugaux ? Elle l'avait aimé pour sa célébrité; elle fut conduite de là à vouloir elle-même chercher la célébrité. Si elle avait trahi son mari pour Richard, pourquoi ne trahirait-elle pas Richard pour un autre ? Mais ces raisons froides, cette morale subite ne pouvaient apaiser les souffrances du prisonnier dont le seul rêve était : la voir encore une fois, lui parler, lui montrer les trésors d'amour enfouis, oubliés dans sa fuite !

Les amants malheureux n'ont pas de trêve qu'ils ne

sachent le pourquoi de la trahison ; ils veulent voir leur malheur dans toute son étendue, le toucher, se donner la cruelle joie de le palper ; ils sont incrédules tant que la conviction leur manque, et la conviction les rend quelquefois plus crédules et plus amoureux. Richard pensait à faire agir des amis pour avoir des nouvelles de Soubise, mais il rougissait d'avouer cette trahison, et maintenant il voyait rarement ses amis. L'été avait chassé de Paris tous ces heureux, brisés par la fièvre de la capitale, qui n'ont qu'un rêve, celui de se retremper dans des campagnes tranquilles. Après le premier enthousiasme en faveur du pamphlétaire, les visites étaient devenues plus rares : la vie parisienne exige tant d'égoïsme et de luttes personnelles quotidiennes qu'un homme malade, emprisonné ou exilé est oublié : il est mort à demi ; s'il reparaît, une simple poignée de main indifférente est le plus souvent le seul signe de joie qu'il a le droit d'attendre. Ces trois mois de prison vieillirent Richard de vingt ans ; il en sortit laissant dans sa cellule des illusions qu'il avait apportées jeunes, encore fraîches, et qu'il retrouva dans un coin fanées et flétries.

Le lendemain, sur le midi, le préfet de police entra dans la cellule. Il était parti d'un tel air de pitié, que Richard ne comptait plus le revoir. Aussi cette visite imprévue fit-elle bondir son cœur ; peut-être le ministre de la justice s'était-il relâché de sa sévérité pour un écrivain honorable, dont le seul crime était d'avoir exprimé trop vivement des pensées d'avenir. Le préfet de police dit à Richard qu'il avait trouvé le ministre plus mal disposé que jamais : le pamphlet se répandait par toute la France à des nombres immenses; Richard devait se trouver heureux de n'être pas poursuivi de nouveau et de ne pas voir une condamnation ajoutée à l'ancienne. Le prisonnier interrompit cette conversation en maudissant ce fatal écrit, et le préfet s'y trompa.

— Avez-vous réellement regret, monsieur, d'avoir publié cette brochure?

— Elle est la cause de tous mes maux.

— Le parti libéral doit vous en savoir le plus grand gré.

— Que m'importe?

— Seriez-vous déjà désillusionné, monsieur Richard?

— Désillusionné est un mot trop beau pour peindre les landes arides de ma pensée.

— Cependant vous avez espéré porter un coup terrible au gouvernement?

— Je me soucie bien du gouvernement!

— Hier déjà, mon cher monsieur Richard, j'ai cru remarquer ce scepticisme amer qui, en effet, vous a changé, beaucoup changé.

— N'est-il pas vrai, monsieur? s'écria Richard; oui, je suis changé, je ne suis plus le même homme. Cette prison comptera dans ma vie; j'y suis bien malheureux et j'aspire à la liberté. Peut-être un jour regretterai-je ces heures de solitude!... Ah! si je pouvais sortir!

— Nous passons dans vos journaux pour des geôliers farouches, mais vous savez qu'il n'en est rien.

— Je n'ai qu'à me louer de vous, monsieur le préfet, et je reconnais moi-même que j'ai mérité la mesure de sévérité qui m'a atteint dans ma liberté.

— Eh bien, la plupart des actes du gouvernement

sont attaqués par les feuilles libérales avec autant de justice ; il suffit qu'une mesure soit prise par le gouvernement pour qu'elle soit dite mauvaise ; toute idée est déclarée nulle par votre parti. Je prends mon administration pour mieux me faire comprendre : quand je songe à un arrêté utile, à une mesure qui intéresse la sûreté des citoyens, je suis certain que, le lendemain, cette mesure sera vilipendée et conspuée dans vos feuilles par des journalistes qui se donnent pour mission de mentir à leurs propres opinions, uniquement parce que moi, préfet de police, j'appartiens au gouvernement. Il en est ainsi de tous les fonctionnaires haut placés, des ministres eux-mêmes : qu'ils se consument en veilles, qu'ils se sacrifient aux intérêts du pays, jamais une feuille libérale ne sera assez libre pour reconnaître leurs efforts, leurs tendances et leurs travaux.

— Il est vrai, s'écriait Richard.

— Je sais qu'il y a d'honnêtes gens qui, après avoir passé par le journalisme, se retirent la rougeur au front, et viennent à nous en se repentant du mal qu'ils ont pu commettre. Vous avez un grand talent, monsieur Richard, mais vous l'employez à faux. Qu'est-ce qu'un journaliste ? Un paresseux qui doit fournir tant de lignes par jour, qui se lève ennuyé de l'article à faire, qui va respirer l'air pesant d'une salle de rédaction, qui lit indolemment quelques journaux, et qui broche là-dessus un article quelconque. Cela ne mène à rien ; on devient vieux en quinze ans : l'ennui tue plus que le travail. A ce métier de machine, l'intelligence s'use vite : un jour arrivent d'autres hommes, des jeunes gens sans respect pour vous ; vous êtes un vieux journaliste, vous n'êtes rien. Nous en parlions hier avec monseigneur le ministre, qui déplorait de voir une intelligence comme la vôtre perdue dans le journalisme.

Alors le préfet fit un tableau sombre de l'avenir de Richard en l'avertissant que le ministre voulait ordonner de nouvelles poursuites contre la brochure. — Votre dernier pamphlet est plus violent que le précédent ; je crains que vous ne soyez condamné ; le tribunal sera moins indulgent. Un an ajouté à ces six mois vous fera connaître alors la prison dans toute sa rigueur, car il me sera impossible de garder à la Conciergerie un condamné à un an, et j'en serai véritablement désespéré, dit le préfet d'un ton qui marquait son intérêt pour Richard.

Une discussion cordiale s'établit entre le fonctionnaire et l'écrivain, discussion politique dans laquelle le préfet combattait sans résistance les arguments de Richard en faveur du libéralisme. Richard n'appartenait plus à la politique, mais à l'amour. Un révolutionnaire n'est fermement révolutionnaire que dégagé des autres passions. Il est impossible d'aimer la femme et la République : on les aime mal toutes les deux. Richard avait perdu sa fermeté et son caractère au service de Soubise. Aussi la modération subite de ses principes fit que le préfet jugea, à quelques mots échappés, de la véritable situation d'esprit du prisonnier, et qu'il lui glissa adroitement la promesse d'une liberté complète, à la condition que Richard prendrait l'engagement de ne plus traiter de matières politiques. Le préfet était un habile diplomate ;

ayant surpris un éclair de doute dans les yeux de Richard, il lui fit entrevoir les champs de la haute littérature, de la philosophie, qui ouvriraient de nouveaux horizons à son esprit. Au lieu d'écrire des pamphlets, qui n'avaient d'autre valeur que l'actualité, Richard se recueillerait et lancerait dans le public un ouvrage que pourraient applaudir tous les partis. Sans le savoir, le préfet avait touché une corde sensible. S'étant aperçu qu'elle résonnait, il sortit laissant le prisonnier sous ce coup ; mais peu à peu la conscience rentra dans Richard et lui montra quel piége adroit le préfet de police semblait lui tendre. Pour être libre, il fallait renoncer au pamphlet ! Richard était fier de souffrir pour ses croyances : sa conscience se redressait de toute sa hauteur et lui entr'ouvrait un coin du monument où étaient gravés en caractères ineffaçables les noms des hommes de courage qui se sont sacrifiés pour l'avenir de l'humanité.

— Plutôt rester toujours enfermé ! s'écria l'écrivain dans son exaltation nerveuse ; mais le lendemain, quand il se retrouva seul, isolé, dans sa cellule, sans lettres, sans visites, l'accablement le reprit, plus sourd et plus tenace que jamais. Le flot de larmes qui l'avait soulagé était tari ; il ne restait plus qu'un chagrin sec, aride comme un ruisseau desséché. Les derniers espoirs s'évanouissaient à mesure que les jours s'écoulaient : Soubise n'écrivait pas. Qui sait s'il ne lui était pas arrivé d'accident ? Car la femme la plus perfide ne pouvait abandonner de la sorte un homme qu'elle avait tant aimé. Richard eût préféré un abandon positif à cette incertitude qui le minait. En moins de huit jours, des courants bilieux avaient changé sa physionomie à tel point qu'on l'eût pris pour un convalescent sortant d'une maladie de six mois ; la nuit, la fièvre le dévorait, et il se réveillait quelquefois en appelant Soubise d'une voix grelottante. Ses forces s'épuisaient, rongées par un feu intérieur qui affaiblissait ses jambes, et il pressentait que le jour viendrait où il ne pourrait plus sortir de sa cellule. La nuit, il voyait sans cesse la maladie qui voltigeait autour de lui, semblant chercher l'endroit le plus faible de son corps pour s'y loger. Si la mort fût venue, Richard l'eût accueillie avec joie ; il la désirait, il l'appelait ; ses tortures étaient trop vives pour ne pas lui faire désirer le repos. Que lui importait la vie aujourd'hui ! Son intelligence se démantelait pièce à pièce comme une place forte, endommagée par l'artillerie, et qui ne pense qu'à se rendre.

Quand Richard crut son intelligence perdue à jamais, il fit demander le préfet de police, et lui dit qu'il offrait sa parole de ne plus écrire contre le gouvernement. Il n'y avait plus que cinq jours à attendre pour sa délivrance! Le préfet reçut l'engagement de l'écrivain de ne plus traiter de matières politiques; le ministère avait essayé d'incriminer la dernière brochure du pamphlétaire, mais le procureur général, consulté, répondit qu'il craignait un acquittement. Des événements politiques étaient survenus qui annonçaient une grave opposition dans le pays.

Richard sortit de prison.

Son premier soin fut de courir à la maison de M. Pontlevoy, à qui il avait écrit sans obtenir de réponse. Là, il apprit que les lettres envoyées à Soubise et à son mari étaient adressées à Bade, poste restante. Il en était de même pour la marquise de Vandœuvre; elle avait accompagné Soubise; c'est ce qui expliqua à Richard comment il ne reçut pas de réponse. Richard partit immédiatement pour Bade; enfin il allait avoir des nouvelles de Soubise, la voir, la rencontrer, lui parler. Elle lui semblait maintenant moins coupable, accompagnée de son mari et de la marquise. C'était un petit voyage improvisé par la marquise qui avait enlevé Soubise, sans lui permettre de voir Richard, qui aurait pu la retenir. Peut-être la marquise, par cette légère vengeance, essayait-elle de montrer sa puissance à l'écrivain?

Richard, en arrivant à Bade, où ne respirent que le plaisir, le jeu, la danse, la toilette, sentit ses craintes se dissiper. Les maisons aux murs peints, la verdure peignée des montagnes, contrastaient tellement avec l'intérieur de la Conciergerie, que Richard sentit une nouvelle existence poindre en lui. Il arrivait à deux heures de l'après-midi; aussitôt il courut au Casino. Des valses enivrantes se faisaient entendre, toute la population des baigneurs et des joueurs se promenait sous les ombrages. Tout à coup Richard frissonna. Il venait de voir Soubise au bras de l'avocat qui l'avait fait condamner; elle s'appuyait sur lui, et l'avocat lui répondait par des mots jetés dans l'oreille, dont on peut deviner le sens à la manière dont ils sont dits.

Richard devint pâle, s'appuya contre un tilleul et crut qu'il allait tomber; cependant, malgré cet état de faiblesse, il put remarquer que Soubise pressait le bras de l'avocat comme pour l'engager à regarder devant lui. Tous les trois s'étaient reconnus ; mais Soubise fit un brusque détour en emmenant son cavalier, et Richard resta seul dans le parc !

Le même soir il repartit pour Paris, où depuis on l'a vu toujours inquiet et maladif, ne souriant jamais, parlant rarement à ses meilleurs amis. On l'a cru longtemps abattu par le séjour de la prison. Divers hommes influents de son parti essayèrent de le distraire en le rendant aux plaisirs. Richard était perdu pour toujours. Son intelligence revint, qui se trahissait par des paroles âcres contre le gouvernement ; il en jugeait sainement la situation chancelante. Quelquefois on l'engageait à écrire de nouveau ses conversations, qui, si elles avaient été publiées, eussent porté le dernier coup au règne de Charles X ; mais il fuyait quand on lui parlait d'écrire, ne lisait aucunes gazettes, et craignait surtout de se retrouver avec ses anciens confrères.

Les intelligences s'usent aussi vite à Paris qu'elles y sont oubliées. Le Genevois, protégé par la marquise de Vandœuvre, remplaça Richard, et la presse libérale, qui ne montra aucun regret de la perte d'un homme de talent, s'enthousiasma pour un être froid, sans passion, bon soldat, du reste.

Le nom de Richard Loyauté serait aujourd'hui tout à fait oublié, s'il n'était gravé, au milieu de noms obscurs, sur la colonne de juillet.

Richard fut tué par un Suisse, à l'attaque du Louvre, le 28 juillet 1830.

FIN

TABLE

Pages

Avis au lecteur 3
Les amoureux de Sainte-Périne 5
Histoire de Richard Loyauté 211

TROIS FRANCS LE VOLUME

Format grand in-octavo, de 400 à 800 pages, papier vélin, impression de luxe.

VICTOR COUSIN (DE L'ACADÉMIE FRANÇAISE)

Premiers Essais de Philosophie, 1 vol........................ 3 fr.
Philosophie sensualiste, 1 vol................................... 3 fr.
Philosophie écossaise, 1 vol.................................... 3 fr.
Philosophie de Kant, 1 vol...................................... 3 fr.

ALFRED DE VIGNY (DE L'ACADÉMIE FRANÇAISE)

Nouvelle édition des œuvres complètes

Stello, 1 vol... 3 fr.
Grandeur et Servitude militaires, 1 vol................... 3 fr.
Théatre, 1 vol... 3 fr.
Cinq-Mars, avec autographes de Richelieu et de Cinq-Mars, 1 vol. 3 fr.
Poésies, 1 vol.. 3 fr.

MAXIME DU CAMP

Les Beaux-Arts a l'Exposition universelle, 1 vol. de 480 pag. 3 fr.

Format grand in-18, de 300 à 400 pages, tiré sur beau papier glacé.

LOUIS JOURDAN.

Les Mauvais ménages, 1 vol................................... 3 fr.

LOUIS ULBACH.

Pauline Foucault, 1 vol... 3 fr.

CH. DE LA VARENNE.

Victor Emanuel II et le Piémont en 1858................. 3 fr.

---

50 CENTIMES LE VOLUME

Format grand in-32, papier vélin, impression de luxe.

NESTOR ROQUEPLAN
Les Coulisses de l'Opéra, 1 v. 50 c.

ALEXANDRE DUMAS
Marie Dorval, 1 vol........ 50 c.

GUSTAVE CLAUDIN
Palsambleu, 1 vol............ 50 c.

LÉON PAILLET
Voleurs et Volés, 1 vol...... 50 c.

MICHELET
Pologne et Russie, 1 vol..... 50 c.

H. DE VILLEMESSANT
Les Cancans, 1 vol.......... 50 c.

EDMOND TEXIER
Une Histoire d'hier, 1 vol... 50 c.

HENRY DE LA MADELÈNE
Germain, 1 vol.............. 50 c.

MÉRY
Les Amants du Vésuve, 1 vol. 50 c.

Mme LOUISE COLET
Quatre Poèmes couronnés par l'Académie, 1 vol......... 50 c.

PETIT-SENN
Bluettes et Boutades, 1 vol. 50 c.

DEUX FRANCS LE VOLUME

Format grand in-18 jésus, de 400 à 500 pages, imprimé avec caractères neufs sur beau papier satiné.

VICTOR COUSIN (DE L'ACADÉMIE FRANÇAISE)

PREMIERS ESSAIS DE PHILOSOPHIE, 1 vol. .... 2 fr.
PHILOSOPHIE SENSUALISTE, 1 vol. .... 2 fr.
PHILOSOPHIE ÉCOSSAISE, 1 vol. .... 2 fr.
PHILOSOPHIE DE KANT, 1 vol. .... 2 fr.

L'ABBÉ THÉODALD MITRAUD

DE LA NATURE DES SOCIÉTÉS HUMAINES, 1 vol. .... 2 fr.

CHARLES EMMANUEL

ASTRONOMIE NOUVELLE, OU ERREURS DES ASTRONOMES, 2e édition, 1 v. 2 fr

EDMOND TEXIER

LA GRÈCE ET SES INSURRECTIONS, avec carte, 1 vol. .... 2 fr.

YVAN et CALLÉRY

L'INSURRECTION EN CHINE, avec portrait et carte, 1 vol. . 2 fr.

LAURENCE OLIPHANT

VOYAGE PITTORESQUE D'UN ANGLAIS EN RUSSIE ET SUR LE LITTORAL DE LA MER NOIRE ET DE LA MER D'AZOF, 1 vol .... 2 fr.

MAXIME DU CAMP

LE NIL (Égypte et Nubie), avec carte, 1 vol. .... 2 fr.

PARMENTIER

DESCRIPTION TOPOGRAPHIQUE DE LA GUERRE TURCO-RUSSE, 1 vol. 2 fr.

ÉDOUARD DELESSERT

SIX SEMAINES DANS L'ÎLE DE SARDAIGNE, avec deux dessins, 1 vol. 2 fr.

ROGER DE BEAUVOIR

COLOMBES ET COULEUVRES, poésies nouvelles, 1 vol. .... 2 fr.

Mme LOUISE COLET

CE QU'ON RÊVE EN AIMANT, poésies nouvelles, 1 vol. ...... 2 fr.

ELIACIN GREEVÈS

POEMES FAMILIERS, 1 vol. .... 2 fr.

DOCTRINE SAINT-SIMONIENNE, 1 vol. .... 2 fr.

MÉMOIRES DE BILBOQUET, 3 vol. .... le vol. 2 fr.

Bibliothèque nouvelle à 1 franc le volume.

H. DE BALZAC

Scènes de la vie privée.

- La Maison du Chat-qui-Pelote. — Le Bal de Sceaux. — La Bourse. — La Vendetta. — Madame Firmiani. — Une Double Famille. — 1
- Le Paix du Ménage. — La Fausse Maîtresse. — Étude de Femme. — Autre Étude de Femme. — La Grande-Bretèche. — Albert Savarus. — 1
- Mémoires de deux jeunes Mariées. — Une Fille d'Ève. — 1
- La Femme de trente ans. — La Femme abandonnée. — La Grenadière. — Le Message. — Gobseck. — 1
- Le Contrat de Mariage. — Un Début dans la Vie. — 1
- Modeste Mignon. — 1
- Honorine. — Le Colonel Chabert. — La Messe de l'Athée. — L'Interdiction. — Pierre Grassou. — 1
- Béatrix. — 1

Scènes de la vie parisienne.

- Histoire des Treize. — Ferragus. — La Duchesse de Langeais. — La Fille aux yeux d'or. — 1
- Le Père Goriot. — 1
- César Birotteau. — 1
- La Maison Nucingen. — Les Secrets de la princesse de Cadignan. — Les Employés. — Sarrasine. — Facino Cane. — 1
- Splendeurs et Misères des Courtisanes. — Esther heureuse. — A combien l'amour revient aux vieillards. — Où mènent les mauvais chemins. — 1
- La Dernière Incarnation de Vautrin. — Un prince de la Bohème. — Un Homme d'affaires. — Gaudissart II. — Les Comédiens sans le savoir. — 1
- La Cousine Bette (Parents pauvres). — 1
- Le Cousin Pons (Parents pauvres). — 1

Scènes de la vie de province.

- Le Lys dans la vallée. — 1
- Ursule Mirouët. — 1
- Eugénie Grandet. — 1
- Illusions perdues. — 2
- Les Rivalités. — 1
- Les Célibataires. — 2
- Les Parisiens en province. — 1

Scènes de la vie de campagne.

- Les Paysans. — 1
- Le Médecin de campagne. — 1
- Le Curé de village. — 1

Scènes de la vie politique.

- Une Ténébreuse Affaire. — Un Épisode sous la Terreur. — L'Envers de l'histoire contemporaine. — Z. Marcas. — 1

Scènes de la vie militaire.

- Les Chouans. — Une Passion dans le désert. — 1

Études philosophiques

- La Peau de chagrin. — 1
- La Recherche de l'Absolu. — 1
- L'Enfant maudit. — 1
- Les Marana. — 1
- Sur Catherine de Médicis. — 1
- Louis Lambert. — 1

Études analytiques.

- Physiologie du Mariage. — 1

GEORGE SAND

- Mont-Revèche. — 1
- La Filleule. — 1
- Les Maîtres Sonneurs. — 1
- La Daniella. — 2
- Adriani. — 1
- Le Diable aux champs. — 1

JULES SANDEAU

- Un Héritage. — 1

ÉMILE DE GIRARDIN

- La Politique universelle. — 1

ALPHONSE KARR

- Histoires normandes. — 1
- Devant les Tisons. — 1

ALEX. DUMAS (publié par)

- De Paris à Sébastopol, du docteur F. Maynard. — 1
- Marguerite, ou Deux Amours. — 1
- M. le Marquis de Pontanges. — 1
- Poésies (complètes). — 1
- Le Vicomte de Launay (Lettres parisiennes). — 3

FRÉDÉRIC SOULIÉ

- La Lionne. — 1
- Julie. — 1
- Le Magnétiseur. — 1
- Le Maître d'école. — 1
- Les Drames inconnus. — 5
- Les Mémoires du Diable. — 2

ARNOULD FRÉMY

- Les Maîtresses parisiennes. — 1
- Id. (deuxième partie). — 1
- Les Confessions d'un Bohémien. — 1

LÉON GOZLAN

- La Folle du logis. — 1
- L'Amour des Rêves et l'Amour du cœur. — 1

LE Dr L. VÉRON

- Mémoires d'un Bourgeois de Paris. (Édition revue et augmentée par l'auteur.) — 5
- Cinq cent mille francs de rente. — 1

STENDHAL (BEYLE)

- Chroniques et Nouvelles. — 1

PHILARÈTE CHASLES

- Souvenirs d'un Médecin. — 1

Mme DE GIRARDIN, T. GAUTIER, SANDEAU, MÉRY

- La Croix de Berny. — 1

ALEXANDRE DUMAS FILS

- Diane de Lys. — 1
- Le Roman d'une Femme. — 1
- La Dame aux Perles. — 1
- Trois Hommes forts. — 1
- Le Docteur Servans. — 1
- Le Régent Mustel. — 1

AMÉDÉE ACHARD

- La Robe de Nessus. — 1
- Belle-Rose. — 1
- Les Petits-Fils de Lovelace. — 1
- La Chasse royale. — 2

CH. DE BOIGNE

- Petits Mémoires de l'Opéra. — 1

ARSÈNE HOUSSAYE

- Les Filles d'Ève. — 1

MÉRY

- Une Nuit du Midi (Scènes de 1815). — 1
- Les Damnés de l'Inde. — 1

A. DE LAMARTINE

- Geneviève, Hist. d'une Servante. — 1

J. GÉRARD (le Tueur de lions)

- La Chasse au Lion, ornée de 12 magnifiques grav. par G. Doré. — 1

LE DOCTEUR F. MAYNARD

- Voyages et Aventures au Chili. — 1

Mme MARIE DE GRANDFORT

- L'Autre Monde. — 1

LE Cte DE RAOUSSET-BOULBON

- Une Conversion. — 1

Mme LAFARGE (MARIE CAPELLE)

- Heures de Prison. — 1

MISS EDGEWORTH

- Demain. — 1

EUGÈNE CHAPUS

- Les Soirées de Chantilly. — 1

Mme ROGER DE BEAUVOIR

- Confidences de Mlle Mars. — 1
- Sous le Masque. — 1

CH. MARCOTTE DE QUIVIÈRES

- Deux Ans en Afrique. — 1

MAXIME DU CAMP

- Mémoires d'un Suicidé. — 1
- Les Six Aventures. — 1

COMTESSE D'ASH

- Les Degrés de l'échelle. — 1

HIPPOLYTE CASTILLE

- Histoires de Ménage. — 1

CHAMPFLEURY

- Les Bourgeois de Molinchart. — 1

Mme MOLINOS-LAFITTE

- L'Éducation du Foyer. — 1

LÉOUZON LE DUC

- L'Empereur Alexandre II. — 1

STERNE

- Œuvres posthumes. — 1

NESTOR ROQUEPLAN

- Regain: la Vie parisienne. — 1

FRANCIS WEY

- Le Bouquet de cerises. — 1

HENRI MONNIER

- Mémoires de M. J. Prudhomme. — 1

L. LAURENT-PICHAT

- La Païenne. — 1

MOLIÈRE (œuvres complètes)

- Nouvelle édition par Philarète Chasles. — 1

Mme LOUISE COLET

- Quarante-cinq lettres de Béranger. — 1

V. VERNEUIL

- Mes Aventures au Sénégal. — 1

CH. MONSELET

- Monsieur de Cupidon. — 1

J. DE SAINT-FÉLIX

- Mademoiselle Rosalinde. — 1

PAUL FÉVAL

- Blanchefleur. — 1
- La Reine des épées. — 1
- Le capitaine Simon. — 1

LOUIS ULBACH

- La Voix du sang. — 1
- Suzanne Duchemin. — 1

GALOPPE D'ONQUAIRE

- Le Diable boiteux à Paris. — 1
- Le Diable boiteux en province. — 1

JULES LECOMTE

- Les Pontons anglais. — 1

JUILLERAT

- Les Deux Balcons. — 1

BARBEY D'AUREVILLY

- L'Ensorcelée. — 1

PAUL DHORMOYS

- Une Visite chez Soulé. — 1

www.ingramcontent.com/pod-product-compliance
Lightning Source LLC
Chambersburg PA
CBHW071247160426
43196CB00009B/1194